토의토론수업,
배움을
디자인하다

토의토론수업, 배움을 디자인하다

(행복한 교육을 위한 사회 수업 프로젝트)

[행복한 교과서®] 시리즈 No. 37

지은이 ㅣ 김경훈
발행인 ㅣ 홍종남

2018년 8월 26일 1판 1쇄 발행
2018년 12월 3일 1판 2쇄 발행
2020년 5월 27일 1판 3쇄 발행 (총 4,000부 발행)

이 책을 만든 사람들
책임 기획 ㅣ 홍종남
북 디자인 ㅣ 김효정
교정 교열 ㅣ 김재민
제목 ㅣ 구산책이름연구소
출판 마케팅 ㅣ 김경아

이 책을 함께 만든 사람들
종이 ㅣ 제이피씨 정동수 · 정충엽
제작 및 인쇄 ㅣ 천일문화사 유재상

펴낸곳 ㅣ 행복한미래
출판등록 ㅣ 2011년 4월 5일. 제 399-2011-000013호
주소 ㅣ 경기도 남양주시 도농로 34, 부영e그린타운 301동 301호(다산동)
전화 ㅣ 02-337-8958   팩스 ㅣ 031-556-8951
홈페이지 ㅣ www.bookeditor.co.kr
도서 문의(출판사 e-mail) ㅣ ahasaram@hanmail.net
내용 문의(지은이 e-mail) ㅣ kyoung-hwoon@hanmail.net
※ 이 책을 읽다가 궁금한 점이 있을 때는 지은이 e-mail을 이용해 주세요.

ⓒ 김경훈, 2018
ISBN 979-11-86463-35-2
〈행복한미래〉 도서 번호 066

토의토론수업, 배움을 디자인하다

| 김경훈 저 |

행복한미래

교사의 전문성은 수업이다

'교사의 전문성이란 무엇일까?'

이것은 내 마음속에 늘 품고 있는 질문이다. 필자가 군 제대하고 처음으로 맞은 추석 이후로 지금까지도 늘 하는 고민이다. 이 질문이 계속 내 마음속에 있는 이유는 무심결에 외삼촌이 하셨던 한마디 때문이다. 할 일이 많아 힘들다는 푸념에 "경훈아. 초딩 선생이 뭐가 어렵냐? 내가 가르쳐도 너보다는 잘하겠다."라고 말씀하신 것이다. 외삼촌은 별 의미 없이 무심결에 던진 말이었지만, 나는 아무런 말도 할 수 없었다. 아니 하지 못했다. 외삼촌이 더 잘할 수 있다기보다는 필자가 외삼촌보다 더 잘할 수 있다는 것을 선뜻 증명할 수 없었기 때문이다.

자존심이 강했던 나는 그때부터 스스로 줄곧 질문했다. 교사의 전문성은 무엇일까? 학교에서는 업무를 빨리 처리하거나 부장을 맡아 많은 업무를 한 교사가 더 인정을 받는다는 이야기를 들었다. 나는 옆에서 그런 모습을 보면서 의아했다. 사실 교사는 일하는 것보다 가르치는 것, 수업을 잘해야 교사로서 전문성을 인정받을 수 있지 않을까 하고 계속 생각했기 때문이다.

수업에 관심이 생긴 후로 많은 선배들에게 물어보았다. "선배님이 생각하는 수업이란 무엇인가요?", "제가 선배님 수업을 참관해도 될까요?" 그때마다 이러한 대답만 되돌아왔다. "김경훈 선생님이 수업에 관심이 많으니까 직접 열심히 연구해 봐.", "내 수업은 볼 것이 없어. 다른 선생님들한테 부탁해 봐."

수업이 무엇인지 알고 싶었다. 어떤 수업이 좋은 수업일까? 교사는 수업 안에서 어떤 역할을 해야 할까? 학생은 어떻게 바라보아야 할까? 수업과 관련된 많은 질문을 하고 해답을 찾으려고 노력했다. 먼저 자원해서 학교를 광주교육대학교 광주부설초등학교로 옮겼다. 그리고 많은 교육 참고 도서를 읽어 보고, 다양한 사람을 만나 토론하면서 스스로 내 수업관, 수업 철학을 찾아가는 여행을 했다.

평소 하브루타, 질문이 있는 교실, 배움이 있는 교실, 배움 공동체, 거꾸로 교실, 학급긍정훈육 등 요즘 유행하는 수업 철학이나 방법을 연구했고, 교실 안에서 실천하려고 노력했다. 하나씩 실천하고 고민하다 보니 '이것이 수업이구나'라고 내 나름대로 어렴풋이 개념을 정의할 수 있게 되었다.

이렇게 나만의 수업 철학이 생긴 이후에는 토의·토론 수업 방법에 관심이 갔다. 매시간 토의·토론을 적용하고 기록하면서 학생과 교사 모두 많은 변화를 느낄 수 있었다. 이러한 변화는 교사로서 희열을 느끼게 했다. 내가 변하고 학생도 변화하면서 학부모에게 지지도 많이 받았다. 나는 수업 안에서 행복을 느꼈다.

교사의 전문성은 수업이다. 교사는 내가 이것을 잘한다 왈가왈부할 필요가 없다. 평소 수업하는 모습이 교사로서 전문성을 보여 주는 가장 쉽고 정확한 방법이다. 지금까지 많은 토의·토론, 수업 관련 도서를 보았다. 수업 방법은 다양하게 소개하고 있지만, 이것을 실제 수업에서 어떻게 적용하고 실천해야 하는지 실천 사례집은 보지 못했다. 필자는 매 시간 사회 수업을 토의·토론으로 재구성하고 실천하고 기록했다. 그래서 책에서는 왜 토의·토론으로 수업을 해야 하는지, 토의·토론으로 수업을 어떻게 하면 쉽고 빠르게 디자인할 수 있는지, 실제로 토의·토론으로 적용한 실천 사례는 어떤 것들이 있는지 다양한 주제로 이야기하고자 한다.

신규교사, 아직까지 수업이 어려운 교사, 학생 참여형 배움 수업에 관심이 있는 교사, 사회 교과서를 보고 함께 아이와 이야기를 나누고 싶은 학부모, 토의·토론 수업 방법과 사회 교과에 관심이 많은 사람 모두에게 이 책이 즐겁고 행복한 생활을 하는 데 조금이나마 도움이 되길 바란다.

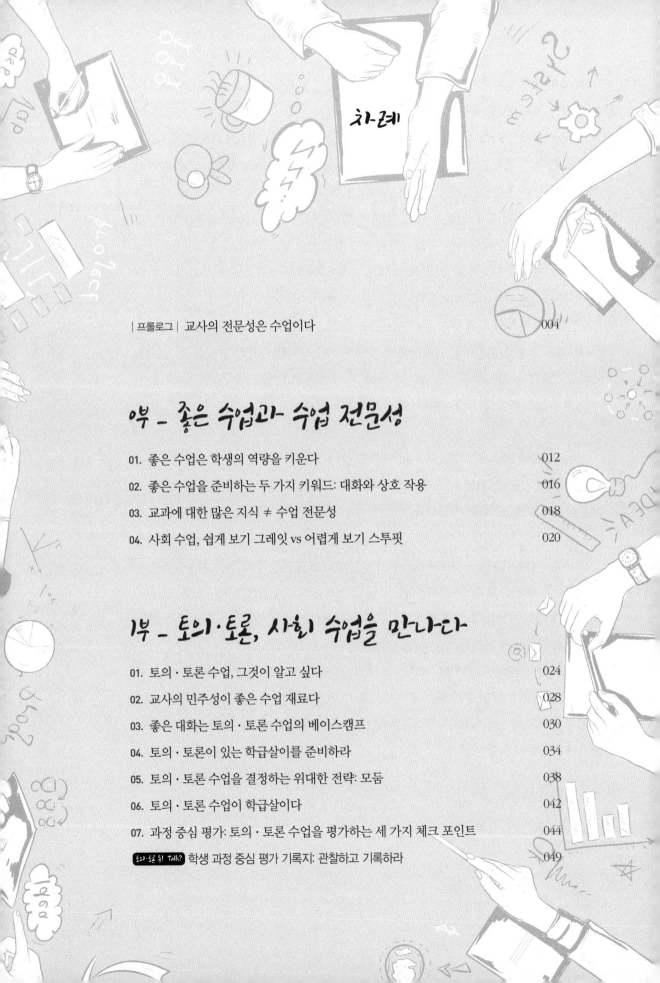

차례

2부 - 협력적 토의·토론: 소통과 참여를 키우다

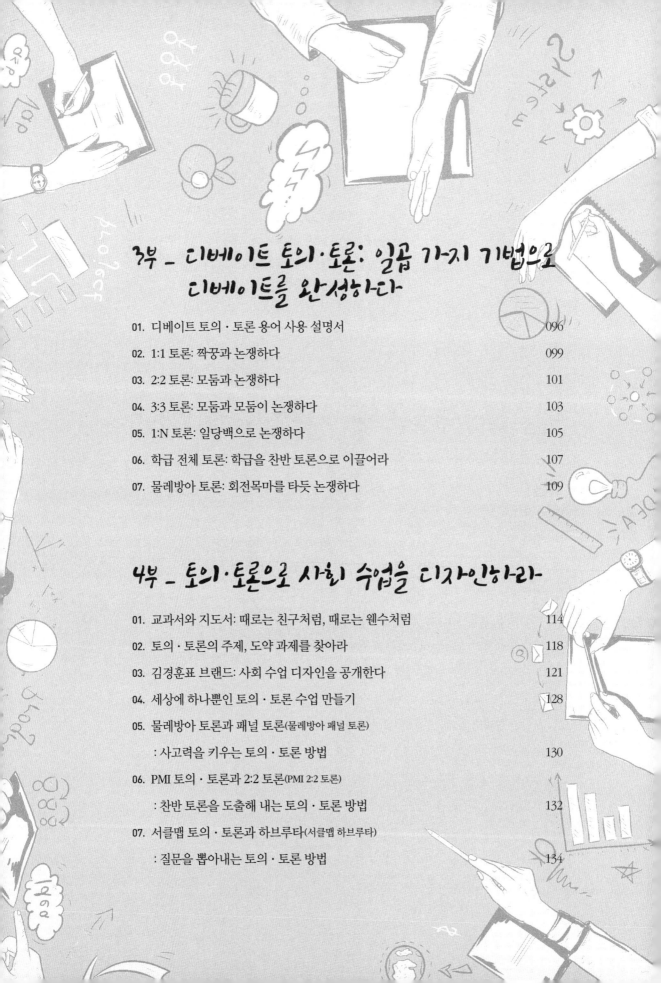

3부 – 디베이트 토의·토론: 일곱 가지 기법으로 디베이트를 완성하다

4부 – 토의·토론으로 사회 수업을 디자인하라

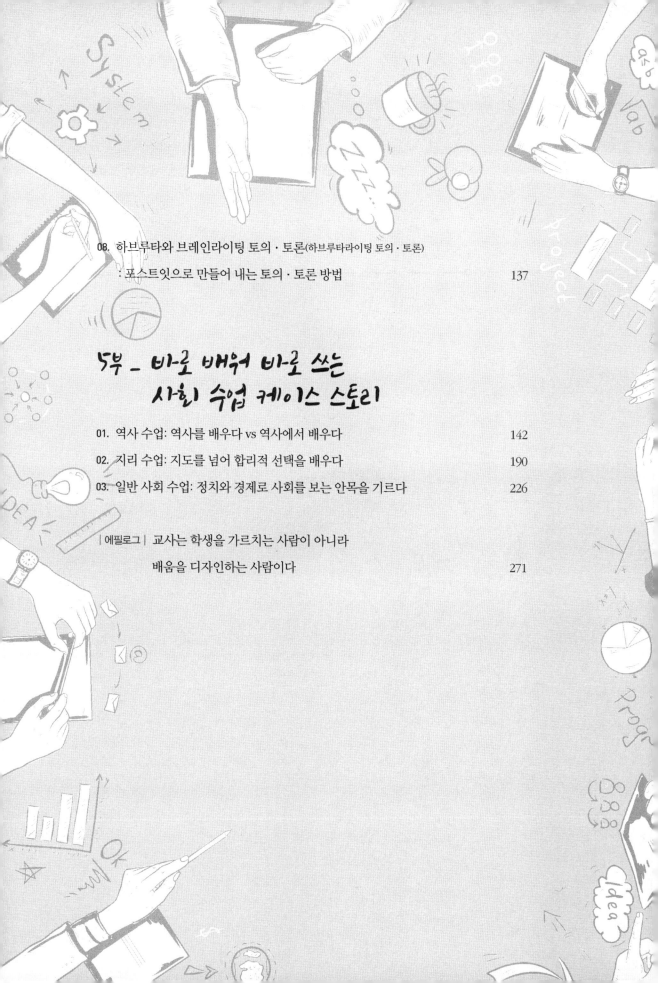

토의토론수업, 배움을 디자인하다

0부

좋은 수업과
수업 전문성

01
좋은 수업은 학생의 역량을 키운다

▲ 현대경영연구원ⓒ

제4차 산업혁명에 말이 많다. 인간이 하는 일자리는 조만간 없어질 것이라는 두려움을 주는 의견도 있고, 새로운 가치를 창출하며 더 큰 발전 가능성을 말하는 의견도 있다.

그렇다면 요즘 교육을 넘어 모든 산업에서 화두인 제4차 산업혁명이란 무엇일까? 과학 기술 혁신과 발전을 산업에 접목하면서 사회 경제적으로 엄청난 변화가 일어나는 것을 산업혁명이라고 한다. 제1차 산업혁명은 영국에서 일어났다. 생산량을 엄청나게 늘리는 기계를 만들었고, 사람과 동물이 하던 힘든 일을 기계가 대신 했다. 제2차 산업혁명은 전기의 발명이다. 공장에서 물건들을 더 많이 만들 수 있게 되었다. 제3차 산업혁명은 컴퓨터와 인터넷의 발명이다. 이는 누구나 쉽게 다양한 정보를 구하고 공유할 수 있게 했다. 그리고 최근 일어난 것이 바로 제4차 산업혁명이다. 제4차 산업혁명은 여러 가지 정보 기술을 서로 융·복합하면서 이전에는 없던 엄청난 변화를 일으킨다는 것이다.

제4차 산업혁명의 키워드는 초연결, 초지능, 자동화다. 간단하게 말해 휴대 전화, 냉장고, 세탁기 등 세상에 있는 모든 물건을 네트워크로 서로 연결하고, 우리가 하는 모든 행동을 데이터로 저장한다. 또 명령을 내리지 않아도 스스로 학습할 수 있는 똑똑한 인공지능이 이렇게 쌓인 데이터, 즉 빅데이터를 기반으로 중요한 판단을 내린다. 과거 기계와 인공지능은 아주 제한적인 상황에서 주어진 명령만 묵묵히 수행하는 대상이었지만, 이제는 스스로 운전을 하고, 회계를 하고, 아픈 환자를 진찰하고, 글을 쓰고, 심지어 그림까지 그린다.

알파고가 무서운 이유는 스스로 학습하는 딥러닝, 똑똑한 인공지능의 출현을 알렸기 때문이다. 이제 인공지능은 모든 영역에서 인간과 경쟁할 것이다. 인간이 기계를 이기기는 어렵다. 기계는 잠도 안 자고, 밥도 안 먹고, 컨디션에도 영향을 받지 않는다. 게다가 기계는 인간보다 월등하게 생산성도 높고 싼 값으로 계속 부려먹을 수 있다. 인간이 기계보다 더 우월하다는 점은 스스로 생각할 수 있다는 것이다. 그런데 이제는 기계가 스스로 생각까지 한다. 과연 인간이 설 수 있는 곳은 어디일까?

제1·2·3차 산업혁명까지는 노동에 인간의 판단력이 필요했지만, 이제는 기계가 인간의 판단마저 대체할 수 있기 때문에 많은 사람이 혼란을 겪는다. 파이터치 연구원이 시행한 연구에 따르면, 20년 이내에 제4차 산업혁명으로 일자리가 124만 개 이상 사라진다고 한다.

그렇다면 이렇게 변화하는 미래 사회에서는 어떤 인간이 필요할까?

"지점 80% 폐쇄" 씨티은행, 금융판 뒤흔들다

[한국서 전례 없던 과격한 구조 조정]
— 은행 "온라인 강화" 노조는 반발
126개 지점을 25개로 축소… 직원들은 전화·디지털 업무로
— 은행들 몸집 축소기에 돌입했나
지점 축소는 세계적인 추세… "AI에 밀려나나" 은행원들 동요

은행지점 5개 중 4개를 폐쇄하기로 한 씨티은행의 결정이 노사 갈등으로 이어지고 있

다. 씨티은행이 지난달 '디지털 환경에 선제적으로 대응한다'는 명분으로 126개인 지점을 25개(기업 전문 영업점 제외)로 대폭 줄이는 '차세대 소비자 금융 전략'을 발표하자 노조가 강력히 반발한 것이다. 씨티은행의 대폭적인 지점 축소는 한국금융 역사상 전례를 찾기 어려운 급진적이고 과격한 조치다. 과거 산업혁명이나 기술 진보가 공장 노동자 등 단순종사자의 일자리에 타격을 줬다면, 몰려오는 제4차 산업혁명(인공지능 등 정보 통신 기술과 다른 산업의 융합으로 일어날 사회 변혁)의 파도는 화이트칼라(지식 노동자)의 대명사로 여겨지는 '은행원'의 일자리까지 휩쓸어 버릴지 모른다는 불안감을 확산시키고 있다.

※ 출처: 김신영, "지점 80% 폐쇄" 씨티은행, 금융판 뒤흔들다.

『조선비즈』, 2017-04-13, http://biz.chosun.com/site/data/html_dir/2017/04/12/2017041203519.html

이 기사를 보면 은행원이 되고 싶다고 말하는 학생에게 이제 은행원은 더 이상 필요 없으니 다른 직업을 알아보는 것이 좋겠다고 조언해야 할 것 같다. 교사와 학생이 학교에 있는 동안 사회는 예상보다 훨씬 더 빠르고 크게 변화하고 있다. 직업을 갖는다는 것이 아이 행복을 보장하지는 않는다. 하지만 취미 생활을 하거나 다양한 욕구를 충족·실현하려고 직업을 갖고 적절한 보수를 받는 것은 행복할 수 있는 최소한의 필요조건은 될 수 있을 것이다.

인간의 존재 목적이 행복 추구라면 먼저 기본 생활(의식주)이 충족되어야 한다. 이것은 돈, 즉 내가 일하고 능력을 발휘하여 받는 보수(돈)가 있어야 충족할 수 있다. 학생들이 보수(돈)를 얻으려면 자신의 능력을 발휘할 수 있는 일을 해야 한다. 이는 학생들이 미래 인재상을 알아야 한다는 것을 의미한다. 이것을 알아야만 미래 사회에 필요한 인재상과 학생들의 능력과 열정을 결합할 준비를 할 수 있다. 다시 묻고 싶다. 그렇다면 미래 사회에서는 어떤 인간이 필요할까?

이 질문에서 해답을 얻으려고 이정숙(『내 아이 4차 산업혁명 시대의 인재로 키우기』, 2017) 등 많은 학자의 도서, 다양한 연구 문헌을 살펴보았다. 해답이라고 생각한 부분에서 공통적인 단어를 발견했다. 그것은 '역량'이었다. 역량은 지식을 단지 알고 있기보다는 지식을 적절하게 활용할 수 있으며, 여러 영역의 능력을 선택·조절·조합·통합하여 발현할 수 있는 것을 의미한다. 미래 사회인 제4차 산업혁명 시대에 필요한 인재가 되려면 특히 창의적 사고 역량과 협업 역량이 필요하다.

사회가 복잡하고 다양화되면서 이제는 천재 1명이 경영하는 시대는 끝났다. 사회에서 발생하는 다양하고 복잡한 문제를 해결하려면 여러 분야의 사람들이 서로 협력하고 머리를 맞대야 한다. 이렇게 서로 의사소통하고 협력할 때 새롭고 창의적인 생각도 나올 수 있다. 다른 사람과 원활하게 의사소통하고 협력할 때 창의적 사고 역량과 협업 역량이 발생할 수 있는 것이다. 학생들에게 교육으로 미래 사회 인재가 갖추어야 할 이 두 가지 역량을 키워 줄 수 있다면 교사로서 역할을 충분히 잘한다고 말할 수 있을 것이다. 그렇다면 어떻게 해야 이 두 가지 역량을 키울 수 있을까?

2015개정교육과정에서 강조하는 인성 또한 학생들이 서로 관계를 조율하고 이것으로 협업할 수 있는 관계 조율 능력, 즉 의사소통 역량, 협업 역량이다. 이처럼 인성, 역량, 다양한 학생 참여형 수업 방법, 과정 평가 등 모든 것이 교육 분야에서 미래 사회 인재를 길러 내는 필수 요소로 자리 잡았다.

보통 학교에서 교사는 학생들과 쉬는 시간을 제외하고 주로 하는 활동이 수업이다. 교사가 수업으로 이 두 가지 역량, 즉 창의적 사고 역량과 협업 역량을 학생들에게 길러 줄 수 있다면 좋은 수업을 하고 있는 셈이다.

02
좋은 수업을 준비하는 두 가지 키워드
: 대화와 상호 작용

이 질문을 해결하려면 구성주의라는 철학적 개념이 필요하다. 구성주의란 '인간은 지식을 어떻게 구성하는가'라는 질문에 대한 답변이다. 예전에는 교사가 "휴대 전화는 아주 좋은 거야."라고 가르치면 학생은 그 지식을 그대로 받아들여 휴대 전화는 아주 좋은 것이라 인식한다고 생각했다.

구성주의는 교사가 가르친 내용을 학생이 그대로 받아들이는 개념이 아니다. 예를 들어 교사가 "휴대 전화는 아주 좋은 거야."라고 가르쳤지만, 어렸을 때 아빠에게 말을 듣지 않는다고 휴대 전화로 머리를 맞았던 경험이 있는 아이가 있다고 하자. 이때 기존 휴대 전화에 대한 부정적인 지식(선 개념)에 교사가 가르쳐 준 새로운 지식(휴대 전화는 좋은 것)이 더해지면 아이의 인지 구조를 조정하는 과정을 거쳐 새롭게 지식을 재구조화하여 받아들인다는 것이 구성주의다.

구성주의는 개인적 구성주의와 사회적 구성주의로 나눈다. 개인적 구성주의는 내가 원래 가진 선 개념과 경험으로 받아들인 새로운 지식을 조정하면서 자신만의 지식으로 만들어 가는 것이다. 하지만 지속적으로 강조하며 좀 더 집중해야 하는 구성주의 개념은 사회적 구성주의다. 말 그대로 지식을 구성하는 것이 구성주의이지만, 앞에 사회적이란 말이 붙으면 다른 사람과 상호 작용하면서 지식을 구성한다는 개념으로 바뀐다. 즉, 원래 있던 다른 사람의 생각(선 개념)과 내 생각(선 개념)을 대화나 상호 작용으로 조정하면서 각자 자신만의 지식을 만들어 내는 것이 사회적 구성주의다.

나와 다른 사람이 지닌 선 개념은 원래 개인 생각이기 때문에 주관적이다. 다른 사람과 대화나 상호 작용으로 원래 지닌 선 개념의 지식을 객관화시키고 다양한 역량을 기를 수 있다. 우리는 이것을 배움이라고 한다.

따라서 창의적 사고 역량과 협업 역량을 기르려면 대화와 상호 작용이 필요하다. 이러한 배움으로 새로운 창의성을 구현할 수 있으며, 다른 사람과 대화와 상호 작용을 하면서 협업 능력을 키울 수 있기 때문이다.

그렇다면 교사는 수업에서 무엇을 해야 할까? 교사는 수업 시간에 아이들이 서로 대화와 상호 작용을 잘할 수 있도록 하면 된다.

수업에서 대화와 상호 작용이 잘 일어나게 하려면 아이들이 주인공이 되어야 한다. 보통 많은 교사가 아이들이 대화나 상호 작용을 한창 열심히 하고 있는데, 학생들의 잘못된 점을 발견하고는 '너는 이 말을 잘 못했어', '이것을 이렇게 바꿔야지' 하면서 주인공이 되려고 한다. 하지만 이것은 도움을 주기는커녕 아이의 주도적인 대화와 상호 작용 활동을 하지 못하게 하며, 오히려 수업을 망치는 일이 된다. 교사는 뒤로 물러나 이러한 활동이 잘 일어날 수 있도록 조력하고, 아이가 몰입할 수 있도록 수업을 촉진하는 촉진자가 되어야 한다.

요즘 자주 언급하며 지향해야 한다고 이야기하는 수업이 있다. 거꾸로 교실, 배움 중심 수업, 하브루타, 질문 중심 수업, 교육 연극 등이 그것이다. 이 모든 수업 방법에서 일관되게 추구하는 것은 무엇일까? 대답은 아주 간단하다.

"대화와 상호 작용"

수업을 할 때마다 '지금 내가 하는 수업이 맞을까', '이것이 과연 옳은 수업일까' 하고 고민할 때가 많다. 이 질문에 답을 얻으려면 자신만의 교육 철학이 필요하다. 핵심 역량을 길러 주고, 아이들이 즐겁게 수업에 참여할 수 있는 요점은 바로 대화와 상호 작용이다.

필자는 이제 자신 있게 말할 수 있다. 필자가 어떤 수업을 하든지 간에 아이들과 많은 대화를 나누고 상호 작용을 하고 있다면, 수업은 옳은 방향으로 나아가고 있다고 말이다.

03
교과에 대한 많은 지식 ≠ 수업 전문성

발령 초에 수업을 어떻게 해야 할지 고민하며 꽤 열심히 연수를 받았다. 원격 연수는 별로 도움이 되지 않는 것 같아서 출석 연수 위주로 받았는데, 발령 초부터 5년간 매해 200시간 넘게 출석 연수를 받았던 것 같다.

발령 초 수학과 관련된 보드 게임 연수를 받을 때 술자리에 참석한 적이 있었다. 참석자 중에는 수학 분야에서 많은 연구 업적을 남긴 교감 선생님이 한 분 계셨다. 이 분은 중고등학교 교사들에게 초등학교 교사가 수학에 전문성이 있으면 얼마나 있겠냐며 무시하는 말을 듣고 박사 학위까지 받으셨다.

교감 선생님 말씀을 듣고 나는 이렇게 생각했다.

'그래. 중고등학교 선생님들은 대학 때부터 해당 과목만 공부하니까 우리보다는 더 많은 교과 지식이 있겠지. 아이들이 모르는 문제나 그와 비슷한 많은 문제를 가르쳐 줄 수 있으니까 당연히 초등학교 선생님보다는 교과 전문성이 더 높겠지.'

하지만 꾸준히 수업과 관련된 공부를 하면서 중고등학교 교사가 초등학교 교사보다 수업 전문성이 뛰어날 것이라는 생각은 바뀌었다. 배움은 다른 사람과 대화를 하고 상호 작용을 하면서 내 주관적인 지식을 객관화하여 더 나은 방향으로 나아가는 것이다.

학생들이 많은 지식을 효과적으로 암기할 수 있도록 잘 설명하는 것이 배움을 이끌어 내는 데 효과적일까? 교사가 한 설명이 아이들의 대화와 상호 작용을 이끌어 낼 수 있을까? 하는 고민을 하게 되었다. 아마도 아닐 것이다.

교사가 가르쳐야 할 것은 지식이 아니라 성취 기준이다. 성취 기준과 배움 이 두 가지를 아이들이 얻으려면 대화와 상호 작용을 하며, 성취 기준에 맞는 도약 과제를 교사가 선정할 수 있어야 한다. 뒤에 설명하겠지만 대화나 상호 작용을 하려면 어떤 주제가 필요하다. 필자는 이렇게 수업 시간에 교육 과정과 성취 기준을 반영하여 학생들이 대화와 상호 작용을 이끌어 내는 주제를 도약 과제라고 이름 붙였다.

당연히 교과 지식이 많다면, 이러한 도약 과제를 선정하는 데 어렵지 않을 것이다. 하지만 교과 지식이 많다고 하더라도 교사가 설명에 그치거나 대화와 상호 작용을 이끌어 내지 못한다면 오히려 수업 전문성은 부족하다.

이제는 교사의 많은 교과 지식 = 수업 전문성이 성립하지 않는다.

필자는 단순히 중고등학교 교사라고 해서 교과 전문성이 높고, 초등학교 교사라고 해서 교과 전문성이 낮다고 평가하지 않는다. '교과를 바라보는 교육 과정 및 성취 기준을 반영하고 학생들의 대화와 상호 작용을 이끌어 낼 수 있는 도약 과제를 수업 디자인에 얼마큼 반영할 수 있는가'가 진정한 교사의 수업 전문성이 아닐까.

교과 지식이 얼마큼 있는지 평가하는 시대는 지났다. 이제는 변화하는 사회에 맞추어 역량(창의적 사고 역량, 협업 역량)을 키울 수 있는 교사가 되어야 한다.

"교사는 가르치는 사람이 아니라 배움을 디자인하는 사람이어야 한다."

04
사회 수업, 쉽게 보기 그레잇 vs 어렵게 보기 스투핏

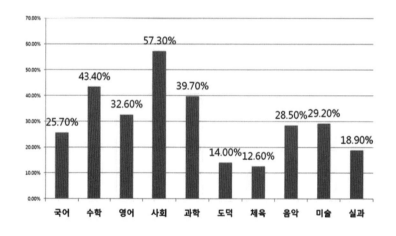

이것은 전남교육정책연구소에서 전남 지역 초·중·고 141개교 학생 6,867명을 대상으로 교과 수업 실태를 파악하는 설문조사를 실시하여 그 결과를 그래프로 작성한 것이다. 이 그래프는 무엇을 말하고 있을까? 정답은 초등학생이 싫어하는 과목으로 사회가 수학을 넘어 1위를 차지했다는 것이다.

공부하기 어렵고(66.1%) 시험 성적이 잘 나오지 않아서(11.3%) 사회 교과를 싫어한다는 결과에서 알 수 있듯이, 학생들은 사회 교과에서 다양한 분야의 지식을 암기하고 이해하는 데 많은 어려움을 느낀다.

물론 사회 교과를 학생도 배우기 어려워하지만, 교사 또한 가르치기 어려워한다. 그렇다면 왜 학생과 교사 모두 사회 교과 수업을 어려워할까? 이유는 다음과 같다.

첫째, 교사들의 교과 전문 지식이 부족하다. 사회 교과를 잘 가르치려면 역사, 지리, 일반 사회 등 다양한 지식은 물론, 사회과 수업에서 주로 사용하는 교수 학습 방법도 이해해야 한다. 그런데 교사가 이해하고 가르치기에는 내용이 상당히 많고 어렵다. 둘째, 학생에게 배경지식이 부족하다. 셋째, 학습 대상을 교실로 가져올 수 없다. 과학은 생물과 실험 도구 등을, 체육은 체육 교구를, 음악은 악기를 다양한 교과에서 학습 대상으로 교실에서 활용할 수 있다. 하지만 사회 교과에서는 학습 대상인 사회 현상을 수업에서 직접 활용할 수 없다.

사회 교과는 민주 시민, 즉 개인으로서 자유롭고 행복하며 사회 일원으로서 지금보다 더 나은 세상을 만들 수 있는 학생을 길러 내는 데 꼭 필요하다. 그렇다면 학생들이 사회 교과를 싫어하는 문제는 어떻게 해결할 수 있을까? 해결 방법은 앞에서 누차 말했듯이 '대화와 상호 작용'이다. 학생들이 대화와 상호 작용을 통해 수업에서 주도권을 갖게 하여 흥미와 참여를 이끌어 낼 수 있다.

사회 교과에서 대화와 상호 작용을 하려면, 먼저 필요한 전제 조건이 있다. 그것은 교과서를 가르치지 말고, 성취 기준을 가르쳐야 한다는 것이다. 우리가 가르쳐야 하는 것은 성취 기준인데, 교과서에 있는 내용을 가르치려고 한다. 교사는 성취 기준을 확인하고, 필요할 때는 차시를 늘리거나 줄여서 교육 과정을 재구성할 수 있다.

교과서에 있는 많은 내용을 짧은 시간 안에 가르치려고 하기 때문에 교사는 강의식으로 수업할 수밖에 없고, 학생도 수업을 재미없어 한다. 필자도 처음에는 사회 교과를 어렵게만 느꼈는데, 바라보는 관점을 바꾸니 더 재미있게 가르치고 싶다 생각하게 되었다. 성취 기준을 가르치라는 말과 비슷하지만, '사회 교과서에 있는 내용은 성취 기준을 배우는 재료일 뿐이다'는 관점으로 변하면서 필자도 진정으로 사회 교과와 사회 수업을 편하게 생각할 수 있었다. 이러한 관점 변화는 다양한 긍정적 변화를 가져온다.

첫째, 꼭 교과서 내용을 가르쳐야 한다는 압박감에서 해방될 수 있다. 사회 수업이 가르치기 어려운 이유는 교과서에 있는 내용을 다 가르쳐야 한다는 무언의 압박감 때문이다. 교사가 가르치지 않은 부분에서 시험을 출제하면 어떡하지 하는 끊임없는 의심, 이것을 가르치지 않으면 교사로서 본분을 다하지 못했다는 책임감 등이 필자를 억눌렀다. 이제 성취 기준에 도달하는 데 쓰는 재료라는 생각에 필요 없는 재료는 걷어 내고, 필요한 재료만 선별할 수 있게 되었다.

둘째, 내가 가르쳐야 하는 대상(성취 기준)이 선명해진다. 사회 교과서 안에 내용이라는 재료가 있다. 결국 이 재료로 무엇을 만들어야(성취 기준) 할 것인가가 중요해진다. 이는 결국 교사가 수업 시간에 무엇을 가르쳐야 하는가 하는 대상을 분명하게 한다.

토의토론수업, 배움을 디자인하다

1부

토의·토론,
사회 수업을 만나다

01
토의·토론 수업, 그것이 알고 싶다

토의·토론 수업이란 교사가 당시까지 학습한 결과를 바탕으로 학급 구성원 간에 토의·토론 활동이 활발하게 일어날 수 있도록 학생들끼리 서로 묻고 가르쳐 주고, 의견도 주고받고, 논쟁도 하면서 학습한 내용과 도출한 결과, 합의된 대안에 확신을 갖도록 하는 것이다. 토의·토론 수업은 주제에 대하여 스스로 또는 팀원들과 함께 찾은 자료를 바탕으로 분류·분석·종합·평가·응용·합성 등을 하면서 서로 의견을 주고받고, 대안을 모색하거나 설득·논박하는 과정을 거쳐 합의에 도달하게 한다(『협동학습으로 토의·토론 달인 되기』, 이상우, 2011).

토의·토론 수업은 내가 가진 지식(선 개념)에 다른 사람과 대화나 상호 작용을 하여 지식을 객관화하고 배움을 얻을 수 있는 좋은 수업 방법이다. 지금까지 다양한 수업 방법을 실제로 적용해 보면서 느낀 점은 지도서에 활용할 수 있고, 매 차시 수업에 적용이 가능하다는 것이다.

프로젝트 수업에서는 다양한 교과의 배움 주제와 성취 기준을 파악하여 필요한 프로젝트에 선별하는 작업과 이를 다시 엮어 내는 작업이 필요하다. 필자에게 토의·토론 수업은 매 시간 교과서 진도를 따르면서 대화나 상호 작용을 키워 나갈 수 있다는 점, 재구성 노력이 적어 교사가 편하고 학생들의 전원 참여 및 상호 작용 효과가 크다는 점 등이 있어 큰 매력으로 다가왔다.

그런데 토의 수업이면 토의 수업, 토론 수업이면 토론 수업이지 왜 토의·토론 수업이라고 할까?

토론이란 의제에 의견이 분명하게 대립되는 사람들이 모여 일련의 논쟁을 거쳐 바람직한 결론을 도출하는 말하기다. 자기주장의 정당성을 강조하고 상대방을 설득한다. 따라서 토론 주제는 찬반양론이 성립해야 하고, 과제는 하나여야 하며, 토론자가 자기주장을 입증할 수 있어야 한다.

토의란 둘 이상의 사람이 모여 공동의 관심사에 의견, 정보, 지식을 교환하고 적절한 해결책을 모색하는 말하기다. 궁극적으로 협동적 사고를 하여 최선의 문제 해결책을 마련하기 위함이다. 따라서 대화의 정신과 구성원의 민주적 참여 및 합의 도출이 필요하다.

이처럼 토의와 토론은 다르다. 우리나라 교육 과정에서도 토의와 토론은 구별해서 사용한다. 하지만 교사가 실제 수업을 할 때, 어떤 문제를 제시하고 토의하라고 하면 다양한 해결 방법에 대해 서로 찬반을 나누어 토론을 한다. 그리고 찬반으로 나누어 토론하라고 하면, 작전 타임을 요청한 후 서로 같은 팀끼리 상대 팀 전력을 분석하고 반론을 하려고 토의를 한다.

이처럼 실제 수업에서는 토론과 토의를 섞어 하나의 수업 방법으로 사용한다. 그래서 토의·토론 수업이라고 하는 것이 더 적절하다.

역량이란?

2015개정교육과정은 역량 기반 교육 과정이라고 할 만큼 역량이란 개념을 강조한다. 역량의 사전적 의미는 '어떤 일을 해낼 수 있는 힘(민주서림편집부, 2006)'이다. 역량의 정의는 학자에 따라 조금씩 다르다. 지식, 기능, 태도의 결합체로 정의하기도 하고, 단순히 기능적 측면이 아니라 지식과 기능을 통합하여 '수행'하는 것이라고 정의하기도 한다.

다양한 의견을 종합했을 때, 역량은 단순히 지식과 기능을 결합하는 정도를 벗어나 새로운 상황에 부딪혔을 때 문제를 해결해 나가는 수행 능력을 의미한다. 또 학습한 것을 새로운 상황에 적용하고 전이할 수 있는 능력이 중요하다.

2015개정교육과정에서는 21세기 미래 사회에 학생이 학습과 삶에서 행복하고 성공적인 삶을 살아가는 데 공통으로 필요한 능력으로 다음 여섯 가지 핵심 역량을 제시했다.

핵심 역량	설명
자기 관리 역량	자아 정체성과 자신감을 갖고 자신의 삶과 진로에 필요한 기초 능력과 자질을 갖추어 자기 주도적으로 살아갈 수 있는 역량
지식 정보 처리 역량	문제를 합리적으로 해결하려고 다양한 영역의 지식과 정보를 처리하고 활용할 수 있는 역량
창의적 사고 역량	폭넓은 기초 지식을 바탕으로 다양한 전문 분야의 지식, 기술, 경험을 융합적으로 활용하여 새로운 것을 창출하는 역량

핵심 역량	설명
심미적 감성 역량	인간에 대한 공감적 이해와 문화적 감수성을 바탕으로 삶의 의미와 가치를 발견하고 향유하는 역량
의사소통 역량	다양한 상황에서 자신의 생각과 감정을 효과적으로 표현하고 다른 사람의 의견을 경청하며 존중하는 역량
공동체 역량	지역, 국가, 세계 공동체의 구성원에게 요구되는 가치와 태도를 가지고 공동체 발전에 적극적으로 참여하는 역량

핵심 역량과는 별개로 교과 역량이라는 개념도 있다. 교과 역량은 교과로 해결할 수 있는 능력이다. 이는 학습자가 특정 교과를 잘한다고 했을 때, 어떤 특정한 능력을 갖추어야 그 교과를 잘한다고 할 수 있는 것을 의미한다. 핵심 역량은 교과 역량을 제대로 발현해야 발달할 수 있다. 핵심역량은 교과 역량을 아우르며 조절하는 총체적인 역할을 하므로, 이 둘은 상호 보완적인 관계에 있다. 다음은 사회 교과에서 민주 시민으로서 갖추어야 할 자질을 함양하는 데 필요한 교과 역량이다.

교과 핵심 역량	설명	하위 요소
창의적 사고력	새롭고 가치 있는 아이디어를 생성하는 능력	사회적 문제 상황에 직면하여 사태를 새로운 시각으로 바라보는 능력, 문제를 다양한 관점에서 보는 능력, 문제를 명료화하거나 재정의하는 능력
비판적 사고력	사태를 분석적으로 평가하는 능력	사물, 상황, 지식 등 신뢰성, 정확성, 진위 여부 등을 평가하는 정신적 능력, 논리적 일관성과 논증의 타당성을 판단하는 능력
문제 해결력 및 의사 결정력	다양한 사회적 문제를 해결하려고 합리적으로 결정하는 능력	사회 현상과 문제를 탐구하고 선택 가능한 대안 중 가장 적절한 해결책을 선택하는 능력, 문제를 해결하려고 최적의 방안을 도출하는 과정 전반을 평가하는 능력
의사소통 및 협업 능력	자신의 견해를 분명하게 표현하고 타인과 효과적으로 상호 작용하는 능력	자신의 관점을 효과적으로 표현하는 능력, 상대방의 의견을 수용하고 상호 작용하는 능력, 타인을 존중하며 타인과 협력하는 능력
정보 활용 능력	다양한 자료와 테크놀로지를 활용하여 정보를 수집·해석·활용·창조할 수 있는 능력	문제를 해결하려고 지도, 사진, 도표 등 자료에 필요한 정보를 취득·평가·활용하고 창출하는 능력, 매체를 비판적으로 이해하고 창조적으로 활용하는 능력, 정보 창출과 활용 과정에서 윤리를 준수하는 능력

토의 · 토론으로 사회 수업 디자인하기

좋은 수업의 조건은 단순하다. 수업 시간에 학생들끼리 대화와 상호 작용을 활발하게 할 수 있으면 된다. 이것은 필자가 책에서 처음부터 끝까지 하려는 말인데, 많은 의미가 내포되어 있다. 학생들이 대화와 상호 작용을 하려면 일단 자신만 이야기해서는 안 된다. 상대방이 무슨 이야기를 하는지 끝까지 경청해야 한다. 또 상대방이 이해하기 쉽게 말하고 상대방을 설득하려면 논리적으로 말할 수 있는 능력도 필요하다. 그리고 비판적으로 사고할 수 있는 능력도 필요하다.

특히 수업 시간에 학생들끼리 멀리 떨어져 있거나 규칙이 없다면, 대화와 상호 작용은 일어나기 어렵다. 따라서 모둠원끼리 대화하는 방법을 알아야 하고, 모둠 세우기를 해야 하며, 책상과 의자를 구조적으로 배치해야 한다. 실제 수업에서도 대화와 상호 작용이 잘 일어날 수 있도록 교수 학습 방법을 이용해야 한다.

대화와 상호 작용이 잘 일어날 수 있는 교수 학습 방법은 많지만, 실제 수업에서 활용하기에는 토의 · 토론 수업 방법이 가장 유용하다. 교사는 매일 수업을 준비하고 실천한다. 토의 · 토론 수업 방법은 교사가 편하게 수업을 재구성할 수 있으며, 전체 학생의 대화와 상호 작용을 이끌어 내는 데도 효과가 크다.

대화와 상호 작용에는 역량을 기를 수 있는 힘이 있다. 특히 함께 문제를 해결하고 대화하고 상호 작용 하는 활동을 하면서 제4차 산업혁명 시대에 필요한 다양한 핵심 역량도 기를 수 있다. 그렇기에 학교에서 수업 시간에 대화와 상호 작용을 미리 연습하고 적용해야 하는 것이다.

사회 수업은 학생들의 삶과 연계할 수 있는 가능성이 높다. 사회 교과 자체가 사회 현상이나 학생들의 삶을 교과 재료로 사용하기 때문이다. 아이들은 내 이야기, 내 주변 이야기를 할 때 적극적으로 참여하고 대화를 한다. 그렇기에 사회 교과에서 하는 토의 · 토론 수업은 학생들의 역량을 성장시키는 시너지 효과가 크다.

사회 수업을 할 때는 교과서 내용을 가르치는 것이 아니라 성취 기준을 가르쳐야 한다. 성취 기준을 가르치는 데 토의 · 토론은 학생들의 역량을 높이고 모든 학생을 즐겁게 참여시킬 수 있는 좋은 방법이다. 사회 교과서나 지도서는 토의 · 토론 수업으로 구성되어 있지 않다. 그래서 사회 교과의 성취 기준을 사회 교과 재료를 활용하여 토의 · 토론 수업으로 이끌 수 있도록 교사는 교육 과정을 재구성하는 노력을 해야 한다.

결국 토의 · 토론으로 사회 수업을 디자인한다는 것은 학생들이 어려워하는 사회 수업을 교사가 교육 과정을 재구성하고, 사회 교과 재료를 활용하여 성취 기준을 토의 · 토론 학습 방법으로 가르치고 수업하는 것을 의미한다. 이는 핵심 역량을 높여 학생들이 민주 시민으로 성장하는 데 큰 밑거름이 된다.

02
교사의 민주성이 좋은 수업 재료다

학생들이 대화와 상호 작용을 잘하려면 민주적 학급 분위기가 전제되어야 한다. 그래야 말하는 학생도 자신의 감정이나 의견이 존중받고 있다고 느낀다. 또 편한 분위기에서 교사와 친구들에게 이야기할 수 있고, 다른 친구들 의견도 경청하고 존중할 수 있기 때문이다. 이렇게 민주적 학급 분위기는 좋은 수업을 하는 데 필수 조건이라고 할 수 있다.

민주적이란 어떤 의사 결정에 참여하고, 스스로 자신의 문제를 해결할 수 있으며, 다른 사람과 대화와 타협을 함으로써 공동체 문제를 해결하는 것을 의미한다. 그렇다면 서로 경청하고 존중하는 민주적 학급 분위기를 만들려면 어떻게 해야 할까? 민주적으로 변화하려면 교사가 먼저 민주적인지 파악하는 것이 중요하다. 학급살이의 큰 틀을 계획하고 이끌어 갈 사람이 민주적이지 않은데 교실에서 민주주의가 제대로 될 리가 없다. 학급에 많은 영향력을 미치는 교사가 민주적이지 않다면, 학생들 또한 민주적이지 못할 것이다.

혹시 교실에서 '~하면 알아서 해', '네가 잘못했으니 사과해', '누가 수업 시간에 장난을 쳐!', '선생님이 시킨 대로 해', '또 물어보니?'라고 자주 말한 적은 없는지 되돌아보자. 학급에서 일어나는 다양한 문제에 아이들 의사를 물어 해결하기보다는 교사가 지시한 언행으로 학급을 운영하지 않았는지 고민해야 한다.

요즘 많은 교사가 관심을 보이는 학급긍정훈육법이나 비폭력 대화 등은 학급 문제를 학생들 스스로 해결하고 이야기할 수 있는 민주적 분위기를 만드는 방법이다. 필자 또한 학급긍정훈육법이나 비폭력 대화 등으로 학생들 스스로 학급 문제를 해결하는 학급 경영을 이끌어 가고 있다.

교사는 학급에 엄청난 영향을 미친다. 교사가 학생들을 인정하지 않고 교사 위주로 학급을 이끌어 간다면 학급 분위기는 비민주적이 된다. 수업과 학급살이는 일맥상통한다. 학생이 주인공이 되고, 교사는 대화와 상호 작용이 잘 일어날 수 있도록 조력자가 되어야 수업을 잘할 수 있다. 학급살이 또한 마찬가지다. 학생들이 학급을 이끌어 가는 데 주인공이 될 수 있도록 교사는 옆에서 조력하고 민주적 분위기를 구축하는 데 도움을 주는 촉진자가 되어야 한다.

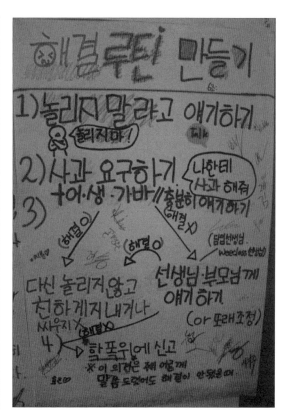

▲ 학생의 권리와 의무 알아보기

▲ 학생 스스로 해결 루틴 만들기

03
좋은 대화는 토의·토론 수업의 베이스캠프

좋은 수업을 하려면 학생들과 좋은 관계는 필수적이다. 말 한마디에 천 냥 빚도 갚는다는 속담처럼 좋은 관계를 맺으려면 말 한마디, 대화 한마디가 매우 중요하다. 필자에게는 학생들과 대화할 때 꼭 지키려고 노력하는 세 가지 의사소통 약속이 있다.

첫째, 학생들에게 말하기 전에 내 감정을 살피고 안내하기
둘째, 나보다는 학생들의 발전을 위해 말하기
셋째, '잘했어'보다는 '고마워'라고 말하기
의사소통 방법은 다양하지만, 이 세 가지만 잘 지켜도 학생들과 좋은 관계를 유지할 수 있다.

먼저 교사의 감정 살피고 안내하기

누군가 갑자기 나에게 욕을 하거나 화를 내면 어떤 생각이 드는가? 처음에는 당황해서 아무런 말을 못하다가 시간이 조금 지난 후에는 매우 화가 날 것이다.

신규교사인 김 선생님이 한참 수업을 하고 있는데, 몇몇 학생이 장난을 쳤다. 김 선생님은 화가 났지만 수업 흐름이 끊길까 봐, 그리고 인자한 교사가 되고 싶었기에 참았다. 그런데도 학생들은 계속 장난을 쳤고, 결국 김 선생님은 학생들에게 버럭 소리를 지르며 화를 냈다. "왜 수업 시간에 시끄럽게 장난을 치고 그래! 다른 친구들 수업에 방해가 되잖아!" 그러자 장난을 쳤던 학생들

은 권력이 더 센 선생님이 화를 내니 당황한 기색으로 숨죽이며 친구들의 얼굴만 쳐다보았다. 같은 반 친구들 역시 화난 선생님의 눈치를 살폈고, 김 선생님은 결국 화가 나서 더 이상 수업을 진행하지 못했다.

이것은 많은 교사가 한번쯤은 경험한 이야기다. 교사는 최대한 참을 수 있을 때까지 참은 후에 화를 낸 것이다. 교사 입장에서는 김 선생님이 화를 낸 상황을 충분히 이해할 수 있다. 하지만 학생 입장에서는 어떨까? 아이들은 점심으로 무엇을 먹을까 소곤소곤 이야기를 한 것이다. 자신들은 소곤소곤 이야기를 한 것인데, 선생님이 갑자기 고함을 지르며 왜 시끄럽게 떠드느냐며 화를 낸다. 처음에는 당황했지만 '아니 화가 났으면 미리 말씀을 하시지' 하며 아이들도 슬슬 화가 치민다. 그런데 선생님께 말도 못하고, 억울한 마음만 커진다.

사랑하면 표현하라고 했다. 나는 사랑하는 마음이 너무 큰데, 그것을 상대방은 알지 못하기 때문이다. 그래서 상대방은 이 사람이 나를 사랑하는지 자꾸 의심을 하게 되고, 결국 사이가 멀어진다. 앞서 말한 상황도 마찬가지다. 어떤 상황 때문에 화가 나거나 기쁠 때, 교사는 자신이 어떤 감정을 느끼는지 학생들에게 알릴 필요가 있다. 그래야 학생들도 교사의 감정을 알고 기뻐하거나 준비를 할 수 있다. 알리지 못한 상태에서 화를 내면 학생들은 교사를 분노조절장애가 있는 이상한 사람으로 쳐다볼 뿐이다.

교사가 화가 난 감정을 학생들에게 이야기할 때는 감정 그대로 표출해서는 안 된다. 학생들은 '선생님이 어떤 부분에 조금 더 신경을 쓰고 있구나' 하고 준비하기보다는 주눅부터 든다. 이렇게 교사가 말을 하면 수업을 진행하는 데 많은 어려움이 있다.

교사의 좋지 않은 감정을 담백하게 표현하는 것이 중요하다. 그러면 학생들은 자신의 행동을 반성하고 수정할 수 있는 시간과 마음을 준비할 수 있다. 기쁨은 감정 그대로 담아 전달하면 좋다. 이러한 교사의 감정 표현으로 학생들은 진심으로 교사의 감정을 함께 느끼고 나누며, 교사와 학생 모두 좋은 관계로 발전해 갈 수 있다.

교사나 친구보다는 자신을 위해서

학교에서 학생들은 담임 선생님과 많은 대화를 한다. 진로 지도, 교우 관계, 기본 생활 습관, 가족 관계 등 학생들이 느끼는 많은 문제와 고민을 교사는 듣고 이해하고 해결 방안까지 조언해 준다.

한 학생이 수업 시간에 계속 장난을 쳤다. 수업을 마친 후 학생을 불러 교사는 이렇게 조언한다. "길동아. 네가 수업 시간에 떠들면 다른 친구에게 방해가 되잖니. 그렇게 하지 않았으면 좋겠구나." 이 말을 들은 학생은 과연 다음 시간에는 장난을 치지 말아야겠다고 생각할까? 인간은 본래 자신의 이익과 행복을 위해 사고하고 행동한다. 어떤 행동을 할 때, 내 이익과 행복으로 다가간다는 의미가 있어야 변화할 수 있는 것이다.

"네 꿈을 이루고 발전을 하려면 다른 친구들과 함께 지내는 것이 중요해. 그런데 수업을 방해하는 행동을 하면, 네 꿈을 이루는 데 많은 어려움이 있을 것 같아. 선생님은 네가 잘되면 좋겠어."

이 방법은 학부모 상담을 할 때도 많은 효과를 얻을 수 있다. "어머님, 반 아이들 대다수가 길동이가 화를 자주 내서 싫어해요. 어머님께서 지도 부탁드립니다."라고 말하기보다는 "어머님, 길동이가 나중에 커서 훌륭한 사람이 되어야 하는데, 다른 친구들이 길동이가 화를 자주 내서 힘들어하는 것 같아요. 다른 사람과 잘 어울릴 수 있어야 훌륭한 사람이 될 수 있다고 하는데, 길동이를 위해서 지도 부탁드립니다."라고 말해야 효과가 더 크다. 학생과 학부모 모두 변화하고자 하는 주체를 대상으로 조언을 할 때 거부감 없이 받아들였다.

'잘했어'보다는 '고마워'

EBS 〈학교란 무엇인가: 칭찬의 역효과〉 프로그램에서는 칭찬과 관련된 다양한 실험을 진행했다. 이 프로그램에서 한 교사가 아이들과 기억력 테스트를 한다. 이 교사는 아이들에게 '똑똑하다, 잘한다, 머리가 좋다'라며 계속 칭찬을 한다. 7분 후에 돌아오겠다는 약속을 하고 교사가 밖으로 나가자 아이 대부분이 컨닝을 한다.

교사가 똑똑하다거나 잘한다고 칭찬을 하면 그렇게 되지 못한 학생들은 스스로를 굴욕적으로 여긴다. 그리고 칭찬을 한 교사가 다시 와서 "아, 지금 보니 그렇게 똑똑하지 않네. 넌 그냥 보통이구나."라고 말하면 학생들은 더욱더 정신적 충격을 받을 것이다. 바로 이러한 지능 평가가 학생들에게는 부담으로 다가온다. 그래서 교사는 칭찬을 꼭 하고 싶을 때는 학생들이 얼마나 열심히 노력했는지 과정을 칭찬해야 하지만, 칭찬은 본질적으로 부작용을 가져올 가능성이 크다. 이유는 다음과 같다.

첫째, 칭찬이 사라지면 그 행동을 자발적으로 하지 않는다. 둘째, 고학년 학생에게는 잘 통하지 않는다. 학년이 올라갈수록 자아가 형성되고 비판적 사고력이 높아지기 때문이다. 그렇게 되면 칭찬 속에서 의도를 찾게 되고, 이는 칭찬을 순수하게 받아들이지 못하는 결과를 낳는다. 셋째, 보상을 바라는 학생으로 자랄 가능성이 높다. 결론적으로 칭찬은 긍정적 평가다. 평가는 관계가 수직적일 때 발생한다.

그렇다면 학생들과 안정적이고 긍정적인 관계를 맺으려면 어떻게 해야 할까? 그 해결책으로 고마움을 추천한다. 칭찬은 평가를 동반하기 때문에 수직적인 관계를 포함한다. 하지만 고마움은 상대방을 동등한 위치에서 인정하고 바라보기 때문에 수평적인 관계를 포함한다.

고마움은 어떻게 표현하면 좋을까? 교육 감성매거진 에듀콜라에서 필진으로 참여하는 도대영 선생님이 추천하는 방법은 이렇다. 먼저 상대방이 지닌 특성(외모, 성격, 행동 등)을 고마워하자. 다음으로 상대방이 한 노력이나 과정을 고마워하자. 학생들의 노력이나 과정에 집중할 때, 결과보다 최선을 다하는 모습에 집중할 수 있을 것이다. 마지막으로 상대방이 한 노력이나 과정, 긍정적인 영향을 함께 표현하며 고마워하자. 예를 들어 아침에 교실 청소를 한 길동이에게 "아침에 길동이가 교실을 열심히 청소해 주어서 고마워. 길동이 때문에 우리 반 친구들, 선생님 모두 깨끗한 교실에서 기분 좋게 공부할 수 있게 되었어."

이제 칭찬보다는 '고마워'라고 말하자.

04
토의·토론이 있는 학급살이를 준비하라

토의·토론 수업을 잘하려면 자신의 의사를 명확하게 표현할 수 있어야 하고, 상대방 의견을 잘 들어야 한다. 수업만으로 자신의 의사 표현 능력을 기른다는 것은 힘이 들고 많은 노력이 필요하다. 따라서 이러한 능력을 기를 때는 학급살이와 함께 접근하면 더 큰 효과를 발휘할 수 있다.

목소리를 키우자

토의·토론을 할 때는 자신만의 생각이 있어야 하고, 상대방이 자신의 목소리를 들을 수 있어야 한다. 처음으로 토의·토론 수업을 할 때 필자가 아이들에게 가장 많이 요구했던 것도 바로 목소리 키우기였다. 그래서 아이들에게 큰 소리로 국어 교과서를 읽게 했다. 또 짝꿍과 큰 소리로 이야기도 나누게 했다.

3월 학기 초에는 '목소리를 키워라'는 이야기를 모든 수업에서 끊임없이 반복하고 강조했다. 자신의 목소리를 자신 있게 다른 친구에게 말한다는 것은 자신감을 높일 뿐만 아니라, 자신의 의견에 대한 확신과 전달력을 높일 수 있다. 필자 또한 3월 내내 학생들이 목소리를 키우는 데 모든 에너지를 다 쏟을 정도로 중요하게 생각하는 부분이다.

토의·토론 분야 중 하나인 하브루타는 유대인이 공부할 때 사용하는 질문하고 토론하면서 학습하는 방법이다. 유대인은 어릴 때부터 큰 소리로 글을 읽게 하며, 상대방과 이야기할 때도 큰 소리로 말하도록 강조한다. 이처럼 자신의 생각을 상대방에게 큰 소리로 자신 있게 말하는 것은 토의·토론 학급 문화를 만드는 데 가장 기본이다. 유대인은 이러한 질문과 토론 중심의 학습 문화로 놀라운 업적을 달성했다. 실제로도 〈왜 우리는 대학에 가는가?〉(EBS)에서는 하브루타처럼 말하는 학습 방법이 말하지 않고 조용히 공부하는 학습 방법보다 더 많은 학습 성취를 이룰 수 있음을 보여 주었다.

다만 교사는 학생들이 크게 말하는 것과 악을 지르는 것을 구별할 수 있게 해야 한다. 많은 학생이 크게 말하라고 하면 악을 지른다. 악을 지르는 것은 상대방에게 악영향을 미치며, 즐겁고 재미있는 토론을 할 수 없게 한다. 크게 말하는 것은 큰 소리로 자신 있게 자신의 생각을 말하는 것이다.

▲ 짝꿍에게 크게 말하며 토론하는 모습

▲ 모둠에서 큰 소리로 설명하는 모습

네 생각은 어때? 선생님 생각은 어떠세요?

필자는 광주 양산초등학교 구미전 수석교사의 생각을 참고하여 토의·토론을 하는 학급 문화를 만들 수 있었다. 학생들은 다양한 이유로 고자질을 한다. 자신은 노력했는데 노력하지 않은 친구가 아무런 제재도 받지 않아 불공정하고 억울할 때, 누군가가 대신 나서서 잘못한 행동을 한 친구를 혼냈으면 하는 마음이 들 때 고자질을 한다.

학기가 진행되면서 많은 학생이 고자질을 하려고 교사를 찾아온다. 필자도 처음에는 아이들 이야기를 잘 들어 주고 함께 해결책을 모색했었다. 그런데 고자질을 하게 한 상황을 자세히 들여다보니 아이들 스스로도 충분히 해결할 수 있을 때가 많았다. 고자질을 하는 많은 학생이 스스로 문제를 해결하려고 노력하기보다는 문제 상황을 교사에게 알려 해결해 주기를 원했다.

이러한 문제점을 해결하려고 학생들에게 이 부분을 이야기한 후 약속 하나를 정했다. "선생님 생각은 어떠세요?" 하고 묻기 전에 먼저 문제 상황에 대한 자신의 생각을 이야기해야 한다는 것이다. 그리고 이것을 칠판에 붙였다. 이것을 꾸준히 실천하자 학생들이 교사를 찾는 횟수가 줄고 직접 문제를 해결하기 시작했다.

많은 교사가 토의·토론이 좋다는 것을 잘 아는데도 꺼리는 이유는 아이들에게 토의·토론을 하라고 하면 시끄럽게 싸우기 때문이다. 그렇다면 아이들은 왜 싸울까? 그것은 자신의 말을 들어주지 않거나 상대방 입장을 이해하지 못한 상태에서 의사소통을 하기 때문이다.

모둠 활동을 하는 한 학생이 혼자서 액체괴물을 가지고 놀고 있다. 다른 세 아이가 뭐하고 있냐며 묻자, 액체괴물을 가지고 놀던 아이는 상관하지 말라며 계속 장난을 친다. 같은 모둠원인 세 아이 모두 기분이 나빠졌고, 다투는 바람에 선생님께도 혼이 났다.

같은 모둠원인 세 아이는 그 아이가 왜 액체괴물을 가지고 노는지 한번이라도 이해하려고 노력했을까? 액체괴물을 가지고 놀던 아이는 같은 모둠원 친구의 입장을 이해하려고 노력했을까? 사실 액체괴물을 가지고 놀던 아이는 모둠 과제에 액체괴물을 연관시켜 보려고 했던 것이다. 그런데 친구들은 겉으로 드러난 행동만 보고 그 아이에게 화를 내며 이해하려고 노력하지 않았다. 반대로 액체괴물을 가지고 놀던 아이도 자신이 왜 그렇게 행동하는지 같은 모둠원과 공유하려고 하지 않았다.

사람들은 각자 자신만의 생각이 있고, 기준이 있다. 사람들은 자신의 기준과 생각에 따라 행동한다. 그런데 그 기준과 생각이 저마다 다르기 때문에 나와 다른 기준과 생각으로 행동하면 당황하거나 화를 낸다. 사람은 말을 하지 않으면 잘 모른다. 그렇기 때문에 자신의 생각이나 행동을 상대방에게 이야기하고, 이해할 수 있는 기회를 제공해야 한다. 필자는 게시판에 약속을 하나 더 추가했다.

"네 생각은 어때?"

내 기준이나 생각을 이야기하고 상대방의 생각을 묻는 것이다. 개인적인 문제에서 서로 상황을 이해하면 문제가 되지 않는다.

▲ 칠판에 붙어 있는 '네 생각은 어때?' 규칙

▲ 칠판에 붙어 있는 '선생님 생각은 어떠세요?' 규칙

우리 반에서 친구 사이에서 지켜야 할 큰 규칙은 이 두 가지다. 우리 학급에서 '네 생각은 어때?'는 1번 규칙이고, '선생님 생각은 어떠세요?'는 2번 규칙이다. 학생들은 교사에게 와서 자신의 억울함이나 부당함을 이야기한다. 이때 필자는 억울함을 느낀 친구에게 "1번으로 말했니?"라고 물어본다. '예'라고 대답하면 관련 친구에 대해 자신이 요구하거나 바라는 점을 말하게 한다. 그리고 관련 친구들을 불러 상담하고 해결한다. 반면 '아니오'라고 대답하면 "친구에게 먼저 1번으로 말하고 선생님한테 다시 올래?"라고 말한다.

두 가지 문구를 칠판에 붙인 후 우리 반은 어떻게 변했을까? 학생들은 스스로 문제를 해결할 수 있는 힘이 생겼다. 굳이 교사를 찾지 않고도 자신의 상황을 이야기하여 상대방 입장에서 묻고 답하며 스스로 문제를 해결할 수 있게 되었다. 또 자신의 의견을 논리적으로 표현하고, 의사소통과 협업 능력을 기르는 부수적인 효과도 얻을 수 있었다. 지금부터 우리 반 칠판에 이렇게 붙여 보자.

"네 생각은 어때?", "선생님 생각은 어떠세요?"

토의·토론 수업을 결정하는 위대한 전략: 모둠

모둠 자리 배치하기

학생들의 대화와 상호 작용을 높이는 데 모둠 활동은 필수적이다. 그런데 막상 모둠 활동을 하다 보면 생각보다 모둠 단위로 학습 과제를 수행하는 것이 쉽지 않다. 학생들은 교사가 도약 과제를 제시한다고 해서 알아서 모둠 활동을 하지는 못한다. 교사가 모둠 활동을 제대로 관리해야 소기의 배움 주제에 도달할 수 있다.

학생들이 모둠 활동을 잘하는 데 필요한 것이 바로 모둠 세우기다. 사람들이 대화할 때 어떤 언어를 사용하느냐에 따라 그 사람의 생각이나 수준이 결정된다고 한다. 모둠 활동도 마찬가지다. 모둠 대형이나 모둠 약속 등 다양한 요소에 따라 모둠 활동이 결정된다. 이렇게 모둠 활동을 학생들이 잘 수행하는 데 모둠 세우기가 필요하다.

먼저 자리 배치에 따라 학생 간의 상호 작용과 친밀 관계, 수업 운영 방향이 달라진다. 자리 배치는 학습 방법과 관련이 깊다. 교사 설명이 중심인 일제 학습, 학생 간에 상호 작용이 일어나는 협동 학습, 찬반으로 나누어 토론하는 토론 학습 등이 있다. 다양한 자리 배치 방법이 있지만 여기에서는 필자가 자주 이용하는 세 가지 자리 배치 방법을 소개한다.

첫째, 모둠 대형이다. 모둠 대형은 교탁 정면을 바라보고 있어야 한다. 이는 강의식 수업도 어느 정도 가능하고, 모둠 활동도 편하다는 장점이 있다.

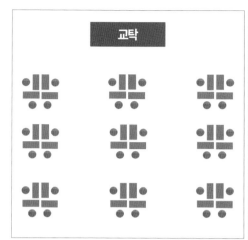

▲ 모둠 대형

▲ 실제 모둠 대형 모습

둘째, 'ㄷ'자 대형이다. 'ㄷ'자 대형은 최근 배움 공동체 운동으로 널리 알려진 자리 배치 구조다. 모든 학생이 서로 얼굴을 바라보며 토의·토론하기 좋다. 학생들이 교실 연극이나 모둠별로 발표를 할 때 좋은 대형이다. 필자는 평상시 이 자리 배치를 자주 애용한다. 모둠 활동이 필요할 때는 'ㄷ'자 대형에서 앞줄에 앉은 학생들만 몸을 틀어 뒤를 돌아본다.

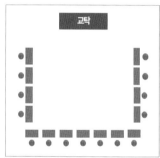

▲ 'ㄷ'자 대형

▲ 실제 'ㄷ'자 대형 모습   ▲ 'ㄷ'자 대형에서 하는 모둠 활동

셋째, 찬반 대형이다. 학급 전체 학생이 찬반 토론 수업을 할 때 좋은 자리 배치 구조다. 토론 논제를 제시하고 찬성과 반대 진영으로 구분하여 서로 마주보고 앉는다. 서로 마주보며 하는 토론 수업에는 좋지만, 강의식 수업이나 협동 학습을 할 때는 이 자리 배치를 사용하기 힘들다. 실제로 학급 전체 토론 수업은 1시간 정도만 운영하므로 학생들의 불만도 어느 정도 있다. 토론 수업이 끝나고 쉬는 시간에 원래 자리로 이동하는 데 어려움을 겪는다. 그래서 필자는 평상시 사용하는 'ㄷ'자 대형에서 절반(모둠 1~3 vs 모둠 4~6)으로 나누어 따로 책상 이동 없이 찬반 토론을 하기도 한다.

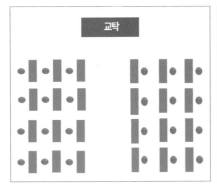

▲ 찬반 대형   ▲ 실제 찬반 대형 모습

모둠 세우기: 모둠 약속 정하기

자리 배치가 끝나면 다음으로 모둠 약속을 정한다.

첫째, 모둠 활동을 할 때 앉는 자세를 정한다. 학생들에게 모둠 활동을 하라고 하면, 앞줄에 앉은 학생은 뒷줄 책상에서 자신이 앉은 의자를 멀찌감치 떨어뜨리고는 장난을 치는 경우가 많다. 먼저 모둠 활동을 시작하기 전에 앞줄에 앉은 학생 의자를 뒷줄 책상에 가까이 붙인다. 이것이 모둠 활동의 시작이다. 필자는 이 단계가 되지 않으면 모둠 활동을 시작하지 않는다.

▲ 잘못된 자세   ▲ 바람직한 자세

둘째, 모둠 활동은 모둠에서 X자로 시선이 교차된 지점에서 진행해야 한다. 학생들은 서로 상대방을 잘 바라보며 이야기할 수 있도록 한다. 토의·토론 활동을 할 때는 작성해야 할 자료나 정리한 결과물을 모둠원들이 공유할 수 있게 시선을 X자로 교차하도록 지도해야 한다. 그래서 보통

모둠별로 모둠 활동 중에 결과물을 정리할 때는 뒷줄에 앉은 두 학생의 책상 가운데에서 하는 것이 좋다.

▲ 기본 자세

▲ 결과물을 정리하는 모습

셋째, 모둠 활동을 잘할 수 있도록 약속을 정한다. 필자는 모둠 활동을 할 때 꼭 지켜야 할 두 가지 약속을 정하고 모든 학생이 지키게 한다. 하나는 어떠한 상황에서든 친구가 발표를 할 때는 하던 일을 멈추고 집중해서 경청한다는 약속이다. 다른 하나는 수업 종을 치면 하던 일을 멈추고 선생님을 바라본다는 약속이다. 수업 종은 전체 안내할 때 또는 다음 수업 과정으로 진행할 때 사용한다. 그리고 토의·토론 활동 시간을 충분히 주되, 전체 발표 시간에 발표하는 학생들을 바라보고 경청하여 수업 결과의 공유와 사고의 확장, 경청 역량을 기르도록 한다. 이 약속들은 교사와 학생이 서로 합의해서 교실 상황에 따라 다르게 정할 수 있다.

06
토의·토론 수업이 학급살이다

    수업을 연구하면 할수록 수업이 학급살이라는 생각은 더욱 확고해진다. 수업은 학생들이 서로를 배려하고 경청하는 학급 분위기를 만들어야 잘할 수 있다. 학급살이를 잘하지 못하는 반에서 좋은 수업을 하기는 어렵다. 필자는 학급살이에 좋다는 다양한 방법을 도서나 연수에서 찾아 시간을 일부러 할애해서 적용해 보았다. 하지만 이때마다 마치 맞지 않은 옷을 억지로 걸치는 기분이었다.

    앞서 학급살이를 잘하지 못하는 반에서는 좋은 수업을 하기 어렵다고 했다. 반대로 생각하면, 좋은 수업을 하려고 노력하면 학급살이는 자연스럽게 따라온다. 토의·토론 수업은 기본적으로 학생들이 상대방을 배려하고 경청할 때 일어난다. 필자는 토의·토론 수업을 꾸준히 연구하고 실천하면서 따로 학급살이 고민을 많이 하지 않았음에도 반 분위기는 오히려 좋아졌다.

    지금 필자가 근무하는 광주교육대학교 광주부설초등학교에서는 학생 참여형 배움 수업을 슬로건으로 다양한 학생 참여형 수업을 진행하고 있다. 광주부설초등학교에서는 수업을 하면서 학생들에게 존중, 경청, 합의 세 가지를 강조한다. 학생들은 이 세 가지를 매 수업 시간마다 지키려고 노력하며, 교사 또한 그렇게 할 수 있도록 학생들을 지도한다.

    존중, 경청, 합의 이 세 가지는 필자가 중요하게 여기는 대화와 상호 작용을 하는 데 굉장히 필요하다. 대화와 상호 작용은 나 혼자 떠들거나 활동한다고 해서 할 수 없고, 다른 사람과 관계를 잘 맺어야 할 수 있다. 이때 상대방을 존중하고, 상대방이 하는 말을 경청하는 것이 필요하다. 그리고 해결해야 할 주제에서 서로 지닌 생각이 다르기 때문에 조정하고 토론하며 합의를 이끌어 내야 한다.

이것이 토의·토론을 하려고 학급살이를 서술하는 데 두 가지 주제(네 생각은 어때? 선생님 생각은 어떠세요?와 모둠 세우기)가 필요한 이유다. 토의·토론 수업을 꾸준하게 실천해 보자. 존중과 경청, 합의가 꽃피는 교실이 될 것이다.

▲ 존중, 경청, 합의 신호판

▲ 수업 시간에 존중, 경청, 합의를 하는 모습

07
과정 중심 평가
: 토의·토론 수업을 평가하는 세 가지 체크 포인트

2015개정교육과정에서는 많은 것을 강조하지만, 크게 인성, 역량이 중심이 되는 교육 과정과 수업, 과정 평가로 나눌 수 있다. 한국교육과정평가원이 연구한 자료에 따르면 과정 중심 평가는 '교육 과정 성취 기준에 기반을 둔 평가 계획에 따라 교수·학습 과정에서 학생의 변화와 성장 자료를 다각적으로 수집하여 적절한 피드백을 제공하는 평가로, 평가 패러다임의 확장, 결과 중심 평가와 대비, 교육 과정 – 교수·학습 – 평가의 연계'로 설명할 수 있다.

과정 중심 평가는 성취 기준에 기반을 둔 수업 중에서 다양한 평가 방법을 활용하여 인지적·정의적·핵심 역량 등을 평가한다. 간단히 말해 성취 기준 도달 여부와 수업으로 기를 수 있는 역량을 평가하는 것이다. 하지만 과정 중심 평가에서 전제 조건은 수업이 먼저 변화해야만 적용할 수 있다는 것이다. 학생 참여형 수업으로 변하지 않는다면 인지적·정의적·핵심 역량을 평가하기 어렵다. 지금부터 다양한 과정 중심 평가 방법 중 필자가 자주 사용하는 평가 방법과 평가를 활용하는 방법을 설명하려고 한다.

과정 중심 평가 사용하기

과정 중심 평가는 학생이 활동하면서 발휘하는 역량이나 성취 기준을 알고 있는지 평가하는 것이다. 결국 과정 중심 평가는 학생 참여형 수업으로 바뀌지 않는다면 적용하기 어려운 평가다. 책에서 이야기하는 토의·토론은 대표적인 학생 참여형 수업 방법이다.

토의·토론 수업은 보통 도약 과제를 2~3개 정도 해결하는 과정으로 디자인한다. 도약 과제를 해결하는 토의·토론 과정에서 과정 중심 평가를 적용하면 편리하다.

과정 중심 평가는 학생의 발달과 성장에 필요하다. 각 학생마다 과정 중심 평가를 기록하고 이를 포트폴리오 식으로 정리하면 학생의 발달과 성장을 일목요연하게 볼 수 있어 좋다. 모든 차시의 수업을 기록하고 정리할 수는 없으므로 단원에서 핵심 성취 기준과 관련된 차시 수업을 할 때 누적 기록한다. 처음에 필자도 한글 파일 하나에 반 전체 학생을 정리했는데, 다른 학생의 정보를 찾거나 누적 기록을 정리하기 불편했다. 그래서 학생별로 개별 한글 파일을 만들었는데, 이 방법은 정리할 때마다 해당 파일을 열고 닫아야 해서 불편했다.

이때 떠오른 것이 바로 에버노트 프로그램이었다. 에버노트를 활용하면 과정 중심 평가 누적 기록도 손쉽게 할 수 있으며, 학생 변화 또한 파악하기 좋았다.

▲ 에버노트에 개인별 누적 기록한 모습   ▲ 누적 기록한 결과

이렇게 핵심 성취 기준과 밀접한 수업은 에버노트 프로그램을 활용하여 기록하고 정리했다.

누적 기록을 하지 않는 일상 수업(필자는 편의상 과정 중심 평가를 하지만 누적 기록은 하지 않는 수업을 '일상 수업'이라고 칭한다)은 학생들이 성취 기준을 이해했는지 확인하고, 참여 태도를 파악하는 데 사용한다.

평소 과정 중심 평가를 할 때, 학생들의 활동을 관찰하면서 역량을 평가·기록하기도 하지만, 평가 방법은 다음 세 가지만 활용한다. 많은 평가 방법이 있지만, 교사가 활용하기 단순하고 편한 방법만 꾸준히 유지·적용할 수 있었다. 자기 평가와 동료 평가에는 손가락 점수와 공깃돌 평가 방법을 활용한다. 또 각자 자신이 궁금한 점과 알고 있는 것을 공유하고 확인하는 데는 광장 대화를 사용한다.

손가락 점수

자기 평가는 학생들이 스스로 자신의 학습 준비도, 성실성, 학습 동기, 만족도, 성취 수준 등을 반성할 수 있게 한다는 점에서 매우 중요하다. 또 교사가 학생을 관찰하고 기록한 내용과 시행한 평가가 타당했는지도 비교·분석할 수 있다. 실제 수업 시간에 자기 평가지 양식을 만들어서 평가하고 이를 반영할 수 있다면 좋겠지만, 학생들이 이것을 부담스러워 해서 평가의 적시성을 놓칠 수 있다.

그래서 학생들이 성취 기준 도달 여부를 간단하게 손가락으로 평가할 수 있게 한 것이다. 필자는 학생들에게 성취 기준 도달 여부를 배움 정리 과정 중에나 활동을 하나 마친 후에 물어본다(필자가 근무하는 학교에서는 크게 배움 열기, 배움 활동, 배움 정리 과정으로 수업을 나눈다). 그리고 손가락으로 1~2점 사이의 자기 평가 점수를 준 학생을 빠르게 파악해서 평가 기록지에 기록한다. 1점과 2점으로 자기 평가를 한 학생들을 수업 중이나 수업을 마친 후에 피드백하는 흐름으로 손가락 점수를 활용한다.

◀ 손가락 평가로 자기 평가를 하는 모습

◀ 자신의 성취 수준 도달 정도를 손가락으로 표시

공깃돌 평가(바둑돌 평가)

　보통 교실에는 학생 수가 더 많다. 그래서 교사 혼자 힘으로 모든 학생을 제대로 평가하기가 어렵다. 이때 동료 평가를 활용한다면 교사의 주관성을 배제할 수 있을 뿐만 아니라, 학생 평가의 객관성도 확보할 수 있다. 동료 평가는 상대방의 수행 과정이나 성실성, 다른 학습자와의 관계를 가장 가까이에서 파악할 수 있기 때문이다.

　동료 평가에는 공깃돌 평가를 사용한다. 공깃돌 평가는 교사가 먼저 모둠원에게 배부한 공깃돌을 활용한다. 그런 다음 모둠원이 평가 항목을 고려한 후 잘 참여한 모둠원에게 공깃돌을 주고, 이를 평가하는 방법이다. 공깃돌 평가에서 교사는 미리 평가 항목을 정한 후 수업 시작 전이나 수업 도입 부분에서 학생들에게 이를 안내한다. 개인당 공깃돌을 2개씩 준다. 토의·토론 활동이 끝나고 공깃돌 평가를 한 후 평가 기준에 따라 열심히 참여한 모둠원에게 공깃돌을 전달하면 된다. 교사는 학생들이 받은 공깃돌 개수에 따라 동료 평가를 기록한다.

　공깃돌은 현재 우리 교실에서 가장 편하게 주고받을 수 있는 물건이기에 공깃돌 평가라고 이름 붙인 것이다. 반에 바둑돌이 많다면 바둑돌 평가라고 이름 붙여도 된다. 반에서 개수가 많고 편하게 주고받을 수 있는 물건 이름을 따서 어떤 이름이든 붙일 수 있다.

▲ 토의·토론 활동에 열심히 참여하는 모습

▲ 각자 받은 공깃돌을 확인하고 동료 평가 결과 기록

광장 대화

보통 학생들은 잘 모르는 것을 학급 전체 자리에서 질문하고 물어보는 것을 불편해한다. 이것은 다른 친구들이 나를 어떻게 볼까 하는 두려움과 몰랐다는 창피함 등 여러 이유 때문이다. 사실 어른들도 많은 사람 앞에서 질문하고 이야기하는 것을 불편해한다. 하물며 친구 관계를 중요시하는 학생들에게 전체 자리에서 질문하라고 강요하는 것은 큰 압박과 부담감이 될 수 있다.

그래서 사용하는 방법이 광장 대화다. 광장 대화는 보통 수업 정리 부분에서 사용한다. 학생들에게는 여러 도약 과제를 해결하면서 다양한 토의·토론 활동을 했음에도 여전히 잘 이해가 되지 않는 점, 궁금한 점, 수업 시간에 새롭게 알게 된 점 등이 있을 수 있다. 이것을 'ㄷ'자 대형의 가운데 커다란 공간(필자는 편의상 이것을 '광장'이라고 칭한다) 안에서 대화를 나누며 배운 내용을 내면화하고, 모르는 부분을 이해한다. 광장 대화는 학생들에게는 자신이 무엇을 알고 무엇을 모르는지 메타인지를 높일 수 있는 기회가 된다. 그리고 교사에게는 광장 대화를 관찰하면서 학생들의 성취 기준과 역량을 평가할 수 있는 장이 된다.

▲ 수업으로 알게 된 점, 궁금한 점을 광장 대화로 하고 있는 모습   ▲ 광장에서 자유롭게 대화하는 모습

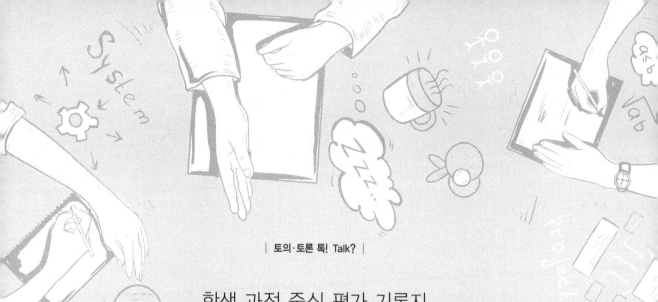

학생 과정 중심 평가 기록지
: 관찰하고 기록하라

지금까지 몇 가지 과정 중심 평가 방법을 배웠다. 그중 가장 많이 활용하는 것은 교사의 관찰 평가와 학생들의 수업 결과물이다. 필자는 이 두 가지 방법에서 객관성을 높이려고 추가로 학생들의 자기 평가, 동료 평가, 광장 대화를 사용한다. 그렇다면 교사는 무엇을 평가해야 할까? 교사는 학생의 성취 기준 도달과 수업을 통해 성장할 수 있는 역량을 관찰하고 이를 평가해야 한다.

학생들의 수업 결과물을 정리하고 기록하는 것은 꼭 수업 시간이 아니어도 된다. 편한 시간에 하면 된다. 하지만 교사의 관찰과 학생들의 자기 평가, 동료 평가는 수업 시간에 해야 빠르게 할 수 있기 때문에 과정 중심 평가 기록지가 필요하다. 학생들이 보인 반응을 바로 정리해야 이를 활용하여 학생의 성장 누적 기록을 할 수 있기 때문이다. 과정 중심 평가 기록지는 필자가 운영하는 블로그(훈훈쌤과 함께하는 역사여행)에서 찾을 수 있다. 필자가 제공하는 과정 평가 기록지가 정답은 아니다. 각자의 학급 상황에 맞게 수정·적용하면 된다.

이제 성취 기준 평가와 역량 평가를 좀 더 살펴보자. 필자는 성취 기준과 관련하여 개념 정의나 생각을 공책에 정리하게 하고, 이해 정도를 확인하여 평가한다. 원래 평가는 평가 기준과 평가 척도가 있어야 한다. 하지만 실제 수업에서 평가 기준과 평가 척도를 작성하고 과정 평가를 한다면 교사의 피로는 어마어마할 것이다. 일상 수업에서 교사는 학생들이 성취 기준을 알고 있는지 학생들의 활동 결과물이나 공책 정리로 평가하고, 학생들의 자기 평가(손가락 점수)와 상호 평가(공깃돌 평가, 광장 대화)를 활용하여 종합적 평가를 해야 한다. 성취 기준 평가는 학생들의 수업 결과물이나 공책 정리 등 수업 후 평가할 수 있는 조건이 많다. 그래서 필자는 수업 후에는 학생들의 결과물을 평가하고, 수업 중에는 손가락 점수와 공깃돌 평가를 해서 성취 기준 평가를 짧고 빠르게 한다.

역량 평가는 교사가 실제 수업 시간에 학생들의 활동을 관찰하고, 다양한 활동에서 발휘되는 역량을 기록·평가한다. 역량 평가는 활동으로 드러나는 반응이나 언어, 행동을 파악해야 하기 때문에 많은 관심과 집중이 필요하다. 그래서 필자는 수업 시간에 성취 기준 평가는 짧고 간단하게 하고, 역량 평가는 길고 자세하게 한다. 역량 평가의 평가 기준은 수업으로 성장할 수 있는 역량 한두 가지로 정하고, 학생들의 활동을 관찰하고 평가한다. 따로 평가 척도를 기록하거나 정리하지는 않는다.

하지만 과정 평가를 운영할 때는 무엇이 가장 중요할까? 그것은 과정 중심 평가를 하려면 먼저 학생 참여형 배움 수업으로 바뀌어야 한다는 것이다. 학생들의 반응 결과와 활동을 보고 기록을 해야 평가할 수 있다. 이는 교사의 많은 집중과 학생에게 관심이 필요한 과정이다. 교사가 강의식·전달식 수업을 하면 학생들의 반응을 살펴볼 수 없고, 기록할 수도 없다. 과정 중심 평가의 본질은 학생 참여형 배움 수업으로, 변화와 실천이다.

학생 과정 중심 평가 기록지

단원						날짜	
배움 주제							
평가 관점	역량						
	성취 기준						

번호	이름	자기 평가		동료 평가		교사 관찰
		역량	성취 기준	역량	성취 기준	
1	강**	1 2 3	1 2 3	1 2 3	1 2 3	
2	고**	1 2 3	1 2 3	1 2 3	1 2 3	
3	고**	1 2 3	1 2 3	1 2 3	1 2 3	
4	김**	1 2 3	1 2 3	1 2 3	1 2 3	
5	남**	1 2 3	1 2 3	1 2 3	1 2 3	
6	류*	1 2 3	1 2 3	1 2 3	1 2 3	
7	서**	1 2 3	1 2 3	1 2 3	1 2 3	
8	양**	1 2 3	1 2 3	1 2 3	1 2 3	
9	이**	1 2 3	1 2 3	1 2 3	1 2 3	
(생략)						
51	김**	1 2 3	1 2 3	1 2 3	1 2 3	
52	박**	1 2 3	1 2 3	1 2 3	1 2 3	
53	박**	1 2 3	1 2 3	1 2 3	1 2 3	
54	이**	1 2 3	1 2 3	1 2 3	1 2 3	
55	이*	1 2 3	1 2 3	1 2 3	1 2 3	
56	조*	1 2 3	1 2 3	1 2 3	1 2 3	
57	채**	1 2 3	1 2 3	1 2 3	1 2 3	
58	허**	1 2 3	1 2 3	1 2 3	1 2 3	
59	황**	1 2 3	1 2 3	1 2 3	1 2 3	

토의토론수업, 배움을 디자인하다

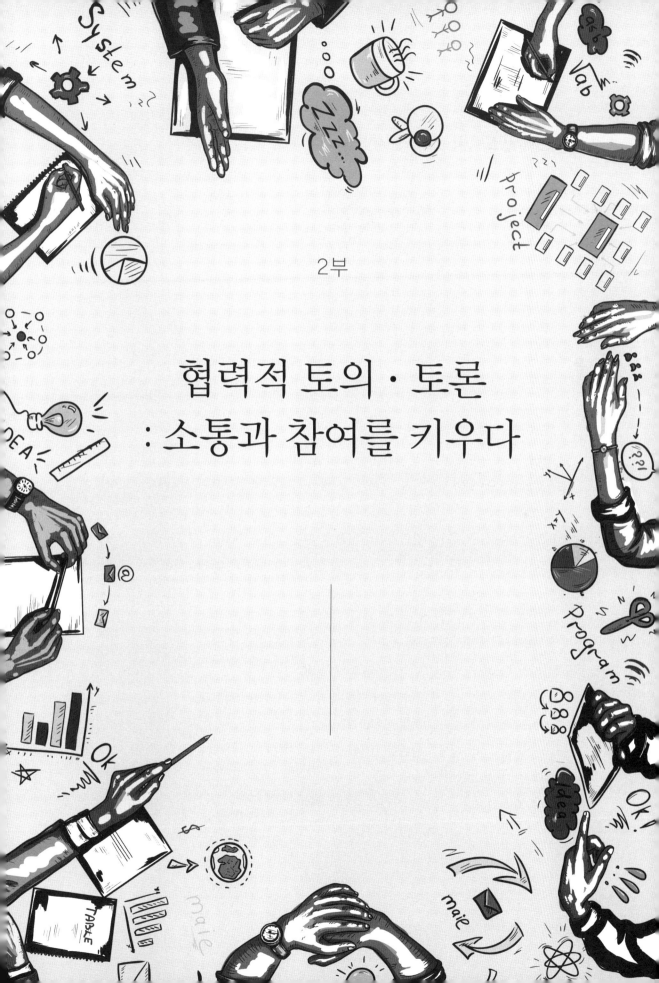

2부

협력적 토의·토론
: 소통과 참여를 키우다

01
브레인스토밍 토의·토론: 창의적 사고력을 키우다

가. 브레인스토밍 토의·토론이란?

브레인스토밍은 한 가지 주제와 관련된 사람들이 모여 자유로운 토론을 주고받는 가운데 사고를 종합해 내는 수업 방법이다. 브레인스토밍의 목적은 억압된 분위기를 배제하고 아무런 거리낌 없이 문제 해결 방안이나 창의적인 생각을 창출하는 것이다. 브레인스토밍은 주로 토의·토론 주제를 잡거나 연구 초기에 전반적인 상황을 조망하고, 연구 주제를 구체화하거나 과제를 추출하는 단계에서 널리 사용한다. 학생들은 주제를 정해 브레인스토밍 토의·토론한 후 결과를 정리하여 다른 모둠 친구들과 비교하고, 서로 합의하여 의견을 수렴하는 방식으로 활용할 수 있다.

나. 브레인스토밍 토의·토론 순서 ㅣ

: 다양한 아이디어 생성 등 발산형 브레인스토밍으로 진행할 때

1) 모둠을 4~6명으로 구성하고, 각 모둠의 리더와 기록자를 정한다.

2) 사회자(교사)가 도약 과제를 공개한다.

3) 모둠원이 아이디어를 말하면 기록자가 모두 기록한다.

4) 비슷한 아이디어끼리 분류한다.

5) 최종 아이디어를 결정한 후 다음 활동을 한다.

다. 브레인스토밍 토의 · 토론 주제

브레인스토밍 토의 · 토론에는 하나의 제재 글이나 사건, 자료에서 많은 아이디어나 내용을 생각하게 하는 주제가 알맞다. 예를 들어 교실 속 인권 침해 상황을 알아보고자 할 때 브레인스토밍 토의 · 토론 방법을 활용하면 학생들의 다양한 의견을 들을 수 있다.

- 교실 속 인권 침해 상황
- 사진 자료(전쟁 후 황폐화된 모습)를 보고 알 수 있는 점
- 수업 시간에 자유롭게 활동하고 느낀 점
- 지방 자치 제도의 좋은 점
- 조선 후기 사회적 문제점
- 혼일강리역대국도 지도를 보고 알 수 있는 점

라. 브레인스토밍 토의 · 토론 순서 Ⅱ

: 아이디어 생성 후 비슷한 의견을 분류 · 정리하는 수렴형 브레인스토밍으로 진행할 때

1) 모둠을 4~6명으로 구성하고, 각 모둠의 리더와 기록자를 정한다.

2) 사회자(교사)가 도약 과제를 공개한다.

3) 모둠원이 아이디어를 말하면 기록자가 모두 기록한다.

4) 정해진 시간 안에 가장 많은 아이디어를 기록한 모둠에서 발표한다.

5) 발표한 모둠과 자신의 모둠 의견을 비교하여 동일한 의견을 냈다면 손을 든다.

6) 과반수 이상의 모둠이 손을 들었다면 핵심 판서로 정리한다.

마. 브레인스토밍 토의 · 토론 활동 사례

▲ 브레인스토밍 토의 · 토론 활동 모습

▲ 조선 후기 사회상 토의 · 토론 결과물

브레인스토밍 토의 · 토론에서는 먼저 학생들에게 브레인스토밍 4대 원칙을 안내한 후 활동에 들어간다. 4대 원칙은 다음과 같다.

  1) 가능한 한 많은 아이디어를 생각해 내라.
  2) 어떤 제안도 비판하지 마라.
  3) 아이디어의 질을 따지지 마라.
  4) 서로 다른 아이디어를 결합하라.

시간은 미리 정한 후 활동을 하면 좋다. 보통 어느 주제든 5분 정도면 학생들이 충분히 활동할 수 있다.

바. 브레인스토밍 토의 · 토론 활동지

주제	
순서	아이디어 목록
1	
2	
3	
4	
...	
가장 좋은 아이디어 3개를 뽑는다면?	

02
브레인라이팅 토의·토론: 포스트잇을 활용한 분류 기법

가. 브레인라이팅 토의·토론이란?

브레인라이팅(brain writing)은 '침묵의 브레인스토밍'이라고도 한다. 브레인스토밍은 주로 발언을 적극적으로 하는 토론자 의견을 많이 반영하기에 주변 사람들도 영향을 받을 수 있다. 그렇기에 되도록 발언은 줄이고 글로 쓰는 방식의 토론 방법인 '브레인라이팅'을 도입했다. 포스트잇을 사용하여 아이디어를 얻고 분류하고 정리하는 토론 방법으로, 토론 참가자 전원이 소외되지 않고 끝까지 토론에 참여할 수 있다.

나. 브레인라이팅 토의·토론 순서

◎ **준비물: 4절지나 8절지**(모둠 칠판도 충분), **포스트잇, 사인펜**

1) 모둠을 4~5명으로 구성한다.
2) 모둠별로 포스트잇과 큰 종이를 나누어 준다.
3) 사회자(교사)가 도약 과제를 공개한다.
4) 개인 의견을 각자 포스트잇에 적는다.
   – 포스트잇 한 장에는 한 가지 의견만 적어야 한다.
   – 개인 의견의 개수를 정해 주어도 좋고, 개수 제한 없이 일정 시간 안에 생각나는 대로 쓰도록 해도 좋다.
5) 개인 의견을 적은 포스트잇을 보고, 같은 의견끼리 분류하여 큰 종이에 모아 붙인다.

6) 분류하여 모은 의견들에 제목을 붙인다(이를 '유목화'라고 칭한다).

7) 분류한 결과를 발표한다.

다. 브레인라이팅 토의·토론 주제

브레인라이팅은 관련 주제에 학생들이 의견을 내고 이것을 수렴할 때 사용한다. 예를 들어 주제가 청소년기 특징이나 도시 문제 해결 방법일 때, 모둠에서 다양한 의견을 제시하고 비슷한 의견끼리 수렴하여 핵심 판서로 정리한다. 의견을 수렴하여 핵심 판서로 정리하면 학생 개개인의 의견을 소외시키지 않고 의미를 부여할 수 있다. 교사가 중요하다고 생각한 의견은 다른 색깔로 핵심 판서한다. 이것은 필자가 가장 많이 활용하는 방법으로, 여러 교과에서 다양한 토의·토론 방법으로 활용할 수 있다.

- 환경 오염을 줄일 수 있는 생활 습관 알아보기
- 건강한 사람의 특징
- 토론자가 갖추어야 할 가장 중요한 능력
- 『몽실언니』를 읽고 몽실 언니에게 하고 싶은 말
- 현장 체험 학습 장소 정하기

라. 브레인라이팅 토의·토론 활동 사례

▲ 개인 의견 적기

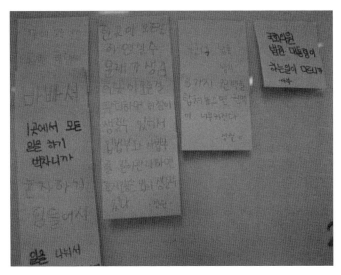

▲ 유목화

Tip

브레인라이팅 토의·토론에서는 정해진 시간 안에 주어진 개수의 아이디어를 반드시 적게 하는 것이 중요하다. 그리고 의견을 포스트잇에 적고 모둠원에게 제시할 때 각자 자신의 의견과 이유를 말한다. 포스트잇 한 장에는 의견 하나만 적게 하고, 중요한 키워드 중심으로 크게 적을 수 있도록 활동 전 미리 안내한다.

03

PMI 토의·토론: 긍정 vs 부정

가. PMI 토의·토론이란?

PMI 토의·토론은 어떤 문제에서 긍정적인 면(플러스)과 부정적인 면(마이너스)을 모두 생각해 보고, 흥미로운 대안(interesting)을 찾아보는 '창의적인 아이디어 기법' 중 하나다. 토의·토론 활동으로 장점과 단점을 검토하여 더욱 신중한 의사 결정을 할 수 있도록 안내하는 것이 목적이다. PMI 토의·토론은 P단계에서는 장점만을, M단계에서는 단점만을, I단계에서는 특이점이나 개선점만 찾도록 한다. 단계를 무시하고 섞어서 생각하면 오류가 발생할 가능성이 크다고 보기 때문이다.

토의·토론 참여자는 PMI 과정을 거치면서, 어떤 문제를 충동적이거나 감정적으로 판단하지 않고 더욱 합리적이고 체계적으로 의사 결정을 할 수 있다. PMI 토론은 발명 토론으로 활용하거나 어떤 사건이나 개념을 분석할 때도 적용할 수 있다.

나. PMI 토의·토론 순서

◎ 준비물: 개별 활동지, 모둠 활동지, 포스트잇(선택), 색깔 펜

1) 모둠을 4~6명으로 구성한다.
2) 사회자(교사)가 PMI 활동용 토론지를 모둠별로 한 장씩 제공한다.
3) 사회자가 도약 과제를 공개한다.
4) 토론 참가자는 제시된 주제에서 장점을 찾는다.
5) 장점을 정리했으면 이번에는 단점을 찾는다.

6) 단점을 기초로 개선할 점을 찾는다.

7) 각 모둠의 토론 결과를 장점 → 단점 → 개선할 점 순서로 발표한다.

8) 다른 모둠과 토론 결과를 바탕으로 질의 및 응답을 한다.

다. PMI 토의 · 토론 주제

PMI 토의 · 토론 방법은 어떤 사건이나 주제를 다양하게 바라보고 분석할 때 좋다. 예를 들어 컴퓨터를 활용한 여가 생활, 시험, 서술형 평가, 상 · 벌점 제도 등을 이야기할 때 좋은 방법이 될 수 있다.

- 컴퓨터를 활용한 여가 생활이 바람직한가?
- 시험을 꼭 보아야 하는가?
- 통일을 해야 하는가?
- 서술형 평가를 확대해야 하는가?
- 학급 규칙이 있어야 하나?
- 상 · 벌점 제도는 필요한가?

라. PMI 토의 · 토론 활동 사례

▲ PMI 토의 · 토론을 하는 학생들

'물질 만능주의' PMI 토의 · 토론 결과물▶

PMI 토의·토론은 2:2 토론으로 연결시킬 수 있다. 학생들은 논거(논리적 근거)를 생각하는 데 많은 어려움을 느낀다. 앞서 예로 든 사진에서는 노사 갈등을 주제로 PMI 토의·토론을 하고, '노사 갈등이 필요한가?'라는 논제로 2:2 토론을 진행할 수 있다. 모둠에서 PMI 토의·토론으로 정리한 찬성과 반대 논거를 활용하여 2:2 토론을 진행한다면 학생들이 토론에 느끼는 부담을 많이 줄일 수 있다.

마. PMI 토의·토론 활동지

주제	정리
좋은 점 (플러스: +)	
나쁜 점 (마이너스: −)	
개선 방안 (우리 의견)	

04
질문 만들기 하브루타: 질문을 이용한 행복한 논쟁

가. 하브루타란?

『최고의 공부법: 유대인 하브루타의 비밀』(전성수, 2014)에서는 하브루타란 "짝을 지어 질문하고, 대화하고, 토론하고, 논쟁하는 것"이라고 정의한다. 수업 방식을 하브루타로 바꾼다면 교육 효과가 커진다. 배운 내용을 친구에게 설명하면서 수업에 더 집중하게 되고 메타 인지도 상승한다. 또 질문을 하면서 들어야 하기 때문에 수업에 능동적이고, 친절하게 친구에게 설명하다 보면 친구 관계도 좋아진다. 교사는 학생들이 짝을 지어 설명하는 동안 돌아다니면서 학생들의 질문을 받거나 가르치기가 잘되지 않는 학생들을 도와준다.

나. 질문 만들기 하브루타란?

질문 만들기 하브루타는 학생들이 본문을 읽고 질문을 만드는 수업 방법이다. 먼저 짝꿍과 1:1 토론을 한 후 둘이서 가장 좋은 질문을 뽑는다. 뽑은 질문으로 모둠끼리 토론을 한 후에는 최고의 질문을 뽑는다. 최고의 질문으로 집중 토론을 하고 내용을 정리해서 발표하면, 교사가 그것을 정리한다.

다. 질문 만들기 하브루타 순서

◎ 준비물: 모둠 칠판, 공책, 보드마카

1) 책의 제재 글이나 사진 등을 보고 질문을 만든다.

2) 만든 질문으로 둘씩 짝지어 하브루타(짝 토론)를 한다.

3) 짝꿍과 가장 좋은 질문을 뽑아 모둠별로 토론한다.

4) 모둠에서 최고의 질문을 뽑아 서로 토론한다.

5) 최고의 질문으로 모둠에서 합의된 토론 내용을 정리한다.

6) 전체 발표 및 다른 모둠과 토론 결과를 바탕으로 질의 및 응답을 한다.

라. 질문 만드는 방법

내용 질문	• ~했던 인물은 누구인가요? • 언제인가요? • ~ 곳은 어디인가요? • 무슨 일이 일어났나요? • 왜 그랬나요? • ~의 뜻은 무엇인가요?
비판 질문	• ~의 잘못은 무엇인가요? • ~의 말, 행동이 왜 잘못되었다고 생각하나요? • ~은 어떤 문제점이 있나요?
상상 질문	• 만약 ~라면? • 만약 ~했다면? • 만약 ~한다면?
실천 질문	• 비슷한 경험이 있나요? • 그때 어떻게 했나요? • 비슷한 상황에 처하면 어떻게 할 것인가요? • 이러한 일에 대처하려면 무엇을 준비해야 하나요?
종합 질문	• 우리에게 말하고자 하는 바가 무엇일까요? • 교훈은 무엇일까요? • 반성할 점은 무엇일까요?

마. 질문 만들기 하브루타 활동 사례

▲ 짝 토론을 하는 학생들

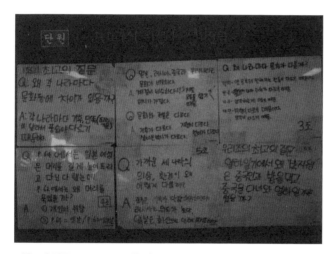

▲ 최고의 질문으로 모둠 토론한 결과물

> (Tip)
>
> 질문 만들기 하브루타는 학생들의 사고를 점점 깊게 심화할 수 있는 수업 방법이다. 하지만 마지막 최고의 질문으로 모둠 토론을 해도 정확한 답을 얻기가 어려워 학생들이 아는 것 없이 구름 위에 둥둥 떠다니는 것 같다고 교사들은 이야기한다. 모두 맞는 말이다. 최고의 질문으로 다음 시간에 답을 확인한다면 계획된 수업 시간을 방해할 수 있다. 따라서 필자는 질문 만들기 하브루타를 단원 도입 부분에 단원 예상하기 차시에서 사용한다. 단원 예상하기 차시에는 단원 전체 내용을 포함하는 사진이나 삽화, 연표 등이 있으므로 이를 활용하여 질문 만들기 하브루타를 하면 좋다. 이러한 과정을 거쳐 단원 전체 내용을 미리 예상할 수 있다.

05

친구 가르치기 하브루타
: 친구에서 선생님으로! 선생님에서 친구로!

가. 친구 가르치기 하브루타란?

친구 가르치기 하브루타는 가르치고 배울 범위를 정한 후 그것을 철저하게 공부하고 서로 가르치고 배우는 수업이다. 짝꿍의 수준이 비슷하면 좋다. 서로 실력이 비슷하면 내가 손해 본다는 느낌이 없어 치열하게 서로 질문하고 반박하면서 공부할 수 있다. 설명을 듣는 학생은 내용을 들으면서 생기는 질문을 수시로 하면 된다.

나. 친구 가르치기 하브루타 순서

◎ **준비물: 공책, 색깔 펜**

1) 짝꿍과 배울 범위를 나눈다.

2) 자신이 맡은 범위를 철저하게 공부한다.

3) 왼쪽 짝꿍이 오른쪽 짝꿍에게 설명한다.

4) 오른쪽 짝꿍은 왼쪽 짝꿍의 설명을 들으며, 질문하고 내용을 정리한다.

5) 오른쪽 짝꿍이 왼쪽 짝꿍에게 설명한다.

6) 왼쪽 짝꿍은 오른쪽 짝꿍의 설명을 들으며, 질문하고 내용을 정리한다.

7) 교사가 전체 내용을 정리 및 쉬우르한다.

다. 친구 가르치기 하브루타 주제

친구 가르치기 하브루타는 단원 마지막 부분인 단원 학습 내용 정리하기 차시에서 사용하면 좋은 수업 방법이다. 교사는 단원 학습 내용 정리하기 차시에서 소단원 분량을 고려하여 적절하게 왼쪽 짝꿍과 오른쪽 짝꿍에게 나누어 준 후 친구 가르치기 하브루타를 실시한다. 학생들은 자신이 가르치는 부분을 설명하면서 메타 인지를 높일 수 있다. 친구 가르치기는 효율성이 강의보다는 18배, 읽기보다는 9배 높은 최고의 공부 방법이다.

라. 친구 가르치기 하브루타 활동 사례

▲ 자신이 맡은 범위를 공부하는 모습　　▲ 친구 가르치기 활동 모습

Tip

원래 친구 가르치기 하브루타는 먼저 자신이 맡은 범위를 공부한 후 수업 시간에 서로 가르치고 묻는 수업 활동으로 진행한다. 하지만 실제 수업에서는 자신이 맡은 범위를 미리 공부하고 오는 학생이 많지 않아서 수업 활동을 원활하게 진행하기 어렵다. 이때 먼저 수업 시간에 자신의 범위를 공부하게 한 후 친구 가르치기 하브루타를 진행하면 좋다. 일반적으로 주제 및 범위 안내 5분, 자기 범위 공부 15분, 왼쪽 짝꿍이 오른쪽 짝꿍 가르치기 10분, 오른쪽 짝꿍이 왼쪽 짝꿍 가르치기 10분으로 운영한다.

친구 가르치기 하브루타를 하기 전에 교사는 먼저 질문 5개 이상 하기, 중요한 내용은 공책에 적으면서 설명 듣기 등 다양하게 참여할 수 있도록 조건을 안내한다. 그렇게 하면 설명하는 학생, 설명을 듣는 학생 모두 적극적인 수업 참여가 가능하다.

06
피라미드 토의·토론: 선택하고, 선택하고, 또 선택하라

가. 피라미드 토의 · 토론이란?

피라미드 토의 · 토론은 2명(1:1), 4명(2:2)의 의견을 모으는 과정이 마치 피라미드와 같다고 해서 붙은 이름이다. 피라미드 토의 · 토론은 모든 구성원이 참여하여, 집단의 전체 의견을 모을 때 아주 유용한 수업 방법이다. 특히 매 단계마다 입장(결론)−근거를 밝히고 선택하는 과정은 토의 · 토론을 훈련하는 과정이기도 하다. 피라미드 토의 · 토론에서는 토의 · 토론에 참여하는 집단 규모는 점점 커지고 그 개수는 절반씩 계속 줄어든다. 소수와 다수의 토의 · 토론을 모두 경험할 수 있고, 비슷한 발언을 여러 번 하면서 표현력도 기를 수 있다.

나. 피라미드 토의 · 토론 순서

◎ **준비물: 2절지, 포스트잇, 펜**

1) 사회자(교사)가 주제를 발표하고, 간단하게 질의 및 응답하는 시간을 갖는다.

2) 개인별로 포스트잇을 세 장 배부한 후 주제를 어떻게 생각하는지 의견을 간단하게 세 가지씩 적게 한다(개인 의견을 짝수로 적을 때는 토론 시간에 개수를 나누어 합의할 우려가 있으므로 개인 의견은 홀수로 적게 한다).

3) 1:1 짝 토론으로 여섯 가지 중 세 가지를 선택한다.

4) 2:2 모둠 토론으로 다시 여섯 가지 중 세 가지를 선택한다.

5) 2:2 모둠 토론에서 선택한 세 가지 중 최고 의견 한 가지를 선택한다(시간은 각각 5분 정도 주면 좋다).

6) 큰 종이에 결과를 붙인 후 발표한다.

※ 학생들은 자기 의견이 선택받지 못하면 많은 상처를 받는다. 큰 종이로 포스트잇 결과물을 붙이는 이유는 학생들에게 자기가 낸 의견이 선택받지 못하는 것이 아니라 더 좋은 의견을 도출하는 밑바탕이 된다는 것을 알려 주기 위함이다.

다. 피라미드 토의·토론 주제

주제에서 다양한 대안을 도출하고, 이 중 좋은 의견을 선택할 때 사용하면 좋다.

• 우리 반 수학여행 장소는?
• 좋은 친구의 조건은?
• 우리가 공부를 해야 하는 이유는?
• 우리 반 규칙 정하기
• 미래 배우자의 조건은?
• 행복한 가정의 조건은?

라. 피라미드 토의·토론 활동 사례

▲ 우리 반에 어떤 문제가 있는지 개인 의견 적기

▲ 짝 토론(세 가지 의견 선택)

◀ **모둠 토론**(세 가지 의견 선택)

◀ **피라미드 토의 · 토론 결과물**

Tip

피라미드 토의 · 토론은 2:2 모둠 토론을 한 후 4:4 모둠별 토론으로 진행할 수 있다. 하지만 필자가 우리 반에서 실제로 4:4 모둠별 토론을 진행해 보니, 상대방 이야기가 들리지 않아 의사소통하기가 어려웠다. 2:2 모둠 토론을 한 후 선택한 세 가지 의견 중 최고 의견을 다시 뽑도록 했는데, 수업을 더 효율적으로 진행할 수 있었다.

이렇듯 정해진 수업 방법은 없다. 각 반마다 상황이 다르기 때문에 이 두 가지 방법을 모두 적용한 후 우리 반에 적합한 것을 취사 · 선택하면 좋다.

모둠 의견 만들기 토의·토론
: 합의를 만들어 내는 아름다운 풍경

가. 모둠 의견 만들기 토의·토론이란?

모둠 의견 만들기 토의·토론은 교사가 주제를 하나 제시하면, 학생들은 모둠원과 돌아가면서 차례대로 그 주제에서 자신의 생각을 이야기한다. 이렇게 나눈 이야기를 모둠원끼리 합의하여 모둠 의견으로 만들어 내는 수업 방법이다. 이렇게 하면 모둠원은 서로의 생각과 창의적인 아이디어를 공유할 수 있고, 모둠 의견을 만들어 합의하는 과정을 거쳐 협업 역량이나 의사소통 역량을 기를 수 있다. 이 토의·토론은 모둠원 모두 동등하게 참여할 수 있게 하며, 적극적으로 말하고 서로의 생각을 들어 줌으로써 모든 사람이 참여할 수 있다는 장점이 있다.

나. 모둠 의견 만들기 토의·토론 순서

◎ 준비물: 모둠 칠판, 보드마카

1) 모둠을 4~6명으로 구성한다.

2) 사회자(교사)가 도약 과제를 공개한다.

3) 각자 주제와 관련해서 생각할 시간을 갖는다.

4) 모둠 안에서 번호 순으로 돌아가면서 자신의 생각을 나눈다.

5) 모둠의 생각을 나눈 후 모둠 의견을 만들려고 합의한다.

6) 각 모둠의 토론 결과를 발표한다.

7) 다른 모둠과 토론 결과를 바탕으로 질의 및 응답을 한다.

다. 모둠 의견 만들기 토의·토론 주제

모둠 의견 만들기 토의·토론 주제는 모둠에서 탐구하고 생각할 수 있는 것은 무엇이든 괜찮다. 특히 수업을 진행할 때 성취 기준에 따른 핵심 질문 및 주제를 토의·토론할 때 좋다.

- 강화도 조약은 왜 불평등 조약인가?
- 빨리 해결해야 할 우리나라와 이웃 나라의 갈등 사례는?
- 국민의 권리가 중요한 이유는?
- 국민의 의무가 중요한 이유는?
- 조선이 유교를 나라의 근본으로 삼은 이유는?

라. 모둠 의견 만들기 토의·토론 활동 사례

▲ 각자 개인 생각 말하기

▲ 모둠 의견을 만드는 모습

Tip

모둠 의견 만들기 토의·토론은 편하게 사용할 수 있는 수업 방법이다. 많은 토의·토론 방법에는 나름의 형식이 있다. 브레인스토밍 토의·토론, PMI 토의·토론 등을 활용하여 원활한 수업을 진행할 때는 활동지가 필요하다. 하지만 모둠 의견 말하기 토의·토론은 특별한 활동지 없이 각자 돌아가면서 이야기하고, 이 의견을 바탕으로 모둠 의견을 만든다. 이 토의·토론 방법은 학생들이 탐구할 수 있는 주제라면 교사와 학생 모두 편하게 수업을 진행할 수 있다는 장점이 있다.

08 만다라트 토의·토론
: 대주제와 소주제의 아름다운 하모니

가. 만다라트 토의 · 토론이란?

만다라트(Mandal-art)는 창의적이고 논리적인 아이디어를 수집 · 확산할 수 있는 수업 방법이다. 이 방법은 일본 그래픽 디자이너인 이마이즈미 히로아키가 1987년에 개발한 발상 기법이다. 만다라트는 일본 프로야구 선수인 오타니 쇼헤이가 프로야구 드래프트 1순위로 지명받으려고 고등학교 1학년 때 만다라트로 목표를 정리했던 것이 알려지면서 유명해졌다.

만다라트는 브레인라이팅을 활용한 일종의 마인드맵이다. 그러나 마인드맵처럼 아이디어를 계속 늘리지 않고 9칸으로 한정하고 있어 토론으로 아이디어를 정리하고 절제해야 한다. 만다라트를 활용하면 대주제에 따라 하위 주제 8개, 세부 아이디어 64개를 얻을 수 있다.

나. 만다라트 토의 · 토론 순서

1) 만다라트 토의 · 토론 활동지를 미리 준비한 후 대주제를 한가운데에 적는다.

2) 대주제 주변 빈칸 8개에는 관련 소주제를 적는다.

3) 나머지 네모 칸 8개 한가운데에는 소주제를 하나씩 적는다.

4) 각각 소주제 아이디어를 정하고 빈칸에 적어 아이디어를 확장시킨다.

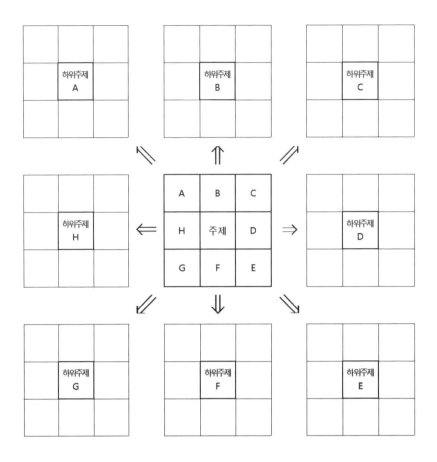

※ 만다라트 토의·토론을 할 때는 반드시 만다라트 토의·토론 활동지가 있어야 한다. 주제 이외의 칸은 모두 비울 수도 있고, 일부 하위 주제는 교사가 제시하고 학생들은 일부만 결정하게 할 수도 있다.

다. 만다라트 토의·토론 주제

만다라트 토의·토론 방법은 도약 과제와 관련된 다양한 사건이나 아이디어가 많을 때 사용하면 좋다. 예를 들어 자신의 꿈을 이룰 수 있는 조건이나 근대 문물 수용으로 변화된 생활 모습 알아보기 등을 주제로 정할 수 있다.

- 내 꿈을 이루는 데 필요한 조건은?
- 세종대왕 때 개발한 과학 기술은?
- 1단원을 만다라트 토의·토론으로 정리하기
- 국제 기구와 비정부 기구가 하는 일 알아보기
- 근대 문물의 수용으로 변화된 생활 모습 알아보기

라. 만다라트 토의 · 토론 활동 사례

▲ 만다라트 토의 · 토론을 하는 학생들

근대 문물 수용으로 변화된 삶의 모습을▶
만다라트 토의 · 토론한 결과물

만다라트 토의 · 토론은 친구 가르치기 하브루타처럼 단원 마지막 정리하기 차시에 활용할 수 있다. 또 주제에 다양한 아이디어와 사건이 관련되어 있을 때 사용하면 좋다. 만다라트 양식에는 앞서 제시한 양식 이외에도 연꽃 기법 양식이 있다. 저학년과 중학년은 연꽃 기법으로 만다라트 토의 · 토론을 진행하면 어렵지 않게 수업에 참여할 수 있을 것이다.

마. 만다라트 토의 · 토론 활동지

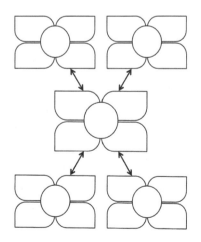

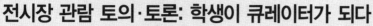

09 전시장 관람 토의·토론: 학생이 큐레이터가 되다

가. 전시장 관람 토의·토론이란?

전시장 관람 토의·토론은 전시장에서 큐레이터가 방문객에게 여러 작품을 설명해 주듯이, 각 모둠에서 다양한 방식으로 만든 작품(전시물, 미술 작품, 발표 자료, 모둠 과제 등)을 모둠 대표가 다른 모둠 구성원에게 설명하는 방식으로 활동하는 수업 방법이다. 이때 학생들은 모둠별로 모여서 순서대로 옮겨 다니며 정보 및 지식을 습득하거나 평가하고 토의·토론하고 필요하면 조언도 할 수 있다.

나. 전시장 관람 토의·토론 순서(2차시, 80분으로 수업을 진행할 때)

◎ 준비물: 2절지, 가위, 풀, 사인펜, 매직, 색연필, 발표 자료, 각종 사진 등

1) 사회자(교사)가 도약 과제를 공개한다.

2) 각 모둠은 역할을 분담하고 발표 자료 제작을 논의한다.

3) 필요한 준비물(2절지, 사인펜, 발표 자료 등)을 마련하고, 작품 활동에 들어간다(1시간).

4) 모둠별로 완성한 작품을 지정된 장소에 붙인다.

5) 본격적으로 발표하기 앞서 발표할 팀을 나눈다(보통 앞 짝꿍, 뒤 짝꿍으로 나눈다).

6) 발표 팀끼리 발표 연습을 한다.

7) 모둠에서 발표할 팀을 남기고, 다른 발표 팀은 옆 모둠 작품으로 이동하여 옆 모둠의 설명을 듣는다.

8) 교사의 신호에 따라 발표 팀은 자기 앞에 온 다른 모둠의 학생들에게 자기 모둠의 작품이나

발표 결과물을 설명한다. 이때 다른 모둠의 학생들은 설명한 내용을 바탕으로 토의·토론 하거나 공책에 정리한다.

9) 4~5회 이동 후 역할을 바꾸어서 먼저 발표한 학생들은 이동하며 설명을 듣고, 들은 내용을 자신의 모둠에서 발표한다(2시간).

※ 전시장 관람 토의·토론은 1시간 안에 발표 자료를 만들고 전시장 관람 토의·토론까지 진행해야 해서 학생들에게 는 힘들고 벅찬 수업이 될 수 있다. 모둠별로 자료를 선택하고 정리하는 시간, 발표 자료까지 완성하는 시간이 꽤 걸린다. 따라서 연 차시로 수업을 진행할 것을 추천한다. 1시간짜리 수업을 진행한다면 자료 준비를 끝낸 상태에서 15분 안에 발표 자료를 완성할 수 있도록 간단한 주제를 모둠별로 제시한다. 또 두세 모둠 정도 이동하고 역할을 바꿀 수 있도록 수업을 계획한다.

다. 전시장 관람 토의·토론 주제

전시장 관람 토의·토론을 연 차시로 수업에 활용할 때는 주제와 관련된 아이디어나 사건은 5~6개 정도가 좋다. 이는 1시간은 발표 자료를 작성하고, 나머지 1시간은 학급에 있는 모든 모둠 을 이동하며 학습한 후 역할을 바꾸기 위함이다. 1시간으로 수업을 진행할 때 주제와 관련된 아이 디어나 사건은 2~3개 정도가 알맞다.

- 세계 여러 나라의 다양한 문화 알아보기
- 서민 문화에 나타난 사람들의 생활 모습 알아보기
- 나라를 지키려는 우리 민족의 노력 알아보기
- 삼국의 문화 알아보기

라. 전시장 관람 토의 · 토론 활동 사례

▲ 발표 자료를 만드는 모습

▲ 전시장 관람 토의 · 토론하는 모습

> (Tip) 전시장 관람 토의 · 토론은 거꾸로 교실에서는 갤러리 워크라고도 한다. 보통 모둠별로 발표 자료를 벽에 붙여서 활동한다. 그런데 발표 내용을 듣는 학생들은 서서 공책에 중요한 내용을 필기하는데, 자세가 불편하고 장시간 서 있어 다리가 아프다. 따라서 앞서 사진처럼 모둠별로 앞에 있는 책상에 의자를 올려 자료를 고정시킨 후 발표하자. 이렇게 하면 뒤쪽 책걸상에 앉아 설명을 들으면서 쉽게 정리할 수 있고, 토의 · 토론 또한 편하게 진행할 수 있다.

10
포토스탠딩 토의·토론
: 사진으로 시작하는 한 편의 스토리

가. 포토스탠딩 토의·토론이란?

포토스탠딩 토의·토론은 다른 토의·토론과 달리 공감적 능력을 이끌어 내는 것에 초점을 맞춘다. 따라서 토론 부담감을 줄일 수 있고, 감수성 함양과 생각을 정리할 수 있는 좋은 수업 방법이다. 사진이나 그림을 보고 느낀 점을 창의적이고 심층적으로 주제와 연결하여 자신의 의견을 효과적으로 표현할 수 있다. 포토스탠딩 토의·토론에는 주로 잡지 등에 수록된 사진을 사용하는데, 한국협동학습연구회에서 개발한 생각 카드도 활용할 수 있다.

나. 포토스탠딩 토의·토론 순서

◎ **준비물: 다양한 사진, 생각 카드**(한국협동학습연구회 인터넷 검색)

1) 모둠을 4~6명으로 구성한다.

2) 사회자(교사)가 도약 과제를 공개한다.

3) 모둠을 구성한 전체 학생은 토론 주제와 관련된 마음에 드는 사진을 한 장씩 고른다.

4) 모둠 번호 순서대로 주제와 사진을 연결하여 자신의 생각을 이야기한다.

5) 모둠별로 친구들의 사진을 연결하여 주제와 관련된 이야기를 만든다.

6) 모둠별로 발표한다.

7) 다른 모둠과 토론 결과를 바탕으로 질의 및 응답을 한다.

※ 사진은 잡지나 인터넷을 활용하여 찾을 수 있다. 생각 카드는 한국협동학습연구회(http://cooper.or.kr/)에서 구입할 수 있다.

※ 교실 상황에 따라 사진을 두세 장 고른 후 자신의 생각을 이야기한다.

다. 포토스탠딩 토의·토론 주제

포토스탠딩 토의·토론은 한 개념이나 사건을 분석할 때 좋은 수업 방법이다. 예를 들어 가족, 꿈, 행복 등 아이 가치관을 분석하거나 학생 교우 상담, 진로 상담에 활용하면 좋다.

- 꿈이란?
- 성실이란?
- 행복이란?
- 성공이란?
- 내가 원하는 미래는?
- 내가 생각하는 학원은?

라. 포토스탠딩 토의·토론 활동 사례

▲ 자신이 선택한 사진과 주제를 연결하여 모둠 번호 순으로 돌아가며 말하는 모습

▲ 모둠별로 친구 사진을 연결하여 발표하는 모습

Tip

포토스탠딩 토의·토론은 도덕 시간이나 사회 시간에 도덕적 개념, 사건 등을 이해할 때 사용하면 좋다. 예를 들어 정의, 성실의 개념을 묻거나 위화도 회군처럼 다양한 의견을 도출할 수 있는 문제에 사용한다. 학생들이 사진이라는 이미지를 활용해서 이야기를 나누기 때문에 소극적인 학생들도 편한 마음으로 수업에 참여할 수 있다.

발표할 때는 모둠별로 칠판 앞에 나와서 전체 발표를 하거나 전시장 관람 토의·토론 방법으로 발표할 수 있다. 학급 분위기나 환경에 따라 교사가 선택할 수 있다.

11
다양한 씽킹맵 토의·토론
: 여덟 가지 빛깔의 생각 지도

가. 씽킹맵 토의·토론이란?

씽킹맵(thinking maps)은 1988년 데이비드 하이엘(David Hyerle)이 사고와 학습을 도우려고 주요 사고 기능 및 과정을 일반화할 수 있도록 고안한 시각적 언어다. 씽킹맵은 여덟 가지 특별한 시각적 패턴이다. 복합적인 생각이나 상황에서 구상하거나 수행하는 데 친근한 시각적 패턴을 제공한다. 이러한 시각적 패턴을 여덟 가지(정의, 분류, 묘사, 비교 분석, 순서 짓기, 원인과 결과 분석, 세분화, 유추)로 유형화했다. 이러한 여덟 가지 패턴을 활용하여 학생들이 서로 이야기하고 토의·토론할 수 있도록 고안한 수업 방법이다. 씽킹맵 토의·토론 방법으로 개념이나 주제를 발전시키거나 심도 있게 이해할 수 있다. 또 추상적인 사고를 명확한 시각적 디자인으로 표현하는 과정에서 더욱 명확하게 이해할 수 있다.

나. 씽킹맵 토의·토론 순서

◎ **준비물: 모둠 활동지, 색깔 펜**

1) 모둠을 4~6명으로 구성한다.

2) 사회자(교사)가 도약 과제를 공개한다.

3) 모둠에서 주제와 씽킹맵 특성을 연결하여 이야기한다.

4) 모둠별로 이야기한 결과를 씽킹맵에 정리한다.

5) 모둠별로 발표한다.

6) 다른 모둠과 토의 · 토론 결과를 바탕으로 질의 및 응답을 한다.

다. 씽킹맵 토의 · 토론 주제

씽킹맵 토의 · 토론은 정의, 분류, 묘사, 비교 분석, 순서 짓기, 원인과 결과 분석, 세분화, 유추 등 총 여덟 가지로 다양하게 유형화되어 있다. 주제를 보고 해당 유형에 맞게 사용하면 좋다.

* 씽킹맵 도식 출처 하유쌤의 꿈꾸는 캔버스 blog.naver.com/ohayuo

> **Tip**
>
> 씽킹맵 토의 · 토론은 여덟 가지 유형으로 다양하게 사용할 수 있다. 학생들은 씽킹맵 유형에 따라 논리적인 사고를 갖출 수 있고, 씽킹맵 토의 · 토론 중 모둠원과 함께 의사소통하면서 다양한 역량도 기를 수 있다. 보통 씽킹맵 토의 · 토론에서는 씽킹맵을 한글로만 작성한다. 하지만 씽킹맵을 한글로 작성하고 이를 비주얼씽킹과 함께 표현하면 학생들의 우뇌와 좌뇌를 함께 사용하여 더욱 창의적이고 융합적인 사고를 계발할 수 있는 수업으로 진행할 수 있다.

특징	이름	설명
주제를 정의하는	Circle Map(서클맵) 	① 주제와 관련된 다양한 사고 정의 ② 생각이나 경험을 바탕으로 정의 ③ 활용: 가족 정의, 교통 기관 정의 ④ 예 　· 주제: 과학 기술 발달 알아보기 　· 관련 낱말: 에스컬레이터, 자동차, 스마트폰, 컴퓨터
형용사로 분류하는	Bubble Map(버블맵) 	① 주제와 관련된 형용사나 문장으로 설명 ② 사물이나 지식 묘사 ③ 활용: 친구, 좋아하는 사람 설명 ④ 예 　· 주제: 국민의 권리 알아보기 　· 형용사나 문장: 국민은 직업 등 모든 생활 영역에서 자유롭게 생활할 수 있는 권리(자유권), 누구나 국가 정책에 참여할 수 있는 권리(참정권)
비교 대비하는	Double—Bubble Map(더블 버블맵) 	① 특성의 공통점과 차이점 분류 ② 활용: 푸른 강과 검은 강, 옛날과 오늘날 비교 ③ 예 　· 주제: 국민의 권리와 의무 비교 　· 공통점: 국민을 위한다, 교육과 환경 관련 　· 차이점 　　– 권리: 평등권, 참정권, 청구권 등 　　– 의무: 국방의 의무, 납세의 의무 등

특징	이름	설명
분류하고 구분하는	Tree Map(트리맵) 	① 그룹을 나누는 과정 ② 사물이나 지식을 기준에 따라 분류 ③ 예 · 주제: 삼권분립 기관 · 분류 − 국회/국가를 다스리는 법을 만든다. − 정부/법에 따라 국가 살림을 한다. − 법원/국가 안에서 일어나는 일을 법에 따라 재판한다.
전체에서 부분으로	Brace Map(브레이스맵) 	① 전체와 부분의 관계 짓기 ② 활용: 식물의 부위, 대륙, 나라, 추석 ③ 예 · 전체: 추석 · 부분: 우리나라 추석, 중국의 중추절, 일본의 오봉 · 부분에 대한 부분 − 음력 8월 15일, 차례 지내기, 송편, 달맞이 − 음력 8월 15일, 월병, 등놀이 − 음력 8월 15일, 봉오도리, 성묘하기, 채소를 위주로 한 음식
사건을 순서대로	Flow Map(플로맵) 	① 사건 과정을 순서대로 정리 ② 활용: 이야기 흐름에 따라 사건 정리 ③ 예 · 주제: 몽골의 침략과 극복 과정 알아보기 · 순서: 몽골의 1차 침략 → 강화천도 → 몽골의 2차 침략 → 몽골의 3차 침략 → 개경 환궁 → 삼별초 항쟁
원인과 결과	Multi Flow Map(멀티 플로맵) 	① 사건에 따른 원인과 결과 ② 활용: 역사적 사건, 결과 예상하고 가설 세우기 ③ 예 · 사건: 이웃 나라와 협력이 필요한 문제 · 원인: 북한이 핵으로 위협, 일본은 위안부 문제를 사과하지 않는다, 독도가 자기 땅이라 우긴다 · 결과: 북한에 경고하기, 일본에 사과 요구하기, 독도가 우리 땅이라고 홍보하고 증거 수집하기
정보를 유추하는	Bridge Map(브리지맵) 	① 한 가지 사실에서 다른 사실 유추 ② 정보가 갖고 있는 기준과 원리를 또 다른 정보에 적용 ③ 활용: 추론 활동, 친척의 호칭, 각 나라의 전통 가옥 ④ 예 주제: 각 나라의 전통 가옥 한국 vs 중국 vs 러시아 한옥 vs 시합원 vs 이즈바

라. 씽킹맵 토의 · 토론 활동 사례

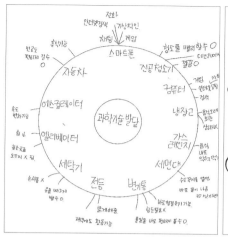

▲ 서클맵 토의 · 토론 결과물

▲ 버블맵 토의 · 토론 결과물

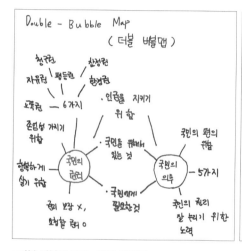

▲ 더블 버블맵 토의 · 토론 결과물

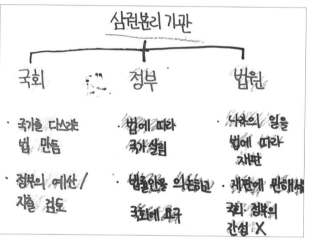

▲ 트리맵 토의 · 토론 결과물

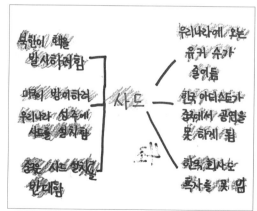

▲ 멀티 플로맵 토의 · 토론 결과물

▲ 씽킹맵 토의 · 토론 활동 모습

12
KWL 토의·토론
: 알고 있는 것, 알고 싶은 것, 알게 되는 것의 만남

가. KWL 토의·토론이란?

KWL(Know, Want to know, Learned) 토의·토론은 학생들의 배경지식을 적극 활용할 목적으로 오글 (Ogle)이 개발했다. KWL 토의·토론은 사실적 내용을 담은 글을 읽거나 듣기 활동을 하기 이전과 그 이후에 사용하는 수업 방법이다.

KWL 토의·토론 방법은 인물이나 사건, 개념을 수업할 때 많이 활용한다. 학생들이 자신의 배경지식을 인물이나 사건에 연결한다. 다양한 학습을 한 후 새롭게 알게 된 사실을 자신의 생활 속에 활용할 수 있도록 하며, 궁금한 점이나 좀 더 깊이 있게 알고 싶은 부분을 찾아서 정리할 수 있게 하는 것이 목적이다. 또 모둠원이 한 가지 주제나 인물을 탐구하는 전 과정을 고스란히 보여 주며, 그 속에서 지식과 정보를 나누고 습득할 수 있는 자료가 된다.

나. KWL 토의·토론 순서

◎ 준비물: KWL 토의·토론 활동지

1) 모둠을 4~6명으로 구성한다.

2) 사회자(교사)가 도약 과제를 공개한다.

3) 과제를 탐구하기에 앞서 주어진 내용이나 도약 과제에서 알고 있는 것을 기록한다.

4) 오늘 학습으로 알고 싶은 것(사실, 탐구 내용, 탐구 목적)을 기록한다.

5) 다양한 자료와 대화, 협력을 이용하여 도약 과제에서 답이나 정보를 찾아 이해를 확장한다.

6) 모둠원끼리 이해를 확장시킨 결과(사실, 지식, 향상된 역량 등)를 적는다.

7) 모둠별로 발표한다.

8) 다른 모둠과 토론 결과를 바탕으로 질의 및 응답을 한다.

다. KWL 토의 · 토론 주제

KWL 토의 · 토론은 한 가지 주제나 인물, 개념을 파악할 때 좋은 수업 방법이다. 예를 들어 역사 인물 알아보기, 사회 · 경제 개념 탐구하기 등 관련 주제로 사용하면 좋다.

- 왕건의 꿈 알아보기
- 소비란?
- 생산이란?
- 견훤이 생각하는 나라 알아보기
- 인권이란?
- 삼권분립 알아보기

라. KWL 토의 · 토론 활동 사례

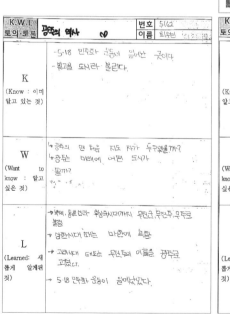

▲ 광주 역사를 주제로 KWL 토의 · 토론한 결과

▲ 연표 그리기 활동 전 내가 알고 있는 것 K,
알고 싶은 것 W, 연표 그리기 활동을 하고 L에 정리

KWL 토의·토론은 한 가지 주제나 개념을 탐구하는 활동을 할 때 사용하면 좋다. 먼저 KWL 토의·토론 시작 전에 모둠원이 각자 생각하는 시간을 갖고, 자신이 알고 있는 것을 K칸에 먼저 정리한다. 더 논의해 보고 싶은 것을 W칸에 정리한다. 그리고 토의·토론 및 탐구 활동으로 알게 된 사실을 L칸에 정리한다.

KWL 토의·토론은 2015개정교육과정에서 강조하는 과정 중심 평가에서 학생들이 배운 내용을 확인하고, 학생들이 주제에 배경지식이 있는지 파악하는 훌륭한 평가 자료로 사용할 수 있다.

마. KWL 토의·토론 활동지

KWL 토의·토론		번호	
		이름	
K (Know: 이미 알고 있는 것)			
W (Want to know: 알고 싶은 것)			
L (Learned: 새롭게 알게 된 것)			

13

CDI 토의·토론
: 공통점과 차이점으로 비교 분석하다

가. CDI 토의·토론이란?

CDI 토의·토론은 자료 2개나 사진 2개를 비교·분석하는 수업 방법이다. 지금까지 개념이나 사건 하나를 분석하는 토의·토론 방법은 많이 소개했다. 학생들은 자료 2개나 사진 2개를 보고 C(Common: 공통점), D(Different, 차이점), I(Interesting, 흥미로운 점)를 모둠에서 토의·토론한 후 활동지에 정리한다.

CDI 토의·토론은 다양한 방법으로 정리할 수 있기 때문에 교사는 학생들이 창의적으로 표현하고 정리할 수 있도록 독려한다. 자료 2개나 사진 2개를 분석하는 비슷한 토의·토론 방법에는 비교 중심 하브루타, 더블 버블맵 토의·토론 등이 있다.

나. CDI 토의·토론 순서

◎ **준비물: CDI 토의·토론 활동지**

1) 비교할 사진이나 자료를 2개씩 학생들에게 제시한다.

2) 사회자(교사)가 두 자료를 비교하는 도약 과제를 공개한다.

3) 모둠 번호 순으로 도약 과제와 관련하여 자신의 생각을 이야기한다.

4) 모둠별로 이야기한 내용을 활동지(CDI 토의·토론)나 모둠 칠판에 정리한다.

5) 모둠별로 발표한다.

6) 다른 모둠과 토론 결과를 바탕으로 질의 및 응답을 한다.

다. CDI 토의 · 토론 주제

CDI 토의 · 토론에서는 수업에서 알아야 하는 주된 개념이나 자료를 2개씩 제시해야 한다. 그래서 개념이나 자료를 2개 비교하는 주제가 가능하다.

- 휠체어를 탄 장애인과 전쟁으로 생긴 고아 사진을 보고 비교 · 분석하기
- 정조와 정약용 비교하기
- 아관파천과 대한제국 선포 사건을 서로 비교 · 분석하기
- 서양과 통상하자는 박규수와 서양과 통상을 반대한 최익현의 입장 비교하기
- 혼일강리역대국도 지도와 곤여만국전도 지도를 보고 비교 · 분석하기
- 조선 시대 희망하는 직업 열 가지, 현재 희망하는 직업 열 가지를 서로 비교 · 분석하기

라. CDI 토의 · 토론 활동 사례

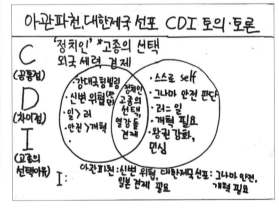

▲ 정조와 정약용 CDI 토의 · 토론 결과물　　▲ 아관파천과 대한제국 선포 CDI 토의 · 토론 결과물

Tip

CDI 토의 · 토론은 다양한 방법으로 정리가 가능하다. 학생들이 다양한 방법으로 정리할 수 있도록 독려한다. 그리고 토의 · 토론 내용을 정리할 때 비주얼씽킹을 활용하면 학생들이 흥미와 관심을 보이고, 메타 인지를 높이는 등 더 많은 교육적 효과를 얻을 수 있다.

마. CDI 토의 · 토론 활동지

CDI 토의 · 토론		모둠	
		이름	
비슷한 점 (Common)			
다른 점 (Different)			
개선 방안 (우리 의견)	이름		
	이름		
	이름		
	이름		

14
전문가 토의·토론: 학생이 전문가가 되다

가. 전문가 토의·토론이란?

전문가 토의·토론(직소 토의·토론)은 '과제 분담 학습 모형'이라고도 하는데, 원래 모집단이 전문가 집단으로 갈라졌다가 활동을 한 후 다시 모집단으로 돌아오는 모습이 마치 퍼즐 조각 맞추기와 같다고 하여 붙인 이름이다.

전문가 토의·토론은 모둠에서 각 개인에게 과제 일부나 불완전한 과제를 제시하고, 같은 과제를 맡은 사람들끼리 모여서 이것을 해결하는 수업 방법이다. 이 방법은 동료 간에 긍정적이고 상호 의존적인 환경을 만들어 배움이 일어날 수 있게 한다. 또 자신이 맡은 주제에 책임과 의무를 부여한다. 책임과 의무를 다하지 못하면 모둠원에게 부정적인 영향을 미치므로 모두가 중요한 핵심 인물이 된다. 각 개인에게 부여한 개별적 책무성은 결국 학습 동기를 강화시키는 효과를 낳는다.

나. 전문가 토의·토론 순서

1) 모둠을 4~6명으로 구성한다.

2) 교사는 모집단에 과제를 제시하고, 각 모둠에서는 과제를 분담한다.

3) 전문가 집단을 구성하고, 전문가 활동을 진행한다.

4) 전문가 집단은 모집단으로 돌아간다.

5) 모집단에서 각 전문가는 돌아가면서 모둠원에게 자신의 분야를 설명한다.

6) 설명을 듣는 모둠원은 전문가에게 질문을 하거나 들은 내용을 공책에 정리한다.

다. 전문가 토의 · 토론 주제

전문가 토의 · 토론은 보통 4명을 한 모둠으로 구성하고, 수업 시간에 알아야 할 개념이나 재료를 각각 4개씩 알아보는 주제로 진행하면 좋다.

- 임오군란, 갑신정변, 동학농민운동, 갑오개혁 알아보기
- 을미사변, 아관파천, 독립협회, 대한제국 선포 알아보기
- 독립운동가, 쌀과 토지를 잃은 농민, 도시에 일자리를 구하러 온 노동자, 초등학생끼리 모여서 자신의 어려움을 이야기하고 공유하기
- 무장 독립, 실력 양성, 신간회, 광주학생항일운동 알아보기
- 병인양요, 신미양요, 운요호 사건, 강화도 조약 알아보기

라. 전문가 토의 · 토론 활동 사례

▲ 전문가 집단이 모여 자신이 조사한 내용을
　보충 · 수정하는 모습

▲ 원래 모둠으로 와서 돌아가며 전문가가 되어
　자신의 분야를 설명하는 모습

Tip

전문가 토의 · 토론은 수업에서 다루거나 배워야 할 주제가 4개일 때 활용하면 좋다. 학생들에게 하나씩 미리 조사하도록 안내한다. 미리 조사해 오지 않은 학생은 전문가 집단이 모여 조사한 내용을 보충 · 수정할 때 휴대 전화로 검색하게 하면 효과적이다. 보통 수업에 잘 참여하는 학생들은 과제를 미리 조사해 온다. 하지만 평소 수업에 관심이 별로 없는 학생들은 과제를 미리 준비해 오지 않는다. 이 학생들에게 휴대 전화를 활용하여 전문가 집단에 기여할 수 있는 역할을 부여한다면 열심히 참여하고 관련 내용도 정리한다. 이것은 모집단의 수업 결손을 최소화하고 학생의 참여도를 높이는 좋은 촉매제가 된다.

토의토론수업, 배움을 디자인하다

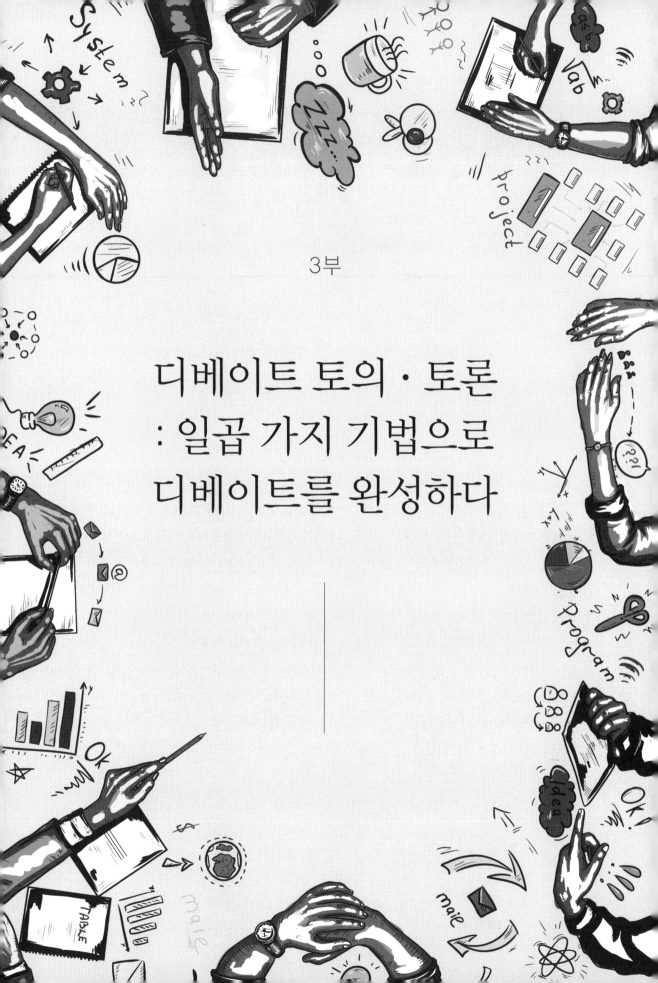

3부

디베이트 토의·토론
: 일곱 가지 기법으로
디베이트를 완성하다

01

디베이트 토의·토론 용어 사용 설명서

가. 디베이트 토의·토론

사실 디베이트와 토론, 토의·토론이 모두 비슷한 말인데 '왜 2개를 붙여서 디베이트 토의·토론이라고 할까?

토의·토론은 친구들과 대화를 잘할 수 있는 수업 방법이라고 생각한다. 토의·토론 방법에는 협력적 토의·토론과 디베이트 토의·토론 방법이 있다. 협력적 토의·토론은 2부에서 설명한 것처럼 모든 학생이 수업에 잘 참여할 수 있는 수업 방법이다. 디베이트 토의·토론은 어떤 주제에서 각각 의견을 찬반으로 나누어 상대방에게 자신의 입장을 관철시키려고 주장을 논리적으로 펼치는 말하기다. 필자는 찬성과 반대로 나누어 대화하는 디베이트 방식의 토의·토론 방법도 있다는 것을 알려 주고자 '디베이트 토의·토론 방법'이라는 용어를 사용한다.

디베이트 토의·토론은 학생들의 비판적 사고력이나 의사소통 능력을 기르고 사고를 심화시킬 때 활용한다.

디베이트 토의·토론에서는 같은 입장의 토론자끼리 토의하여 토론하는 부분도 있지만, 협력적 토의·토론보다는 찬성과 반대의 토론 개념이 더 강하기 때문에 토의라는 용어를 생략하여 토의·토론이라고 표현한다. 교실에서 편하게 사용할 수 있는 디베이트 토의·토론 수업 방법으로 물레방아 토론, 1:1 토론, 2:2 토론, 3:3 토론, 1:N 토론, 학급 전체 토론 등이 있다.

나. 입안(입론)이란?

디베이트 토의·토론은 논제의 찬성과 반대 입장에서 자신의 주장을 펼친다. 이때 각 입장에서 펼치는 주장을 '입안(입론)'이라고 한다. 입안을 펼칠 때는 보통 글을 써서 준비한다. 입안을 쓰는 것은 상대방을 설득하는 논설문을 쓰는 것과 같다. 상대방을 설득하려면 억지를 부려서는 안 되고, 설득력 있게 글을 써야 한다. 설득력 있는 글을 쓰는 방법은 크게 '4단 논법'과 '6단 논법'으로 나눈다.

4단 논법은 주장 → 근거 → 설명 → 정리 순으로 글을 쓰는 방법이다. 주장(해야 한다/하지 말아야 한다), 근거(왜냐하면), 설명(예를 들어), 정리(그래서 해야 한다/하지 말아야 한다) 내용을 담아 글을 쓴다.

6단 논법은 주장 → 근거 → 설명 → 반론 꺾기 → 예외 정리 → 정리 순으로 글을 쓰는 방법이다. 주장(해야 한다/하지 말아야 한다), 근거(왜냐하면), 설명(예를 들어), 반론 꺾기(물론 상대편에서도 이러한 내용을 이야기하지만 해결할 수 있다), 예외 정리(내 주장에 예외가 있지만 해결할 수 있다), 정리(그래서 해야 한다/하지 말아야 한다) 내용을 담아 글을 쓴다.

필자는 초등학교 5·6학년을 지도할 때 이 4단 논법과 6단 논법을 번갈아가며 사용해 보았다. 학생들은 6단 논법보다는 4단 논법으로 글을 쓸 때 더 쉽고 편하게 느꼈다. 초등학생에게는 4단 논법으로 글쓰기를 지도할 것을 추천한다.

4단 논법 양식

논제:

이름:

(주장)

(근거 1) **첫째,**	(근거 2) **둘째,**
(자료 1 - 경험, 신문기사, 책 따위)	(자료 2 - 경험, 신문기사, 책 따위)

(정리)

다. 교차 질의

교차 질의는 서로 입안을 펴고, 입안을 편 사람끼리 질문하고 답하는 방식이다. 입안을 편 두 사람이 한꺼번에 질문과 답변을 하기 때문에 교차 질의 시간에는 치열하게 토론에 참가할 수 있다. '전원'이라는 말이 붙은 전원 교차 질의 방법도 있다. '전원'은 '모두'를 의미하므로 모두가 교차 질의에 참여할 때 이 단어를 붙인다.

라. 교차 조사

교차 조사는 질문하는 시간이다. 입론자가 입론을 하고 나면, 상대편에서는 정해진 시간 동안 입론자의 논리적 오류나 의문점을 질문한다. 입론자는 이러한 상대편 질문에 대답한다. 교차 조사에서는 교차 질의와 다르게 입안을 편 사람, 질문하는 상대편이 한꺼번에 질문과 답변을 할 수 없다. 질문을 하는 사람은 정해진 시간 동안 입안을 편 사람에게 질문만 할 수 있고, 입안을 편 사람은 대답만 할 수 있다는 특징이 있다.

'전원'이라는 말이 붙은 전원 교차 조사 방법도 있다. '전원'은 '모두'를 의미하므로 입안을 편 입장의 토론자, 상대편 입장의 토론자가 모두 참여할 때 이 말을 붙인다.

마. 작전 시간

작전 시간은 우리 주장을 다듬고 정리하는 시간이다. 토론 과정에서 허물어진 우리 편 주장을 손보아서 세우고, 상대의 허점을 다시 짚으면서 정리한다. 이러한 내용은 혼자서 하기 어렵기 때문에 1:1 토의·토론이 아니라면, 같은 팀과 함께 서로 협력하게 한다.

바. 평가

디베이트 토의·토론은 찬반으로 나누어서 치열하게 자신의 주장과 상대방의 주장을 이야기한다. 디베이트 토의·토론을 평가하여 승패 결과를 학생들에게 안내한다면 더욱더 참여 동기를 높일 수 있다. 학생들의 전인적인 성장을 고려한다면 토의·토론 자체에 의미를 두고 평가는 하지 않아도 된다. 평가하느냐 하지 않느냐는 교사와 학생의 합의가 필요한 선택적 사항이다.

평가를 한다면 태도(발표 자세, 상대방을 경청하는 자세), 말(크기, 빠르기, 발음 등), 논리(주장과 근거가 적절한지, 근거의 설명 자료가 근거를 뒷받침하는지, 정확한 자료인지), 협력(팀워크) 등을 평가 요소로 반영하면 좋다. 이 평가 요소를 반영하여 체크 리스트로 디베이트 토의·토론 평가표를 만든다면, 학생들도 쉽게 평가에 참여할 수 있을 것이다.

02

1:1 토론: 짝꿍과 논쟁하다

가. 1:1 토론이란?

1:1 토론(짝 토론)이란 짝꿍과 찬성과 반대로 나누어 서로 마주보고 하는 수업 방법이다. 짝꿍과 서로 마주보며 토론하므로 학급 전체가 한꺼번에 참여할 수 있다. 시간도 오래 걸리지 않기에 찬성과 반대를 모두 경험하기 좋은 수업 방법이다. 하지만 짝꿍의 실력이나 준비에 따라 토론 질이 많이 좌우되는 한계가 있다.

나. 1:1 토론 수업 방법

활동 순서	찬성(시간)	반대(시간)
1	입안(1분)	
2		입안(1분)
3	교차 질의(3분)	

다. 1:1 토론 활동 사례

▲ 자신이 작성한 입론문을 검토하는 학생들

▲ 1:1 토론하는 모습

Tip

사실 디베이트 토의·토론 수업 방법은 다양한 형태로 변형이 가능하다. 교사가 토의·토론 방식이나 시간을 반 상황과 학생 실태에 맞게 재구성하여 실천할 수 있다. 여기에서 제시한 수업 방법은 필자가 1:1 토론을 다양한 형태로 재구성하여 시도한 결과, 수업 시간의 효율성과 효과를 고려했을 때 좋은 방법과 시간이라고 판단한 것이다.

03
2:2 토론: 모둠과 논쟁하다

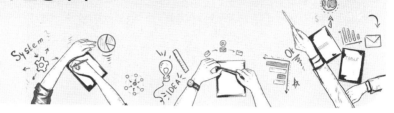

가. 2:2 토론이란?

보통 모둠을 만들 때는 4명씩 구성한다. 4인 모둠에서는 2명씩 찬성과 반대로 나누어 토론할 수 있기 때문에 특별한 자리 배치 없이 토론에 참여할 수 있다. 2:2 토론은 1:1 토론과 비슷하지만, 좀 더 깊이 있게 토론을 진행할 수 있다. 1:1 토론은 짝꿍 수준에 따라 토론 수준이 많이 좌우되었지만, 2:2 토론은 이러한 한계를 조금이나마 극복할 수 있다.

나. 2:2 토론 수업 방법

활동 순서	찬성(시간)		반대(시간)	
	토론자 1	토론자 2	토론자 1	토론자 2
1	입안(1분)			
2			입안(1분)	
3	전원 교차 질의(3분)			
4	입안 또는 반박(1분)			
5				입안 또는 반박(1분)
6	교차 질의(3분)			

다. 2:2 토론 활동 사례

▲ 2:2 토론하는 모습

▲ '대통령은 헌법을 존중하지 않아도 된다'는 논제로 반대 입장의 글을 쓴 학생

04

3:3 토론: 모둠과 모둠이 논쟁하다

가. 3:3 토론이란?

3:3 토론은 4인 모둠일 때 한 모둠에 1명씩 심판으로 세우고 찬반으로 나누어 3:3으로 토론하는 수업 방법이다. 필자는 모둠(보통 4인 모둠) 2개를 모아 4:4 토론으로 재구성하여 실시한 적이 있는데, 끝에 앉은 학생들이 상대방 말을 경청하거나 다른 친구에게 의견을 전달하는 것을 힘들어 했다. 각 교실 상황, 교사와 학생 성향과 환경에 따라 다르겠지만, 모둠 2개를 모아 토의·토론을 할 때는 4:4 토론보다는 3:3 토론을 추천한다.

나. 3:3 토론 수업 방법

활동 순서	찬성(시간)			반대(시간)		
	토론자 1	토론자 2	토론자 3	토론자 1	토론자 2	토론자 3
1	입안(1분)					
2				입안(1분)		
3	전원 교차 질의(2분)					
4		입안(1분)				
5					입안(1분)	
6	전원 교차 질의(2분)					
7			입안(1분)			
8						입안(1분)
9	전원 교차 질의(2분)					

다. 3:3 토론 활동 사례

▲ 3:3 토론하는 모습

▲ 3:3 토론 중 학급 전체 모습

05

1:N 토론: 일당백으로 논쟁하다

가. 1:N 토론이란?

1:N 토론은 먼저 모둠별로 논제 해결 방법이나 의견을 한 가지씩 정한 후 자신의 모둠 의견이 다른 모둠과 비교했을 때 가장 좋다는 주장으로 토의·토론을 진행하는 수업 방법이다. N은 정하지 않은 수를 의미한다. 이는 각 학급별로 상황이 다르기 때문에 자신의 모둠을 상징하는 1과 자신의 모둠을 제외한 나머지 모둠을 N으로 간주한 것이다. 1:N 토론에서는 찬반이 없으며, 각 모둠별로 논제를 주장하는 의견으로 서로 토의·토론한다.

나. 1:N 토론 수업 방법

단계	설명
주장 발표하기	• 각 팀당 1분씩 모둠 A, 모둠 B, 모둠 C… 순으로 발표 • 토론 입론서를 실물 화상기나 칠판에 게시하여 주장 발표 • 토론 개요서 넘김 등 역할을 적절히 분담할 것
질의 응답하기	• 모둠 A, 모둠 B, 모둠 C… 순으로 질문을 받음 • 질문 기회는 응답자의 오른쪽에서 반시계 방향으로 1분씩 질문권을 가짐 　(질문 1개당 30초를 초과할 때는 초과 시간 5초당 1점씩 감점) • 질문이 더 이상 없을 때는 사회자가 다음 팀에 순서를 넘김

단계	설명
질의 응답하기	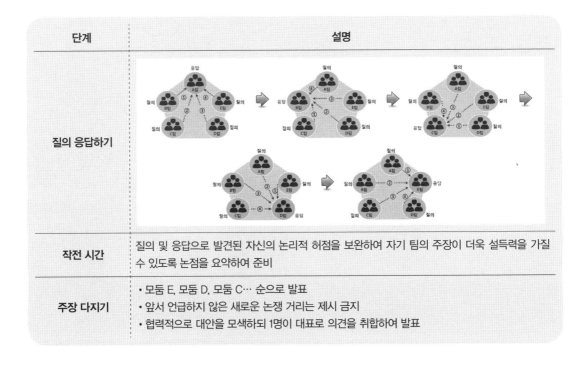
작전 시간	질의 및 응답으로 발견된 자신의 논리적 허점을 보완하여 자기 팀의 주장이 더욱 설득력을 가질 수 있도록 논점을 요약하여 준비
주장 다지기	• 모둠 E, 모둠 D, 모둠 C… 순으로 발표 • 앞서 언급하지 않은 새로운 논쟁 거리는 제시 금지 • 협력적으로 대안을 모색하되 1명이 대표로 의견을 취합하여 발표

다. 1:N 토론 활동 사례

▲ 1:N 토론하는 모습

▲ 모둠별로 질의 · 응답하는 모습

> **Tip**
>
> 1:N 토론은 학생들이 많은 흥미를 느끼며 참여할 수 있는 학습 방법이다. 학생들에게 더욱더 단결력과 응집력을 요구한다. 다만 학생들이 후반으로 갈수록 비슷한 질문으로 반박할 때가 많으므로 앞 모둠에서 한 비슷한 질문은 다른 질문으로 반박할 수 있도록 유도하여 시간을 절약한다. 질문이 더 이상 없을 때는 다음 모둠으로 순서를 넘기면 효율적으로 시간을 운영할 수 있다.

06
학급 전체 토론: 학급을 찬반 토론으로 이끌어라

가. 학급 전체 토론이란?

학급 전체 토론은 한 판에 학급 구성원 모두가 참여하는 학습 방법이다. 반을 절반으로 나누어 찬성과 반대로 편을 갈라 모두가 함께 토론에 참여한다. 보통 찬성과 반대는 무작위로 나누는데, 토의·토론은 다양한 사고를 확장하는 것이 목적이기 때문이다. 자신이 원하는 입장을 선택해서 토의·토론을 정하면 자신의 주장을 더욱더 견고히 하고 확신할 수 있다. 보통 여섯 모둠이라면 세 모둠은 찬성, 세 모둠은 반대를 하도록 한다.

나. 학급 전체 토론 수업 방법

활동 순서		찬성(시간)	반대(시간)
첫판	1	입안(1분 30초)	
	2		전원 교차 조사(3분)
	3		입안(1분 30초)
	4	전원 교차 조사(3분)	

활동 순서		찬성(시간)	반대(시간)
둘째 판	1	입안(1분 30초)	
	2		전원 교차 조사(3분)
	3		입안(1분 30초)
	4	전원 교차 조사(3분)	
		작전 시간(3분)	
		마지막 주장(1분 30초)	
			마지막 주장(1분 30초)

다. 학급 전체 토론 활동 사례

◀ 학급 전체 토론하는 모습

◀ 반론 질문을 정리한 공책

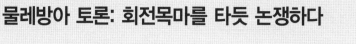

07 물레방아 토론: 회전목마를 타듯 논쟁하다

가. 물레방아 토론이란?

물레방아 토론은 1:1 토론을 여러 번 실시하는 수업 방법으로 회전목마 토론, 선풍기 토론이라고도 한다. 원 2개 중 안쪽 원에 앉은 사람이 빙글빙글 물레방아처럼 돌면서 짧은 찬반 토론을 반복한다. 일종의 찬반 토론이지만, 시간이 짧아 참여자가 느끼는 부담은 적다. 토의·토론은 다양한 사고를 확장하는 데 좋은 학습 방법이다. 따라서 학생들이 먼저 1:1 토론을 마친 후 이동할 때마다 찬반 입장을 바꾸어서 수업에 참여하면 더 많은 교육적 효과를 얻을 수 있다.

나. 물레방아 토론 수업 방법

단계	설명
토론 준비하기	• 동심원을 2개 만들고 안쪽 원과 바깥쪽 원에 같은 수의 토론자가 서로 마주볼 수 있도록 자리를 배치한다. • 개인별로 메모지를 나누어 주고 토론 주제를 알려 준 후 각자 의견을 메모지에 적는다.

먼저 안쪽 토론자는 찬성, 바깥쪽 토론자는 반대로 한다.

활동 순서	찬성(시간)	반대(시간)
1	입안(30초)	
2		입안(30초)
3	교차 질의(2분)	

단계	설명
이동하기	제한 시간이 되면 안쪽에 있는 학생이 오른쪽으로 이동한다.
토론하기	안쪽 토론자는 반대, 바깥쪽 토론자는 찬성으로 입장을 바꾼다.

활동 순서	찬성(시간)	반대(시간)
1	입안(30초)	
2		입안(30초)
3	교차 질의(2분)	

※ 2회 반복 실시한다(찬성 2회, 반대 2회를 경험할 수 있도록).

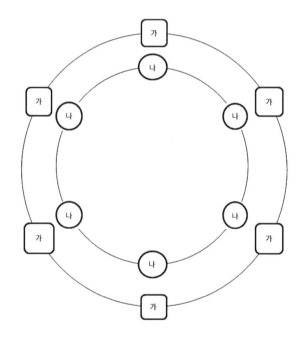

▲ 물레방아 토론 배치 구조

다. 물레방아 토론 활동 사례

▲ 물레방아 토론 활동 모습

▲ 책상 구조가 'ㄷ'자 대형이라면 바로 적용 가능

Tip

물레방아 토론은 보통 바닥에서 진행한다. 그래서 학생들이 즐겁게 참여하는데, 옷이 더러워진다는 불편함을 호소하기도 한다. 책상 구조가 'ㄷ'자 대형이라면 학생들이 의자에 앉아 앞뒤로 토론하고, 토론 후에는 이동하면 되므로 불편함을 줄일 수 있다.

토의토론수업, 배움을 디자인하다

4부

토의·토론으로
사회 수업을 디자인하라

01

교과서와 지도서: 때로는 친구처럼, 때로는 웬수처럼

사회 교과서 바라보기

사회과 성취 기준 · 성취 수준 · 예시 평가 도구

1. 살기 좋은 우리 국토

* 교육 과학 기술부(2012), 2009 개정 교육과정에 따른 성취 기준 · 성취 수준 초등학교(5~6학년)에서 그대로 옮겨 온 것입니다.

《가》 성취 기준 · 성취 수준

교육과정 내용	성취 기준		성취 수준
우리나라의 위치와 영역의 중요성(예 독도, 비무장 지대, 접경 지역 등)을 이해할 수 있다.	지도나 지구본 등을 통해 우리나라의 위치와 영역을 찾을 수 있고 그 중요성(예 독도, 비무장 지대, 접경 지역 등)을 설명할 수 있다.	상	지도나 지구본 등을 통해 우리나라의 위치를 찾고 우리나라의 영역과 그 중요성을 설명할 수 있다.
		중	지도나 지구본 등을 통해 우리나라의 위치를 찾고 우리나라의 영역을 설명할 수 있다.
		하	지도나 지구본 등에서 우리나라의 위치를 찾을 수 있다.
우리나라의 자연적 특성(예 기후, 지형 등)과 그 변화를 말할 수 있다.	우리나라 사람들의 생활 모습을 통해 우리나라의 자연적 특성(예 기후, 지형 등)과 그 변화를 말할 수 있다.	상	우리나라 사람들의 생활 모습을 통해 우리나라의 자연적 특성을 기후와 지형 등으로 나누어 설명하고 그 변화를 말할 수 있다.
		중	우리나라 사람들의 생활 모습을 통해 우리나라의 자연적 특성을 기후와 지형 등으로 나누어 설명할 수 있다.
		하	우리나라의 자연적 특성과 관련된 사람들의 생활 모습을 열거할 수 있다.
지도를 통해 인구 분포를 살펴보고, 그 특성과 문제점에 대해 말할 수 있다.	지도를 통해 우리나라의 인구 분포를 살펴보고, 그 특성과 문제점에 대해 말할 수 있다.	상	지도를 통해 우리나라의 인구 분포를 살펴보고, 그 특성과 문제점에 대해 설명할 수 있다.
		중	지도를 통해 우리나라의 인구 분포를 살펴보고, 그 특성을 설명할 수 있다.
		하	우리나라 지도에서 인구가 많은 지역과 적은 지역을 찾을 수 있다.
교통과 통신의 발달로 변해 가는 우리나라 국토의 모습에 대해 말할 수 있다.	교통과 통신의 발달로 변해 가는 우리나라 국토의 모습에 대해 말할 수 있다.	상	교통과 통신의 발달과 관련지어 변해 가는 우리나라 국토의 모습을 설명할 수 있다.
		중	교통과 통신의 발달과 관련하여 변해 가는 우리나라 국토의 모습을 제시할 수 있다.
		하	교통과 통신의 발달 모습과 관련된 사례를 제시할 수 있다.

학생들이 어려워하는 교과 1위가 바로 사회 과목이다. 외울 것이 많아 지겹다는 것이 이유다. 교사는 어떨까? 물론 교사가 가르치기 어려워하는 교과도 사회 과목이다. 가르칠 것이 너무 많기 때문이다.

필자 또한 혹시나 가르친 내용이 시험에 출제되지 않아서 학생들이 교사 탓을 할까 봐 교과서의 모든 내용을 가르치려고 노력한 적이 있다. 하지만 교사가 학생들에게 가르쳐야 할 것은 교과서 내용이 아니라 성취 기준이다. 교과서 내용은 성취 기준이라는 음식을 만들 수 있는 재료일 뿐이다. 맛있는 음식을 만드는 데 모든 재료가 있어야 하는 것은 아니다. 필요한 재료만 선별하면 그만이다.

교과서 내용은 성취 기준을 알 수 있는 재료라는 전제를 마음속에 품고 있다면 교과서를 보는 시각은 한결 편해진다. 수업과 관련된 차시가 성취 기준과 별로 연관이 되지 않는다면 가르치지 않으면 되고, 교과서에 없는 다른 자료를 포함해서 가르치면 된다. 다시 말하지만 교과서는 성취 기준을 학생들이 알 수 있는 재료일 뿐 그 이상도 그 이하도 아니다.

사회 교사용 지도서 바라보기

많은 교사가 수업을 준비하거나 진행하면서 교사용 지도서와 함께한다. 교사용 지도서는 성취 기준을 근거로 수업을 어떻게 진행해야 하는지 큰 흐름을 알 수 있게 한다. 사실 교사용 지도서에 있는 질문만 건네도 학생들은 수업 시간에 배워야 하는 성취 기준을 어느 정도 알 수 있다. 그래서 많은 교사가 교사용 지도서에 있는 질문을 그대로 학생들에게 전달한다. 사회 교사용 지도서 6학년 1학기에 수록된 다음 126쪽 내용을 한번 살펴보자.

◎ 전개

▶ 환경의 의미 알아보기

교사　민우네 가족은 어떻게 구성되어 있는지 누가 말해 볼까요?

학생 1　(손을 들고) 아버지, 어머니, 민우, 동생으로 구성되어 있습니다.

교사　민우가 살고 있는 곳은 어떤 곳인지 누가 말해 볼까요?

학생 2　(손을 들고) 도시입니다.

교사　도시에서 볼 수 있는 자연환경에는 무엇이 있나요?

학생 3	(손을 들고) 산, 강, 하늘, 공기 등이 있습니다.
교사	도시는 어떤 특징이 있는 곳인지 누가 말해 볼까요?
학생 4	(손을 들고) 자연환경보다 인간이 만든 환경이 많은 곳입니다.
교사	현서네 가족은 어떻게 구성되어 있는지 누가 말해 볼까요?
학생 5	(손을 들고) 아버지, 어머니, 현서로 구성되어 있습니다.
교사	현서가 살고 있는 곳은 어떤 곳인가요?
학생 6	(손을 들고) 촌락입니다. 어촌입니다.
교사	도시에 비해 촌락의 환경은 어떤지 누가 발표해 볼까요?
학생 7	(손을 들고) 자연환경이 많습니다.
교사	민우와 현서는 모두 가족이라는 공동체 안에 살고 있으며, 주변에는 자연환경과 인간이 만든 환경이 함께 존재합니다. 민우와 현서가 생활하고 있는 환경의 공통점과 차이점을 생각해 봅시다. 그리고 환경이 민우와 현서에게 각각 어떤 영향을 미칠지 이야기해 봅시다.
학생 8	(손을 들고) 도시와 촌락에는 자연환경과 인간이 만든 환경이 모두 있습니다. 하지만 도시에는 촌락에 비해 인간이 만든 환경이 많고, 촌락에는 도시에 비해 자연환경이 많습니다.
교사	인간은 저마다 다른 환경에서 살아갑니다. 이러한 환경은 인간에게 어떤 의미가 있나요?

교사용 지도서 한 쪽에 교사용 질문 8개, 학생 답변 7개로 구성되어 있다. 보통 수업 1시간 분량으로 교사용 지도서를 약 3쪽 정도 할애하고 있기 때문에 질문과 답변이 대략 45개 정도 된다. 양도 양이지만 가장 큰 문제는 따로 있다. 이대로 수업을 진행한다면 수업이 너무나 지루해진다. 교사가 질문하고 학생 1명이 대답하고, 또 교사가 질문하고 학생 1명이 답하는 과정을 4~5번만 반복해도 이미 수업이 지루하다는 것을 교사와 학생 모두 느끼기 때문이다. 이러한 교사 주도의 핑퐁식 수업은 학생과 교사 모두를 지치게 한다.

그렇다면 어떻게 교사용 지도서를 활용해야 할까? 먼저 성취 기준을 확인하여 이 시간에 교사가 무엇을 가르쳐야 할지 정한다. 성취 기준을 확인하고 도약 과제를 설정할 때 필요하다. 예를 들어 앞서 소개한 교사용 지도서를 다시 보자.

이 차시와 관련된 성취 기준은 '인간을 둘러싼 인문 환경과 자연환경의 뜻을 알고, 그 특성을 설명할 수 있다'이다. 이번에 배울 차시와 성취 기준을 비교하여 살펴보면 오늘 배울 내용은 환경, 인문 환경, 자연환경의 의미이고, 그 특징을 아는 것이다.

　성취 기준은 1시간에 다 배울 수 있는 내용이 아니다. 보통 수업을 2~3시간 해서 하나의 성취 기준을 배워 간다. 교사용 지도서로 이번 시간에 배울 내용과 성취 기준의 교집합을 찾아야 한다. 교사용 지도서에는 이러한 교집합의 주제가 잘 드러나 있다. 교사는 사회 교사용 지도서에서 이러한 교집합의 주제, 즉 도약 과제를 찾아야 한다.

02

토의·토론의 주제, 도약 과제를 찾아라

토의·토론을 할 때는 주제가 필요하다. 무엇을 토의·토론할 것인가? 앞서 학생들이 하나의 성취 기준을 이해하려면 보통 수업 시간이 2~3시간 정도 필요하다고 했다. 그래서 한 차시 수업의 배움 주제와 공통으로 포함된 성취 기준 내용을 찾고, 수업 시간에서 그 내용과 관련된 수업을 해야 한다.

실제 수업 시간에 다루어야 할 주제를 필자는 도약 과제라고 칭한다. 도약 과제는 성취 기준을 이해할 수 있도록 해당 차시 수업에서 달성해야 할 과제, 즉 학생 역량을 도약시킬 수 있는 과제라는 의미다. 한 차시 수업에서 도약 과제를 찾는 것은 무엇보다 중요하다. 수업 시간에 무엇을 이야기하고 배울 것인지는 수업이 나아갈 방향을 설정하기 때문이다.

토의·토론 활동을 하나 할 때는 보통 8~15분 정도 걸린다. 1시간 수업에 토의·토론 과정이 두세 가지 있다고 추측할 수 있다. 그래서 학생들이 활발하게 참여할 수 있는 토의·토론 수업을 하려면 토의·토론하는 활동이 너무 적어서도 안 되고, 너무 많아서도 안 된다. 1시간 수업에 활동은 2~3개가 적당하다. 즉, 수업에 적용할 도약 과제는 2~3개 정도가 적당하고, 이 도약 과제를 토의·토론 활동으로 수업에 적용하면 좋다고 결론을 내릴 수 있다.

그렇다면 도약 과제는 어떻게 쉽게 찾을 수 있을까? 보통 도약 과제를 찾을 때는 성취 기준 분석과 교과서, 교사용 지도서 내용을 면밀히 살펴야 하는 복잡한 과정을 동반한다. 필자가 많은 시행착오를 겪고 노력한 결과 얻은 결론은 사회 교사용 지도서만 보아도 도약 과제를 쉽게 찾을 수 있다는 것이다. 교사용 지도서에서 제시하는 주제가 보통 도약 과제라고 생각하면 된다.

다음 2009개정교육과정 5학년 1학기 교사용 지도서를 보자.

확대해서 보면 도약 과제를 쉽게 찾을 수 있다.

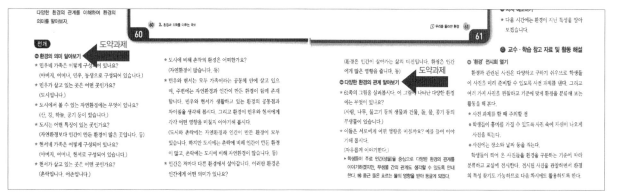

2015개정교육과정에서도 마찬가지다. 4학년 1학기 교사용 지도서를 보자.

확대해서 보면 변화된 교사용 지도서에서도 도약 과제를 쉽게 찾을 수 있다.

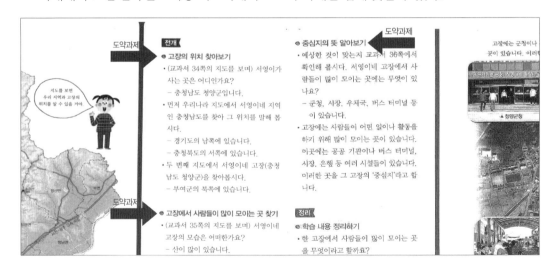

이렇게 찾은 도약 과제가 정확하다고 할 수는 없다. 다만 여기에서는 모든 교사가 최대한 쉽고 빠르게 적용할 수 있는 방법을 설명한 것이다. 중요한 점은 사회 교사용 지도서에 제시된 도약 과제는 그대로 적용하면 적어도 약이 되지만, 질문은 그대로 적용하면 오히려 독이 된다는 것이다.

03
김경훈표 브랜드: 사회 수업 디자인을 공개한다

필자는 매 차시 사회 수업을 토의·토론으로 재구성하여 수업을 진행했다. 처음 1시간 사회 수업을 디자인할 때는 1시간 넘게 걸렸다. 그런데 이러한 재구성 과정을 3년 동안 쉬지 않고 했더니 이제는 1시간 수업 디자인하는 데 10분 정도밖에 걸리지 않는다. 개인적으로 작성하는 지도안 틀에 정리까지 하면 20분 정도 걸린다.

이렇게 빠르고 편하게 토의·토론으로 수업을 재구성하면서 필자만의 방법으로 수업을 디자인하고 있음을 깨달았다. 지금부터 필자만의 토의·토론 수업을 디자인하는 방법을 소개한다.

토의 · 토론 수업을 빠르고 효과적으로 디자인하는 방법

1. 가르칠 부분의 교사용 지도서를 펼친다.
2. 성취 기준과 배움 주제를 파악한다.
3. 학생들과 이야기를 나누고 싶은 도약 과제를 2~3개 정도 정한다(매우 중요).
4. 도약 과제를 해결할 수 있는 토의 · 토론 방법을 결정한다.
5. 평가 계획을 수립한다.
6. 핵심 발문, 핵심 판서, 활동 과정별 시간 배분, 수업 흐름 등을 계획한다.
7. 마지막 최종 점검 및 간이 지도안을 작성한다.

필자가 사용하는 수업 디자인 방법은 사회 교과뿐만 아니라 다른 교과(미술, 국어, 수학, 과학 등 전 교과) 수업을 디자인할 때도 편하게 적용할 수 있다. 이제 방법을 알았으니, 실제로 어떻게 적용해야 할지 알아보자.

1. 가르칠 부분의 교사용 지도서를 펼친다

오늘 내가 가르칠 부분은 교과서 48~50쪽이다. 이와 관련된 지도서를 확인한다.

2. 성취 기준과 배움 주제를 파악한다

수업과 관련된 성취 기준은 '교통과 통신의 발달로 변해 가는 우리나라 국토의 모습에 대해 말할 수 있다'이다. 그리고 배움 주제는 '교통과 통신의 발달로 변화된 생활 모습 알아보기'다. 성취 기준과 배움 주제가 거의 비슷하다. 따라서 학생들이 배움 주제를 잘 알고 수행할 수 있으면 성취 기준에 도달했다고 할 수 있다.

필자를 포함하여 많은 교사가 교과서 전개 계획대로 가르친다. 하지만 요즘에는 교육 과정 재구성을 강조하다 보니 왠지 교과서 흐름대로 가르치면 무엇인가 잘못하는 것처럼 느껴진다. 교육 과정을 학생들이 잘 배울 수 있게 하려고 각 교과에 전문성이 높은 사람들이 모여 심혈을 기울여서 만든 것이 바로 교과서다. 교과서에서 제시된 전개 계획대로 가르친다고 해서 잘못된 것은 아니다.

교사는 해당 차시의 배움 주제를 확인하고 이것이 성취 기준의 어떤 부분과 교집합이 있는지 비교하고 확인해야 한다. 그래서 학생이 무엇을 배워야 할지, 교사는 무엇을 가르쳐야 할지 명확히 알고 수업을 진행해야 한다. 성취 기준 하나에 보통 2~3차시 수업이 연계되어 있다. 교사는 불필요한 차시가 있다면 과감하게 통합·생략하거나 1시간 수업을 늘려서 2시간 수업을 만들 수 있다. 이처럼 교사는 국가 수준 교육 과정을 이해하고, 교육 환경에 맞는 수업을 설계하는 '교육 과정 문해력'을 길러야 한다.

3. 학생들과 이야기를 나누고 싶은 도약 과제를 2~3개 정도 정한다(매우 중요)

교사용 지도서에 제시된 것처럼 이번 차시 수업에서는 도약 과제를 2개로 정했다. 하나는 '1980년대와 2013년도 교통도 살펴보고 비교하기'고, 다른 하나는 '교통과 통신의 발달로 국토 변화 알아보기'다.

❖ 학습 문제 확인하기

교통과 통신의 발달로 우리 국토가 어떻게 변화하였는지 알아보자.

[전개]
❖ 우리나라의 교통도 살펴보기 ← 도약과제
* 48쪽과 49쪽의 지도는 무엇에 관한 지도인가요?
(도로, 철도, 항구, 공항 등을 나타낸 지도로, 우리나라의 교통 발달을 알 수 있습니다.)
* 이 지도에 나타난 도로와 철도들이 무엇처럼 보이나요?
(복잡하게 얽힌 그물처럼 보입니다.)
* 우리 국토가 도로와 철도로 그물처럼 연결되어 있다면 어

국도, 호남 고속 국도, 88 올림픽 고속 국도, 남해 고속 국도, 중부 내륙 고속 국도 등이 있습니다. 철도는 장항선, 호남선, 전라선, 경부선, 충북선, 태백선, 중앙선, 경춘선 등이 있습니다.)
* 1980년대 우리나라의 교통 발달은 어떠했나요?
(철도가 많이 발달하였습니다. 고속 국도가 많이 건설되기 시작하였습니다.)
* 지연이네 가족이 서울에서 광주로 이동하는 방법에는 무엇이 있는지 49쪽의 지도를 보고 말해 봅시다.
(자동차를 타고 고속 국도를 이용하여 이동할 수 있습니다. 열차 또는 고속 열차를 타고 철도를 이용하여 이동할 수 있습니다. 비행기를 타고 공항을 이용하여 빠르게 이동할 수 있습니다. 등)

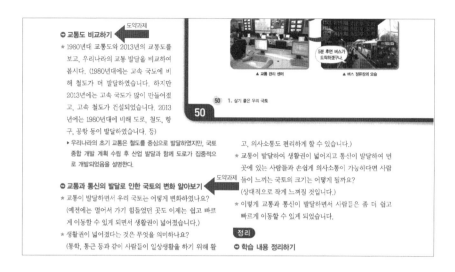

○ **교통도 비교하기** ←도약과제

* 1980년대 교통도와 2013년의 교통도를
보고, 우리나라의 교통 발달을 비교하여
봅시다. (1980년대에는 고속 국도에 비
해 철도가 더 발달하였습니다. 하지만
2013년에는 고속 국도가 많이 만들어졌
고, 고속 철도가 건설되었습니다. 2013
년에는 1980년대에 비해 도로, 철도, 항
구, 공항 등이 발달하였습니다. 등)

▶ 우리나라의 초기 교통은 철도를 중심으로 발달하였지만, 국토
종합 개발 계획 수립 후 산업 발달과 함께 도로가 집중적으
로 개발되었음을 설명한다.

○ **교통과 통신의 발달로 인한 국토의 변화 알아보기** ←도약과제

* 교통이 발달하면서 우리 국토는 어떻게 변화하였나요?
(예전에는 멀어서 가기 힘들었던 곳도 이제는 쉽고 빠르
게 이동할 수 있게 되면서 생활권이 넓어졌습니다.)

* 생활권이 넓어졌다는 것은 무엇을 의미하나요?
(통학, 통근 등과 같이 사람들이 일상생활을 하기 위해 활

고, 의사소통도 편리하게 할 수 있습니다.)

* 교통이 발달하여 생활권이 넓어지고 통신이 발달하여 먼
곳에 있는 사람들과 손쉽게 의사소통이 가능하다면 사람
들이 느끼는 국토의 크기는 어떻게 될까요?
(상대적으로 작게 느껴질 것입니다.)

* 이렇게 교통과 통신이 발달하면서 사람들은 좀 더 쉽고
빠르게 이동할 수 있게 되었습니다.

[정리]

○ **학습 내용 정리하기**

---

4. 도약 과제를 해결할 수 있는 토의 · 토론 방법을 결정한다

첫 번째 도약 과제인 '1980년대와 2013년도 교통도 살펴보고 비교하기'는 브레인스토밍 토
의 · 토론으로 수업을 진행한다. 1980년대 교통도와 2013년도 교통도에서 최대한 많은 아이디어
를 산출한다. 아이디어를 다른 모둠과 비교하여 과반수 이상의 모둠이 공통으로 선택한 내용을
핵심 판서로 정리한다.

두 번째 도약 과제인 '교통과 통신의 발달로 국토 변화 알아보기'는 더블 버블맵 토의 · 토론
으로 수업을 진행한다. 교통의 발달로 일어난 변화와 통신의 발달로 일어난 변화에서 차이점과
공통점을 각각 비교하고 분석하여 정리한다. 두 번째 활동을 한 후 시간이 남을 때는 교통과 통신
의 발달로 삶이 어떻게 변화했는지 역할 놀이로 표현할 수 있다.

▲ 브레인스토밍 토의 · 토론 결과물

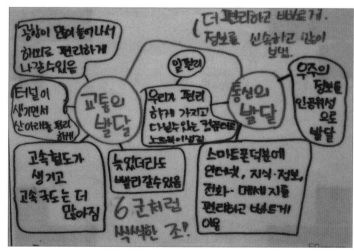

▲ 더블 버블맵 토의 · 토론 결과물

5. 평가 계획을 수립한다

성취 기준과 수업으로 성장할 수 있는 역량을 고려하여 평가 계획을 수립한다.

- 평가 1: 교통과 통신의 발달로 일어난 삶의 변화를 설명할 수 있다.
- 평가 2: 더블 버블맵 토의·토론 활동을 할 때 모둠원과 적극적으로 의사소통할 수 있다.

6. 핵심 발문, 핵심 판서, 활동 과정별 시간 배분, 수업 흐름 등을 계획한다

토의·토론 수업은 교사 중심이 아닌 학생 중심의 협력 수업을 추구한다. 교사는 최소한으로 개입할 수 있게 노력해야 한다. 따라서 수업 활동 과정을 시작하는 핵심 발문 1개, 도입과 정리에 필요한 핵심 발문 1개를 준비한다.

예를 들어 '1980년대와 2013년도 교통도 차이를 브레인스토밍 토의·토론으로 알아봅시다', '여러분이 경험한 것처럼 교통의 발달과 통신의 발달로 일어난 삶의 변화를 토의·토론 활동 후 더블 버블맵으로 나타내 봅시다' 등으로 준비한다.

토의·토론 수업 시간을 계획할 때는 토의·토론 활동 하나에 약 10~15분 정도 시간이 걸린다. 하나의 토의·토론 활동에서 토의·토론 활동 및 활동지 정리는 5~7분, 전체 발표 및 핵심 판서 정리는 5~7분이 걸린다.

핵심 판서는 중요하다. 학생 참여형 수업이 비판받는 이유 중 하나가 재미있게 참여했음에도 정작 학습으로 남는 것은 없어서다. 학생들이 토의·토론한 결과물을 핵심 판서로 정리해 주는 것은 무엇보다 중요하다. 이는 지금까지 했던 활동에 의미를 부여하여 내면화할 수 있으며, 장기 기억으로 이어지기 때문이다. 핵심 판서를 할 때는 학생들의 토의·토론 결과를 이용하여 정리하되, 정말 핵심적인 내용은 다른 색깔로 판서한다. 이는 다른 색깔로 정리한 부분으로 교사가 무엇을 더 강조하고 있는지 파악할 수 있다.

7. 마지막 최종 점검 및 간이 지도안을 작성한다

마지막으로 전체적인 수업 흐름을 확인하고, 간이 지도안을 작성한다.

대상	5–1 · 2 · 3 · 4	단원(차시)	1–⑶ 변화하는 우리 국토		
배움 주제	교통과 통신의 발달로 변화된 생활 모습 알아보기				
준비물 및 자료, 예습적 과제	교사	브레인스토밍 토의 · 토론 활동지, 모둠 칠판, 보드마카			
	학생				
핵심 성취 기준	교통과 통신의 발달로 변해 가는 우리나라 국토의 모습에 대해 말할 수 있다.				
핵심 역량	의사소통 역량, 지식 정보 처리 역량				
주제 개요 및 수업자 의도	교통과 통신의 발달이 국토 변화에 어떤 영향을 주었는지 다루는 차시다. 도시의 발달 과정을 살펴보는 활동은 4학년 때 다루었으므로, 본 차시에서는 교통과 통신의 발달로 사람들이 느끼고 있는 국토의 크기가 변화하고 있음에 초점을 둔다. 성취 기준에 도달하기 위해서 먼저 교과서에 제시된 1980년대 교통도와 2013년도 교통도를 브레인스토밍 토의 · 토론으로 각각의 특징을 이야기한 후 정리한다. 그리고 교통과 통신의 발달로 일어난 삶의 변화를 더블 버블맵 토의 · 토론으로 정리한다.				

평가 관점	수업의 흐름	자료 및 유의점	반성 및 성찰
	◎ 동기 유발 가장 많이 사용하는 물건, 그것과 관련된 생활 모습 말하기		
	◎ 배움 주제 교통과 통신의 발달로 변화한 생활 모습 알아보기 ◎ 배움 순서 – 교통도 비교하기 – 교통과 통신의 발달로 일어난 삶의 변화 알기		
의사소통 역량, 지식 정보 처리 역량	◎ 교통도 비교 – 1980년대와 2013년도 교통도 비교하기 – 브레인스토밍 토의 · 토론 후 활동지에 정리하기	– 활동지(브레인스토밍) – 10′	
의사소통 역량	◎ 교통과 통신의 발달로 일어난 삶의 변화 알기 – 교통의 발달과 통신의 발달로 일어난 삶의 변화 공통점, 차이점을 더블 버블맵 토의 · 토론하기 – 토의 · 토론 결과를 더블 버블맵에 정리하기	– 모둠 칠판, 보드마카 – 15′	

또는 다음 사진처럼 교사용 지도서나 교과서에 간단하게 정리할 수도 있다.

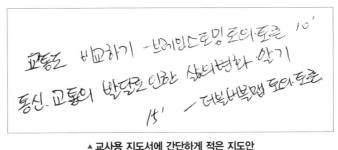

▲ 교사용 지도서에 간단하게 적은 지도안

04
세상에 하나뿐인 토의·토론 수업 만들기

개념을 알지도 못한 상태에서는 개념을 활용할 수 없다. 이처럼 학생들도 상대방과 대화를 하려면 자신의 의견을 갖는 준비 과정이 필요하다. 내 생각이 있어야 다른 사람과 대화를 나눌 수 있다. 수업을 할 때는 토의·토론을 바로 적용하기보다는 학생들이 먼저 주제와 관련된 자료를 탐색하며 자신의 의견을 갖고, 사고를 점점 더 심화시켜 나가는 것이 중요하다.

처음에는 가볍게 배워야 할 개념을 훑어보고, 중반에는 자신의 생각을 갖고 대화와 상호 작용으로 그것을 심화하는 과정을 거쳐, 마지막에는 가볍게 정리하는 흐름으로 수업을 진행하면 학생들이 수업에 몰입할 수 있다.

토의·토론 수업은 도약 과제로 학생들의 사고를 심화시키는 방법이다. 하지만 차시 수업에서 첫 번째 토의·토론을 적용할 때는 학생들이 수업 재료와 내용을 가볍게 탐색하고, 자신의 생각을 갖게 해야 한다. 두 번째 토의·토론을 적용할 때는 학생들이 탐색한 결과와 자신의 생각을 활용하여 다른 친구들과 심화된 토의·토론을 하게 한다.

이러한 수업 디자인 과정을 반복하고 다양한 토의·토론을 적용하다 보면, 자신만의 수업 방법을 만들 수 있다. 다양한 학자의 교수 학습 방법처럼 교사만의 교수 학습 방법도 만들 수 있는 것이다. 교사가 직접 만든 교수 학습 방법을 실제로 수업에 적용하면서 보완·발전한다면 훨씬 효과적일 것이다.

여기에 제시된 토의·토론 방법은 필자가 일부로 노력해서 개발한 교수 학습 방법이 아니다. 토의·토론 수업을 꾸준하게 재구성하면서 학생들의 사고를 더욱 자극하고 심화시키고 싶은 마음에 여러 방법을 시도하면서 얻은 것이다. 다양한 방법을 시도하면서 학생들에게 효과가 많았던 방법도 있었고 미미한 방법도 있었다. 효과가 적은 방법들은 학생들에게 왜 잘되지 않았는지 물어보고, 필자 나름대로 반성과 수정을 하면서 다시 되살아나기도 했다.

이제 필자가 실제로 적용한 후 좋은 효과를 얻었던 토의·토론 수업 방법을 간단하게 소개하려고 한다. 이 교수 학습 방법이 정답은 아니다. '이러한 방법도 있구나' 정도로 가볍게 참고하면 좋을 것 같다. 나만의 토의·토론 수업 방법은 무궁무진하다. 필자는 현재도 다양한 토의·토론 방법을 적용하고, 새로운 교수 학습 방법을 만들고 보완하는 중이다. 다양한 토의·토론 방법이 있는 만큼 이를 활용하여 새롭게 만들 수 있는 교수 학습 방법도 많다.

05

물레방아 토론과 패널 토론(물레방아 패널 토론)
: 사고력을 키우는 토의·토론 방법

가. 물레방아 패널 토론이란?

물레방아 패널 토론은 제시한 논제에서 사고 과정을 점점 심화시키는 학습 방법이다. 원래 물레방아 토론은 1:1 토론을 여러 번 실시하는 방식이다. 프로콘 토의·토론처럼 1:1 토론 중 찬성과 반대 입장을 모두 경험함으로써 다양한 정보, 새로운 경험, 균형 있는 관점을 추구하고 사고를 확산시킬 수 있도록 변형할 수 있다.

이렇게 물레방아 토론을 하고 양측 입장이 되어 토론을 함으로써 논제에서 자신만의 생각을 갖게 된다. 자신만의 생각이 생기면 입장을 정한다. 찬성과 반대 입장 중 대표를 뽑아 패널 토론(찬성과 반대 의견을 가진 사람 중에 대표 토론자를 정해서 토론하는 방법)을 한다. 패널 토론자는 각 입장을 대변하기 때문에 내용이 논리적일 가능성이 높다. 같은 입장의 참여자들은 상대방 패널 토론자에게 반박 질문을 하거나 같은 입장의 패널 토론자에게 추가 논거를 제공할 수 있다.

나. 물레방아 패널 토론 순서

1) 토론 참여자를 반으로 나눈 후 바깥쪽 원과 안쪽 원으로 마주보고 앉도록 한다.

2) 찬성과 반대 입장에서 교차 질의를 한다.

3) 안쪽 원에 있는 학생이 시계 방향으로 한 칸 이동한다.

4) 입장을 바꾸어 교차 질의를 한다(찬성 → 반대, 반대 → 찬성).

5) 약 4번 정도 이 과정을 반복한다. 찬성과 반대 입장을 2번씩 경험한다.

6) 찬성과 반대 입장 중 자신만의 입장을 정한다.

7) 같은 입장에 있는 친구 중에서 대표 토론자를 선정한다.

8) 대표 토론자끼리 패널 토의·토론을 하며, 관중석에 있는 학생들은 질문을 한다.

다. 물레방아 패널 토론 활동 사례

◀ 물레방아 토론하는 모습

◀ 대표 토론자를 선정하여 패널 토론하는 모습

Tip

물레방아 패널 토론은 물레방아 토론 후 패널 토론을 하는 흐름으로 학생들의 사고를 심화시킬 수 있는 학습 방법이다. 물레방아 토론은 한 번당 2분 정도면 충분하다. 학생들이 찬성과 반대 입장을 모두 경험할 수 있도록 이동할 때마다 입장을 바꾸어서 토론하면 좋다.

패널 토론을 할 때, 관람석에 있는 학생들은 대표 토론자에게 논거를 포스트잇에 적어서 도와줄 수 있다. 또 관람석에 있는 친구들에게 질문할 시간과 참여할 수 있는 기회를 주면 대표 토론자만 참여하는 것이 아니라 모두 참여하는 수업을 진행할 수 있다.

06

PMI 토의·토론과 2:2 토론(PMI 2:2 토론)
: 찬반 토론을 도출해 내는 토의·토론 방법

가. PMI 2:2 토론이란?

PMI 2:2 토론은 처음에 논제에 대한 좋은 점과 나쁜 점을 충분히 탐색한 후 2:2 토론을 하여 생각을 심화시킬 수 있는 학습 방법이다. 학생들이 토론을 할 때 힘들어 하는 부분이 논제에서 근거를 찾는 것이다. 하지만 PMI 토의·토론으로 논제에서 긍정적인 점(plus)과 부정적인 점(minus)을 찾은 후 토론을 하면 모둠에서 쉽게 논제의 근거를 찾을 수 있다. 논제에 대한 찬성 입장은 긍정적인 의견을 참고하고, 반대 입장은 부정적인 의견을 참고하면 된다.

이것으로 토의·토론 실력이 부족한 학생도 PMI 토의·토론으로 논제에서 근거를 쉽게 찾을 수 있고, 양질의 2:2 디베이트 토의·토론 수업도 할 수 있다.

나. PMI 2:2 토론 순서

◎ 준비물: PMI 토의·토론 활동지

1) 모둠을 4~6명으로 구성한다.

2) PMI 활동지를 모둠별로 한 장씩 제공하고, 도약 과제를 공개한다.

3) 모둠에서는 제시된 주제에서 장점과 단점을 찾는다.

4) 단점을 바탕으로 개선할 점을 찾는다.

5) 모둠에서 찬성과 반대 입장을 나눈다.

6) PMI 활동지를 참고하여 입론문을 작성한다.

7) 2:2 토론을 한다.

8) 각 모둠의 토의·토론 결과나 내용을 발표한다.

다. PMI 2:2 토론 주제

- 초등학생에게 스마트폰이 필요하다.

- 욕설을 사용해도 된다.

- 어떤 경우에도 원칙은 지켜야 한다.

- 초등학생이 게임을 해도 된다.

- 친구의 잘못을 선생님께 말씀드려야 한다.

- 구나 드론을 날려도 된다.

- 학교에 CCTV를 설치해야 한다.

라. PMI 2:2 토론 활동 사례

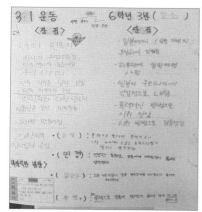 

▲ 3.1운동을 주제로 한 PMI 토의·토론 결과물 ▲ PMI 토의·토론 결과를 활용하여 2:2 토론하는 모습

Tip

PMI 2:2 토론은 평소 토의·토론과 글쓰기를 어려워하는 친구들에게 좋은 학습 방법이다. 많은 학생이 논거를 잘 알지 못해서 입론문 쓰는 것을 어려워한다. 하지만 모둠별로 PMI 토의·토론을 하면서 논제에 대한 장점과 단점을 정리했기 때문에 이를 참고하여 찬성과 반대 입장에 따라 글을 쓰는 것은 쉽다. 2:2 토론에서 한 개인이 토의·토론을 결정한다는 문제점도 많이 개선할 수 있다.

시간에 여유가 있을 때는 먼저 토의·토론을 하고 입장을 바꾸어서 2:2 토론을 한 판 더 하면 좋다. 이는 학생의 사고가 고착화되는 것을 막고, 종합적으로 사고할 수 있게 한다.

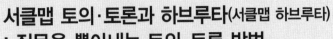

07
서클맵 토의·토론과 하브루타(서클맵 하브루타)
: 질문을 뽑아내는 토의·토론 방법

가. 서클맵 하브루타란?

서클맵 하브루타는 한 가지 주제에서 다양한 성격을 알아보고, 개념의 성격과 관련된 다양한 질문을 적은 후 짝꿍과 모둠 토의·토론을 하면서 생각을 점점 심화시킬 수 있는 학습 방법이다. 학생 개인의 실력에 따라 질문 개수나 질이 달라질 수 있는데, 서클맵 토의·토론을 하면서 함께 질문을 만들기 때문에 질이나 양에 느끼는 부담감을 어느 정도 줄일 수 있다.

서클맵은 보통 크기가 다른 원 2개로 겹쳐 있다. 먼저 서클맵 토의·토론은 짝꿍과 함께 활동한다. 한가운데 원에는 알고 싶은 주제를 적고, 바깥쪽 원에는 개념과 관련된 단어를 적는다. 단어와 관련된 질문은 주제와 관련된 생각 및 문장 칸에 적는다(그림 참고). 그리고 적은 질문을 이용하여 짝 토론을 한다. 이후 좋은 질문을 뽑아서 모둠원과 함께 토의·토론을 한다. 최고의 질문을 뽑아 모둠원과 합의된 의견을 종합하여 정리·발표한다.

나. 서클맵 하브루타 순서

◎ 준비물: 서클맵 토의·토론 활동지

1) 서클맵 활동지를 짝꿍끼리 한 장씩 제공하고, 주제를 공개한다.
2) 한가운데 원에는 주제를 적고, 관련된 낱말 부분에는 주제와 관련된 단어를 적는다.
3) 관련된 단어를 보고 궁금한 질문을 '주제와 관련된 생각 및 문장 부분'에 적는다.
4) 짝꿍과 함께 작성한 질문을 이용하여 짝 하브루타를 한다.
5) 짝 토론을 하고, 좋은 질문을 3개 선정한다.
6) 모둠별로 좋은 질문으로 하브루타를 한다.
7) 최고의 질문을 1개 선정한다.
8) 최고의 질문에 대한 합의된 모둠 의견을 정리·발표한다.

다. 서클맵 하브루타 주제

서클맵 하브루타는 사건, 개념을 파악할 때 좋은 학습 방법이다. 포토스탠딩 토의·토론처럼 가족, 꿈, 행복 등 정의 개념을 파악할 때 좋다. 그리고 3.1운동이나 우리가 사는 도시에 쓰레기 매립장을 짓는 문제, 주차 문제 등 한 가지 사건을 깊게 사고할 때도 좋다.

- 학교란?
- 가족이란?
- 친구란?
- 우리가 사는 도시에 쓰레기 매립장을 짓는다면?
- 나의 진로에 대한 부모님 강요를 어떻게 생각하는가?

라. 서클맵 하브루타 활동 사례

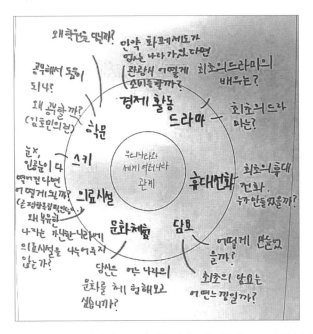

▲ '우리나라와 세계 여러 나라 관계'를 주제로 한 서클맵 토의·토론 결과물

▲ 최고의 질문으로 모둠 하브루타를 하는 모습

Tip

서클맵 하브루타는 질문 만들기를 어려워하는 소극적인 학생도 잘 참여할 수 있게 하는 학습 방법이다. 서클맵 토의·토론에서는 짝꿍과 함께 질문을 만들고 이를 활용하여 짝 토론을 하기 때문에 평소 질문 만들기를 어려워하는 학생도 쉽게 참여할 수 있다.

40분 수업에 약 10분 정도는 서클맵 토의·토론을 하고, 짝 하브루타, 모둠 하브루타, 최고의 질문 순으로 모둠 하브루타를 각각 5분씩 진행하면 좋다.

08

하브루타와 브레인라이팅 토의·토론(하브루타라이팅 토의·토론) : 포스트잇으로 만들어 내는 토의·토론 방법

가. 하브루타라이팅 토의 · 토론이란?

하브루타라이팅 토의·토론은 하브루타로 다양한 질문을 도출해 내고, 이를 브레인라이팅 토의·토론 방법을 이용하여 분류해서 양질의 질문으로 토의·토론을 할 수 있는 학습 방법이다. 보통 하브루타로는 다양한 질문을 만들고, 이를 짝꿍과 함께 이야기한다. 하브루타라이팅 토의·토론은 개인별로 만든 질문을 모둠에서 공유하고, 이를 분류하는 과정을 거쳐 알고 싶어 하는 주제나 논제를 깊게 사고할 수 있게 한다.

보통은 하브루타로 질문을 만들고 만든 질문으로 짝꿍과 대화를 하는데, 짝꿍의 질문을 만들고 대화하는 능력에 따라 토의·토론의 질이 결정된다. 하지만 하브루타라이팅 토의·토론은 먼저 자신의 질문을 만들고, 모둠원과 각자의 질문을 공유하고 분류하기에 양질의 질문을 만들 수 있다. 그리고 양질의 질문에서 답을 찾는 토의·토론 과정을 거치면서, 다른 모둠원의 생각을 듣고 자신의 생각을 비교하므로 더 나은 배움과 성장을 경험할 수 있다.

나. 하브루타라이팅 토의 · 토론 순서(일반적인 방법)

◎ **준비물: 모둠 칠판, 포스트잇**

1) 사회자(교사)가 도약 과제를 공개한다.

2) 주제와 관련된 개인별 질문을 포스트잇에 3개 이상 적는다.

3) 모둠에서 각자의 질문을 공유하고, 비슷한 질문끼리 유목화한다.

4) 유목화한 질문을 모둠에서 토의·토론한다.

5) 질문에서 합의된 의견을 모둠별로 발표한다.

6) 다른 모둠과 토론 결과를 바탕으로 질의 및 응답을 한다.

다. 하브루타라이팅 토의·토론 순서(단원을 도입할 때)

1) 단원 도입 삽화와 그림, 표나 연표를 보고 탐색한다.

2) 탐색 후 개인별 질문을 포스트잇에 3개 이상 적는다.

3) 모둠에서 각자의 질문을 공유하고, 비슷한 질문끼리 유목화한다.

4) 모둠에서 유목화한 질문을 칠판에 붙인다.

5) 칠판에 붙인 질문을 다시 유목화한다.

6) 유목화한 질문을 하나로 정리한다.

7) 정리된 질문을 활용하여 단원 전개 계획을 안내한다.

라. 하브루타라이팅 토의·토론 활동 사례

▲ 단원 도입 부분을 보고, 질문을 만드는 모습

▲ 칠판에서 학급 질문을 유목화하여 한 가지 질문으로 정리한 후 이를 단원 전개 계획으로 사용

Tip

하브루타라이팅 토의·토론은 모둠에서 양질의 질문을 만들고 이를 활용하여 양질의 토의·토론을 하는 학습 방법이다. 학생들이 질문 만들기에 느끼는 부담감을 줄일 수 있고, 소극적인 학생들도 열심히 참여하는 모습을 보인다.

실제 수업에 적용하면서 학생들이 만든 질문을 활용하여 단원 전체를 이끌어 가는 것도 좋겠다고 생각했다. 그래서 단원 도입 차시에 하브루타라이팅 토의·토론 방법을 사용했는데, 결과는 매우 좋았다. 학생들의 질문을 활용하여 배움 주제를 정했다. 학생들은 자신들이 만든 질문을 활용하여 수업을 한다는 것에 매우 뿌듯해 했다. 다만 이를 활용하기에 앞서 교사가 단원 전개 계획을 잘 파악하고 있어야 하며, 단원 전개 계획에서 제시된 배움 주제와 학생들의 질문을 비슷하게 일치시키려는 노력도 필요하다.

토의토론수업, 배움을 디자인하다

5부

바로 배워 바로 쓰는
사회 수업 케이스 스토리

01

역사 수업: 역사를 배우다 vs 역사에서 배우다

이제 실제로 토의·토론 수업에 활용한 사례를 소개하겠다. 토의·토론 수업과 관련하여 많은 교사가 두려움을 느끼는데, 그렇다면 도약 과제를 설정하고 토의·토론 수업을 어떤 방법으로 풀어야 할까? 이 두 가지만 제대로 정리한다면 그다음은 수월하다.

교과서에 있는 내용을 다 가르치겠다는 욕심은 버리는 것이 교사와 학생 모두를 위해 좋다. 교과서는 참고 자료일 뿐이다. 도약 과제와 토의·토론 방법을 정했으면 이를 해결하는 데 교과서를 참고하라고 학생들에게 이야기만 하면 된다. 교과서 개념을 바꾸자. 사회 수업 사례는 핵심 성취 기준을 중심으로 선정했고, 참고하면 좋은 수업 사례도 제시했다.

수업 사례는 전 학년의 사례를 모두 소개하고 싶었다. 하지만 지면 제약과 필자가 맡은 학년 위주 구성 등 현실적인 이유 때문에 2009개정교육과정 5학년과 6학년의 교육 과정을 중심으로 소개한다. 사회 수업 케이스 스토리에 나오는 지도안 형식은 주로 필자가 사용하는 지도안 형식의 틀을 사용했다. 공개 수업 때 사용한 지도안 형식도 함께 소개되어 있다. 지도안 형식에도 수업을 바라보는 관점이 드러나 있다. 이 책을 보는 교사 또는 교육 관계자가 필자가 근무하는 광주교육대학교 광주부설초등학교에서 사용하는 지도안 형식을 참고하는 것도 교육적 가치가 있지 않을까 싶어 책에 그대로 수록했다.

초등학생이 경험하지 못한 역사적인 내용을 학습할 때는 설명 위주의 강의식 수업은 지양하자. 교사는 초등학생의 발달 단계를 고려하여 좀 더 활동적인 수업으로 학습의 실제성을 높이려고 노력해야 한다. 역사 공부는 역사 지식뿐만 아니라, 역사를 해석하는 방법도 학습해야 한다. 즉, '역사를 배우는 것'보다 '역사에서 배우는 것'이 역사 공부의 궁극적인 목적이다.

교사는 역사적 사실, 역사적 사실의 인과 관계를 단순하게 설명하지 말고, 학생들이 상상하고 판단하고 탐구하는 등 다양한 과정에서 스스로 깨우칠 수 있도록 해야 한다. 도약 과제로 토의·토론을 하면 학생들은 이러한 상상, 판단, 탐구 등 다양한 활동으로 역사 수업에서 역량을 기를 수 있다.

단원별 성취 기준

단원	성취 기준
1. 우리 역사의 시작과 발전 (5-2-1)	• 대표적인 유물과 유적을 통해 선사 시대 사람들의 생활 모습을 설명할 수 있다. • 단군의 건국 이야기를 통해 고조선이 우리 역사상 최초의 국가임을 설명할 수 있다. • 역사 지도와 인물 이야기를 통해 고구려, 백제, 신라의 발전 과정을 설명할 수 있다. • 주요 인물을 중심으로 삼국의 통일과 발해의 건국 과정을 설명할 수 있다.
2. 세계와 활발하게 교류한 고려(5-2-2)	• 견훤, 궁예, 왕건 등 인물 활동을 통해 고려의 성립 과정을 설명할 수 있다. • 고려 시대 외적의 침략과 이를 극복해 가는 과정을 조사하여 발표할 수 있다. • 대표적인 유물을 통해 고려 시대의 과학과 생활 문화를 설명할 수 있다.
3. 유교 문화가 발달한 조선 (5-2-3)	• 조선의 건국 과정을 주요 인물의 활동을 중심으로 설명할 수 있다. • 세종대왕 때 이룩한 문화·과학 분야의 여러 성과와 그 의의를 설명할 수 있다. • 대표적인 인물과 유적을 통해 임진왜란과 병자호란의 극복 과정을 조사할 수 있다.
4. 조선 사회의 새로운 움직임(6-1-1)	• 새로운 문물의 전래 모습을 알고, 정조의 수원화성 건설과 정약용의 업적을 조사할 수 있다. • 풍속화와 민화 등을 중심으로 서민 문화의 모습을 조사하여 발표할 수 있다. • 조선 시대 여성의 사회적 지위와 생활상을 다양한 인물 이야기를 중심으로 파악할 수 있다.
5. 근대 국가 수립을 위한 노력과 민족운동(6-1-2)	• 개항을 전후해서 외세의 침략을 막으려고 노력한 대표적인 사건을 설명할 수 있다. • 의병과 독립협회 및 대한제국의 구국을 위한 노력을 인물 활동을 통해 설명할 수 있다. • 일제 강점기에 국내외에서 전개한 민족독립운동을 주요 인물을 통해 탐구할 수 있다.
6. 대한민국의 발전과 오늘의 우리(6-1-3)	• 광복에서 대한민국 정부 수립까지 과정을 인물 활동을 중심으로 설명할 수 있다. • 시각 자료와 유물을 통해 6.25전쟁의 과정 및 피해상을 살펴보고, 전쟁이 우리나라에 미친 영향을 탐구할 수 있다.

유물과 유적으로 신석기 생활 모습 알아보기

단원	5-2-1. 우리 역사의 시작과 발전		
배움 주제	신석기 시대 생활 모습 알아보기		
준비물 및 자료, 예습적 과제	교사	디딤영상(신석기 시대 생활 모습 관련 영상), 모둠 칠판, 보드마카	
	학생	디딤영상 보고 신석기 시대 도구와 의식주 간단하게 정리, 목장갑	
핵심 성취 기준	대표적인 유물과 유적을 통해 선사 시대 사람들의 생활 모습을 설명할 수 있다.		
핵심 역량	정보 활용 능력, 의사소통 및 협업 능력, 문제 해결력 및 의사 결정력		
주제 개요 및 수업자 의도	이번 수업은 도구의 발달로 달라진 신석기 시대 사람들의 생활 모습을 유물과 유적을 통해 알아보는 활동으로 구성된다. 수업자는 먼저 디딤영상을 제시하여 학생들이 신석기 시대 생활 모습을 도구, 의식주로 나누어 간단하게 정리해 오게 한다. 수업 시간에는 정리한 자료와 교과서를 바탕으로 모둠 의견 만들기 토의·토론으로 정리한 후 발표한다. 발표한 내용을 활용하여 우리 모둠의 내용을 보충 수정하면서 공책에 정리한다. 남은 시간은 간석기를 만들고 종이를 자르며 당시 신석기 시대 사람들의 생활 모습을 몸으로 느끼고 체험할 수 있게 한다.		

평가 관점	수업의 흐름	자료 및 유의점	반성 및 성찰
	오랜 기간 구석기 → 신석기로 바뀐 계기 설명하기, 자연환경의 변화(해빙기)		
정보 활용 능력, 의사소통 및 협업 능력	◎ 배움 주제 신석기 시대 생활 모습 알아보기 ◎ 모둠 의견 만들기 토의·토론 신석기 시대 생활 모습 – 도구　　　　　– 의 – 식　　　　　　– 주 ◎ 모둠별로 발표 발표 후 질문 보충받으면서 발표 내용 수정하기	– 모둠 칠판, 보드마카 – 학생들은 다른 모둠별 발표를 들으면서 자신의 모둠 내용과 다른 모둠의 내용 중 없는 것을 보충해서 공책 정리	– 비주얼씽킹으로 정리한다면 아이들에게 많은 변화와 효과가 있을 것 같다. – 토의·토론 후 정리까지 8분 정도 준다.
문제 해결력 및 의사 결정력	◎ 실제로 간석기 만들기 – 작은 돌을 직접 갈아서 뾰족하게 만들기 – 종이 잘라서 잘 잘리는 사람에게 보상하기	안전 관련 미리 언급	아이들에게 날카롭게 갈아서 종이를 자를 수 있다면 보상하기(비타민 제공), 구석기 시대보다 도구 만들기 시간이 조금 더 필요하다. 돌 갈고 종이 자르는 시간까지 적어도 15분은 필요하다.
	◎ 예습적 과제 제시 디딤영상 보고 오기 (광주 신창동 유적지 관련 영상)		

가. 과정 1: 신석기 시대 생활 모습 알아보기

교과서는 자료를 제공하는 참고 자료라고 생각하면 수업을 보는 눈이 훨씬 넓어진다. 똑같은 내용이라도 학생들에게 교사가 제시하는 것보다, 학생들이 교과서나 다른 자료들을 보고 직접 정리하는 것이 참여도나 동기 부여 측면에서 많은 효과가 있다. 신석기 시대의 생활 모습도 학생들이 모둠별로 협력하여 정리한다. 이때 교사는 모둠에서 교과서 이외의 다양한 자료를 활용하여 정리한다면 보상을 한다.

▲ 신석기 시대의 생활 모습 정리　　　　▲ 모둠 의견 만들기 토의 · 토론 후 발표

나. 과정 2: 간석기 만들기

학생들은 과정 1에서 신석기 시대의 생활 모습을 지식적으로 이해했다. 이를 실제로 간석기를 만들면서 체험하면 당시의 생활 모습을 몸과 마음으로 온전하게 이해할 수 있다. 구석기 생활 모습 알아보기 또한 같은 과정으로 진행한다. 구석기 생활 모습을 알고 직접 돌을 떼는 작업을 하면 학생들이 즐겁게 수업에 참여할 수 있다. 돌을 갈고 나서는 신문지나 A4용지를 이용하여 종이를 자르는 활동을 하면 더 좋다.

▲ 돌을 갈아 간석기 만들기　　　　▲ 자신이 만든 간석기로 종이 자르기

단군왕검 이야기에서 역사적 의의 알아보기

단원	5-2-1. 우리 역사의 시작과 발전	
배움 주제	단군왕검 건국 이야기를 통해 질문 하브루타하기	
준비물 및 자료, 예습적 과제	교사	단군왕검 이야기 프린트물, 디딤영상(단군왕검 이야기), 모둠 칠판, 보드마카
	학생	디딤영상 보고 오기
핵심 성취 기준	단군의 건국 이야기를 통해 고조선이 우리 역사상 최초의 국가임을 설명할 수 있다.	
핵심 역량	의사소통 및 협업 능력, 지식 정보 처리 역량, 비판적 사고력	
주제 개요 및 수업자 의도	우리 민족의 건국 신화로 전해 내려오는 단군왕검 이야기를 바탕으로 고조선의 건국 과정을 살펴보고, 고조선 건국이 우리 민족에게 어떤 의미를 지니는지 알아보는 수업이다. 이를 위해 단군왕검 이야기를 디딤영상으로 제시한다. 그리고 단군왕검 이야기 프린트물을 보면서 질문을 3개 만들고 짝꿍과 함께 이야기하며 의문점 해결, 모둠과 이야기하면서 최고의 질문을 뽑는다. 학생들은 최고의 질문에 대한 답을 모둠 칠판에 정리하고 전체 발표를 한다. 반 전체 학생들은 다른 모둠의 발표를 들으며 최고의 질문을 뽑아서 최고의 질문을 한 모둠에는 보상을 한다. 다른 모둠에서 발표한 내용이 자신의 모둠과 다를 때는 서로 질문을 주고받으며 의견을 수정해 나간다.	

평가 관점	수업의 흐름	자료 및 유의점	반성 및 성찰
	◎ 배움 주제 단군왕검 이야기를 통해 질문 하브루타하기 ◎ 배움 순서 – 질문 만들기 – 짝 토론하기 – 모둠 토론하기 – 발표 및 쉬우르		
의사소통 및 협업 능력 (활동 내내 필요), 지식 정보 처리 역량 (활동 내내 필요)	◎ 질문 만들기 학생들이 단군왕검 활동지를 보고 질문 3개 만들기 ◎ 짝 토론 내 질문 3개, 짝꿍 질문 3개, 질문 총 6개를 묻고 답하기	– 단군왕검 활동지 – 질문 만들기 5분 – 짝 토론 5분	단군왕검 활동지는 교과서에 있는 내용 그대로 입력해도 된다. 아이들이 교과서 뒷장에 있는 숨은 의미까지 보면 사고의 기회를 박탈당할 수 있으므로 따로 활동지를 제공한다.
	◎ 모둠 토론 – 짝 토론하면서 생긴 질문 6개 중 2개를 좋은 질문으로 뽑기 – 모둠에서 앞에 있는 두 친구 질문 2개, 뒤에 있는 두 친구 질문 2개, 질문 총 4개를 묻고 답하기 – 최고의 질문을 선정하여 질문에 대한 토의·토론 후 내린 답을 모둠 칠판에 정리	– 모둠 토론 5분 – 최고의 질문 토론 5분	모둠 토론은 5분 정도면 충분하다. 아이들의 상상력과 이야기 내용이 아주 깊다.

평가 관점	수업의 흐름	자료 및 유의점	반성 및 성찰
비판적 사고력	◎ 발표 및 쉬우르 – 발표하기 – 고조선은 우리 민족에게 어떤 의미를 갖는지 간단하게 언급하며 마무리	모둠 칠판, 보드마카	고조선 의의까지 아이들에게 적게 하면 너무 내용 과다. 간단하게 쉬우르 과정에서 언급한다.

: 수업의 실제

가. 과정 1: 질문 만들기

질문 만들기 하브루타는 토론으로 학생들의 사고를 점점 심화시켜 가는 학습 방법이다. 학생들이 토론을 하려면 이야기할 주제가 필요하다. 먼저 학생들은 질문 만들기 활동을 한다.

▲ 학생들이 만든 다양한 질문

나. 과정 2: 짝 토론하기

학생 개인이 만든 질문 3개를 짝꿍과 서로 대답하고 질문하며 토론한다. 그리고 질문 6개로 토론하며, 좋은 질문 2개를 고른다. 좋은 질문의 조건은 '답을 바로 할 수 없고 다양한 의견을 제시할 수 있을 것', '생각을 많이 하게 할 것'이다.

다. 과정 3: 모둠 토론하기

　짝꿍과 선정한 좋은 질문 2개를 포함하여 총 질문 4개로 모둠에서 토론을 5분간 한다. 모둠 토론을 하고 최고의 질문 1개를 선정한다. 그리고 최고의 질문에 대한 모둠 토론을 하고 이 모둠의 답을 정리하는 데 5분을 사용한다. 모둠별로 발표 후 학생들의 의견을 종합하여 핵심 판서로 정리하고, 교사의 쉬우르로 수업을 마무리한다.

▲ 최고의 질문으로 모둠 토론하고 정리하는 모습

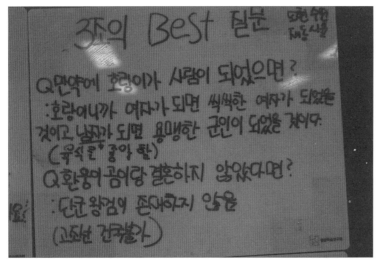

▲ 최고의 질문과 모둠에서 합의한 답

역사 지도로 삼국의 발전 과정 알아보기

단원		5-2-1. 우리 역사의 시작과 발전
배움 주제		역사 지도를 통하여 삼국의 발전 과정 알아보기
준비물 및 자료, 예습적 과제	교사	백지도 활동지, 디딤영상(각 나라의 전성기 시절)
	학생	근초고왕, 광개토대왕, 장수왕, 진흥왕 업적 조사해 오기, 색연필, 사인펜
핵심 성취 기준		역사 지도와 인물 이야기를 통해 고구려, 백제, 신라의 발전 과정을 설명할 수 있다.
핵심 역량		의사소통 및 협업 능력, 정보 활용 능력
주제 개요 및 수업자 의도		각 나라의 전성기를 나타낸 역사 지도를 중심으로 고구려, 백제, 신라의 발전 과정을 살펴본다. 수업자는 먼저 학생들이 조사해 온 왕의 업적을 모둠별로 토의·토론을 통해 각 왕별로 3~4개 정도로 요약한다. 백지도를 학생들에게 제시하고 각 나라의 전성기 시절 세력을 지도에 그려 겹치는 부분을 표시한다. 겹치는 곳이 의미하는 바와 왜 여기가 중요한지 모둠 의견 만들기 토의·토론을 한다. 또 전성기 시절 각 나라를 지도에 그린 부분 옆에 당시 왕의 업적을 정리하게 한다.

평가 관점	수업의 흐름	자료 및 유의점	반성 및 성찰
	사람 없을 때와 사람 있을 때의 광개토대왕릉비 크기를 비교한다. 누구와 관련된 비석일까?	아이들이 갖고 있는 역사적 사료에 대한 잘못된 개념 없애기	
	◎ 배움 주제 역사 지도를 통하여 삼국의 발전 과정 알아보기 ◎ 디딤영상 확인, WSQ 대화		
의사소통 및 협업 능력	◎ 모둠 의견 만들기 토의·토론 조사해 온 자료에서 공통적으로 중요하다고 생각하는 왕의 업적을 3~4개 정리하기	백지도 활동지	미리 중요한 업적을 3~4개 정도 생각해 오라고 해야겠다. 자료만 조사해 오라고 하면 18분 넘게 걸린다. 미리 언급하고 10분 정도로 왕의 업적 정리는 마무리한다.
의사소통 및 협업 능력, 정보 활용 능력	◎ 역사 지도 그리기 – 각 전성기 때의 영토를 활동지에 그리기(활동지 한 장에 그리도록 하여 겹치는 부분이 어느 곳인지 확인한다) – 겹친 부분이 어떤 의미를 갖는지 생각하기 – 옆 공간에 각 전성기 시대의 왕의 업적 정리하기	– 사회과 부도 – 사회과 부도에서 겹친 지역을 찾아서 의미 유추하기	– 백제는 ≡, 고구려는 ⫴, 신라는 ⫻으로 전성기 영토를 칠한다. 각 전성기에 해당하는 나라만 칠해야 한다. – 20분 정도 지도 그리기, 나머지 시간은 전성기 시절 왕의 업적을 정리한다.

가. 과정 1: 삼국의 전성기를 이끈 왕의 업적 정리하기

삼국의 전성기를 이끌었던 왕을 조사한 자료와 교과서를 참고하여 각 나라의 전성기를 모둠 의견 만들기 토의·토론을 한다. 토의·토론한 결과를 바탕으로 삼국의 전성기를 정리한다.

▲ 모둠 의견 만들기 토의·토론으로 왕 업적 정리

나. 과정 2: 역사 지도 그리기

각 나라의 전성기 영토를 사회과 부도를 참고하여 역사 지도에 그린다. 백제는 ≡ 가로 선으로, 고구려는 ⅠⅠⅠ 세로 선으로, 신라는 /// 대각선으로 전성기 영토를 그린다. 영토를 그린 후에 과정 1에서 정리한 내용을 역사 지도에 정리한다. 삼국의 전성기 영토를 그릴 때는 색깔을 모두 다르게 표시하여 어느 부분이 겹치는지(한강 유역) 알게 한다. 그리고 그곳을 각 나라에서 왜 전성기 시절에 차지했는지, 어떤 의미가 있는지 토의·토론하면 좋다.

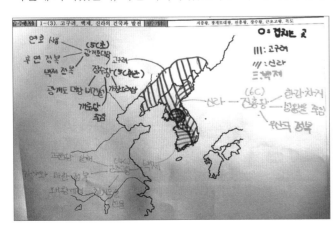

◀ 학생들이 정리한 역사 지도 결과물 1

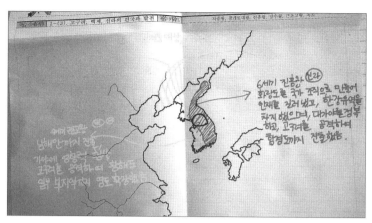

▲ 학생들이 정리한 역사 지도 결과물 2

'신라의 삼국통일은 역사적 가치가 크다
vs 한계점이 많다' 논제로 학급 전체 토의 · 토론하기

교과	사회		단원	1-(4) 삼국통일과 발해의 건국(15/18)
배움 목표	– 신라 삼국통일의 가치와 한계점에 대해 말할 수 있다. – 바람직한 통일 방법의 방향에 대해 토론할 수 있다. – 토론 활동을 할 때는 상대방을 인정하고 존중하는 태도를 지닌다.			
준비물	교사		학생	디딤영상, 6단 논법 정리된 공책
배움 활동		수업의 흐름	시간(분)	자료 및 유의점
디딤영상	배움 문제 확인	– 신라 삼국통일의 장점과 단점 알아보기, 신라의 삼국통일 방법 논란 알아보기 – '신라의 삼국통일은 역사적 가치가 크다 vs 한계점이 많다' 의견 중 한 가지를 선택하여 6단 논법으로 정리하기		
대면 활동	배움 두드리기	◎ 배움 주제 '신라의 삼국통일은 역사적 가치가 크다'는 논제로 토론하기 – 배움 활동 1: WSQ 대화하기 – 배움 활동 2: 토론하기 – 배움 활동 3: 도란도란 이야기 마당하기	1′	
		◎ WSQ 대화 활동 동영상 강의에서 배운 내용을 상기하고 질문하고 답하기	2′	

배움 활동	수업의 흐름	시간(분)	자료 및 유의점
대면 활동	◎ 문제 알아보기 – '신라의 삼국통일은 역사적 가치가 크다' 〈신라의 삼국통일은 역사적 가치가 크다 vs 한계점이 많다 토론하기〉 – 신라의 삼국통일과 관련하여 전체 토론	27	– 학생들이 토론하면서 이기고 지는 것에 중점을 두지 않고 그 과정에서 어떤 것을 배웠는가에 중점을 두는 것이 더 중요하다고 지도한다. – 역사적 사실에만 관점을 두고 토론하는 것이 아니라, 자신의 경험과 삶과 연결하여 주장과 근거를 펼칠 수 있도록 한다.

표 (수업의 흐름 내):

	찬성	반대
첫판	제1주장	
		전원 교차 조사
		제2주장
	전원 교차 조사	
둘째 판	제1주장	
		전원 교차 조사
		제2주장
	전원 교차 조사	
	작전 시간(2분)	
	마지막 주장	
		마지막 주장

배움 활동	수업의 흐름	시간(분)	자료 및 유의점
배움 다지기	◎ 학생의 삶과 토론 연결 – 토론 활동 후 말하고 싶은 대상을 정하고, 하고 싶은 말 하기 – 전체 학생들이 릴레이 발표하기 ◎ 이번 수업 시간에 배운 내용을 정리하고 소감 이야기 ◎ 다음 시간에 배울 내용 안내 신라와 발해의 생활 모습과 관련한 디딤영상 보고 오기	10'	토론 활동을 마친 후 책상을 바깥쪽으로 밀고 한가운데에 둥글게 앉아 도란도란 이야기 마당을 열어 이야기한다.

: 수업의 실제

가. 과정 1: WSQ(위스크) 대화하기

역사 수업은 다루어야 할 내용이 많기 때문에 거꾸로 교실을 활용하면 매우 유용하다. 학생들에게 수업과 관련된 이론적인 부분의 내용을 디딤영상으로 수업 전 미리 제공한다. 학생들은 가정에서 또는 방과 후 시간에 디딤영상을 시청하고 본 수업과 관련된 배경지식을 쌓는다. 하지만 모든 학생이 디딤영상을 보고 오지는 않을 것이다. 수업 시간에 먼저 자신이 디딤영상을 보고 정리한 내용들을 짝꿍과 서로 이야기하고 질문(WSQ, Watch-Summarize-Question)하면서 디딤영상을 다시 확인한다. 이때 디딤영상을 보고 오지 못한 학생들도 WSQ 대화를 하면서 간접적으로 지식을 쌓을 수 있다.

나. 과정 2: 학급 전체 토론하기

학급 전체 토론을 할 때는 두 가지 방법을 이용한다. 하나는 전원 교차 질의 방법이고, 다른 하나는 전원 교차 조사를 하는 방법이다. 전원 교차 질의를 하는 방법은 전체 학생이 서로 묻고 답하기에 많이 어수선하고 잘 정리되지 않았다. 1명씩 손을 들어 발언권을 얻은 후 교차 질의를 하면 많은 학생이 발언할 수 있는 기회가 사라졌다.

필자는 학급 전체 토론을 할 때 가급적 전원 교차 조사 방법을 사용한다. 찬성 측에서는 반대 측에 질문을 하고, 반대 측은 답변만 할 수 있다. 반대로 반대 측에서는 찬성 측에 질문을 하고, 찬성 측은 답변만 할 수 있다. 이 방법은 학생들이 각 입장에서 짧은 시간에 상대방에게 반론을 해야 하므로 서로 협의하고 단결하는 모습을 보이고, 발언권 또한 많은 학생이 얻을 수 있다.

◀ 학급 전체 토론하는 모습

◀ 준비 시간을 가지고 협의하는 모습

발해의 건국과 발전 알아보기

단원	5-2-1. 우리 역사의 시작과 발전		
배움 주제	발해의 건국과 발전에 대해 알아보기		
준비물 및 자료, 예습적 과제	교사	디딤영상(발해 건국 과정), 포스트잇, 창문 열기 토의 · 토론 활동지	
	학생	디딤영상, 관련 영상 보고 간단하게 정리해 오기	
핵심 성취 기준	주요 인물을 중심으로 삼국의 통일과 발해의 건국 과정을 설명할 수 있다.		
핵심 역량	정보 활용 능력, 의사소통 및 협업 능력, 비판적 사고력		
주제 개요 및 수업자 의도	신라의 삼국통일과 통일신라에 대한 이야기는 많이 다루었다. 이번 시간에는 발해의 건국 이야기부터 발해의 발전에 대해 이야기를 하고자 한다. 디딤영상을 통해 발해의 건국 과정을 미리 제시한다. 수업에서는 발해를 세운 후 대조영이 되어 만백성 앞에서 즉위식을 하고 발해의 미래를 이야기한다. 또 발해가 나라를 세운 후 해동성국이라는 강대국의 칭호를 어떻게 받을 정도로 발전했는지 창문 열기 토의 · 토론 방법을 통해 정리한다.		

평가 관점	수업의 흐름	자료 및 유의점	반성 및 성찰
	◎ 디딤영상 확인, WSQ 대화		
	◎ 배움 주제 발해의 건국과 발전에 대해 알아보기 ◎ 배움 순서 – 역사 글쓰기(내가 대조영) – 창문 열기 토의 · 토론(어떻게 발해는 강대국이 되었는가?)		
정보 활용 능력	◎ 역사 글쓰기(내가 대조영) – 역사 되돌아가기(내가 대조영이 되어 발해 왕이 되었다. 즉위식을 하며 만백성 앞에서 연설해야 한다) – 포함될 내용 간단하게 이야기하기(나라를 세우면서 어려운 점, 발해의 미래 등)	– 공책에 적기, 활동지 NO – 발표하지 않는 나머지 학생들은 백성이 되어 연설 듣기	– 적는 데 7분을 주고 1분 30초씩 돌아가며 읽어 보면 좋을 것 같다. – 교사가 함께 누워서 왕을 쳐다보면 아이들은 훨씬 더 좋아한다.
의사소통 및 협업 능력, 비판적 사고력	◎ 창문 열기 토의 · 토론(발해가 강대국이 된 이유는?) – 발해가 해동성국이 되다. – 어떻게 강대국이 되었을까? 포스트잇을 활용한 창문 열기 토의 · 토론 – 개인당 두 가지 이유를 포스트잇 두 장에 적기	– 창문 열기 토의 · 토론 활동지 – 포스트잇 – 해동성국 의미 알아보기	발해를 해동성국이라고 칭한 이유를 자연스럽게 설명하자.

154 • 토의토론수업, 배움을 디자인하다

: 수업의 실제

가. 과정 1: 내가 대조영

신라와 통일신라는 많이 다루어서 친숙하지만, 상대적으로 우리 역사인 발해의 역사는 잘 모른다. 그래서 교과서와 디딤영상 내용을 참고하여 학생 자신이 대조영이 되어 즉위식을 하고, 발해의 건국 과정과 미래를 이야기한다. 이것으로 학생들은 대조영의 힘든 여정과 극복하는 과정을 알게 되고, 발해라는 나라에도 조금씩 친숙해지면서 우리나라 땅이라는 인식을 갖게 된다.

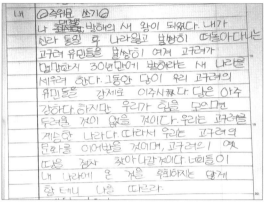

▲ 즉위문 쓰기

▲ 대조영이 되어 백성들 앞에서 연설

나. 과정 2: 발해가 강대국이 된 이유 알아보기

학생들은 과정 1에서 발해가 생긴 과정과 이유를 알게 된다. 창문 열기 토의·토론을 하면서는 왜 발해가 강대국이 되었는지 자연스럽게 알아 간다. 학생들 의견을 종합하여 교사가 핵심 판서로 정리한다.

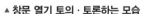

▲ 창문 열기 토의·토론하는 모습

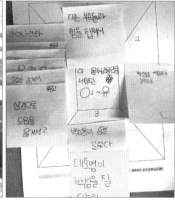

▲ 창문 열기 토의·토론 결과물

후삼국통일과 관련된 인물 알아보기

단원	5-2-2. 세계와 활발하게 교류한 고려		
배움 주제	후삼국통일과 관련된 인물 알아보기		
준비물 및 자료, 예습적 과제	교사	KWL 활동지, 포스트잇, 이젤패드 또는 2절지	
	학생	견훤, 왕건, 궁예와 관련하여 조사해 오기, 호족 의미 알아 오기	
핵심 성취 기준	견훤, 궁예, 왕건 등 인물 활동을 통해 고려의 성립 과정을 설명할 수 있다.		
핵심 역량	정보 활용 능력, 의사소통 및 협업 능력		
주제 개요 및 수업자 의도	2-(1) 주제에서는 신라에서 고려로 바뀌는 시기의 역사적인 사건과 인물들을 다룬다. 본 수업에서는 핵심 성취 기준에 나와 있는 견훤, 궁예, 왕건 등 후삼국 주요 인물에 대해 조사한 자료를 바탕으로 모둠에서 의견을 나누고 L(알게 된 점)을 정리한다. 이를 바탕으로 그 시대 상황에 비추어 당시 백성들은 어떤 세상을 원했을지 생각한 후 피라미드 토의·토론 방법으로 시대상을 파악한다.		

평가 관점	수업의 흐름	자료 및 유의점	반성 및 성찰
	◎ 동기 유발 혼란스러웠던 통일신라 말의 상황을 이해한다.	동영상 자료(혼란했던 통일 신라 알기)	
	◎ 배움 주제 후삼국통일과 관련된 인물 알아보기 ◎ 배움 순서 - KWL 토의·토론 - 피라미드 토의·토론		
정보 활용 능력	◎ KWL 토의·토론 - 전 수업에서 정리했던 KW를 참고하여 모둠에서 조사해 온 자료(견훤, 궁예, 왕건) 이야기하기 - L 부분에 세 인물과 관련하여 정리하기	- KWL 활동지(없는 친구만) - 모둠 칠판, 보드마카	- 처음에는 15분으로 시작, 10분을 주고 추가로 2~3분을 주면 더 좋다. - 초반에는 그냥 자료를 조사해서 발표했는데, 비주얼씽킹으로 함께 표현하면 더 좋다.
의사소통 및 협업 능력	◎ 피라미드 토의·토론 - 당시의 백성들은 어떤 사회를 꿈꾸었을지 포스트잇에 5개 이상 정리하기(3분) - 짝꿍과 토론하여 백성이 원한 사회 5개 고르기(3분), 남는 포스트잇은 피라미드 토의·토론 지도에 붙이기 - 모둠별로 백성이 원하는 사회 5개 고르기(3분), 남는 포스트잇은 피라미드 토의·토론 지도에 붙이기 - 모둠별로 백성이 가장 원하는 사회 1개 고르기(2분), 남는 포스트잇과 네 장의 포스트잇은 피라미드 토의·토론 지도에 붙이기	- 포스트잇 - 2절지	피라미드 토의·토론 지도 완성 후 당시 백성이 원하는 최고의 사회라고 생각한 의견을 현재 우리 사회에서는 잘 지키고 실현하고 있는지 부모님과 이야기하기(과제로)

가. 과정 1: 견훤, 왕권, 궁예 알아보기

학생들이 후삼국통일과 관련된 인물을 아는 것이 중요하다. 인물을 깊게 알 수 있게 하는 좋은 방법이 바로 KWL 토의·토론이다. KWL 토의·토론으로 먼저 학생들이 알고 있는 배경지식, 알고 싶은 것을 정리한 후 조사한 자료를 모둠원과 정리하면서 새롭게 알게 된 점을 적는다. 다른 반 수업을 진행할 때 학생들이 인물을 그림으로 그리면 좋아하기에 비주얼씽킹으로 표현했더니 훨씬 더 많은 학생이 수업에 참여했다. 인물에 대한 KWL 토의·토론을 할 때는 K(알고 있는 것), W(알고 싶은 것)을 먼저 적고, 모둠원과 토의·토론 후 L 부분에 비주얼씽킹으로 정리하는 것도 좋다.

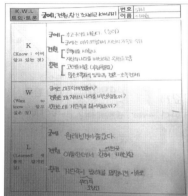

▲ KWL 토의·토론 결과물

▲ 비주얼씽킹으로 인물을 표현한 모습

나. 과정 2: 백성들은 어떤 사회를 꿈꾸었을지 이야기하기 – 피라미드 토의·토론

후삼국을 세운 인물들을 알아보면서 그 시대에 살던 백성들은 과연 어떤 미래와 사회를 꿈꾸었을지 궁금했다. 이를 피라미드 토의·토론으로 학생들과 생각해 보았다.

▲ 피라미드 토의·토론하는 모습

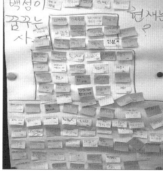

▲ 학생들의 의견을 모은 피라미드 토의·토론 결과물

거란의 침입과 여진의 위협을 극복한 과정 알아보기

단원	5-2-2. 세계와 활발하게 교류한 고려		
배움 주제	거란의 침입과 여진의 위협을 극복한 과정 알아보기		
준비물 및 자료, 예습적 과제	**교사**	디딤영상(거란과 여진의 침입), 모둠 칠판, 보드마카	
	학생	디딤영상 및 관련 영상 보고 정리하기	
핵심 성취 기준	고려 시대 외적의 침략과 이를 극복해 가는 과정을 조사하여 발표할 수 있다.		
핵심 역량	의사소통 및 협업 능력, 정보 활용 능력		
주제 개요 및 수업자 의도	이 주제에서는 북방 민족과 고려에 대해 살펴본다. 거란과 여진, 몽골의 침입 속에서 고려는 어떻게 어려움을 극복하고 문화 발전을 이어 갈 수 있었는지 사건을 중심으로 알아본다. 본 수업에서는 고려가 거란의 침입과 여진의 위협을 극복한 과정과 인물을 알아본다. 수업자는 본 수업과 관련된 영상을 학생들에게 미리 디딤영상으로 제시하고, 비주얼씽킹을 활용한 플로맵 토의·토론 방법으로 수업을 진행한다.		

평가 관점	수업의 흐름	자료 및 유의점	반성 및 성찰
	◎ 디딤영상 확인, WSQ 대화		
	◎ 배움 주제 거란의 침입과 여진의 위협을 극복한 과정 알아보기 ◎ 배움 순서 – 거란과 여진의 침입, 극복 과정 알기 – 발표하기		
의사소통 및 협업 능력, 정보 활용 능력	◎ 거란과 여진의 침입과 극복 과정 알기 – 중요 내용 간추리기 거란과 고려의 관계 → 1차 침입 → 2차 침입 → 3차 침입, 여진의 위협 – 비주얼씽킹으로 표현하기	– 모둠 칠판, 보드마카 – 교과서와 디딤영상을 활용하여 각 침입 과정에서 핵심 사건 중심으로 서술하기	– 핵심 키워드 위주로 표현하게 한다(사건, 장소, 인물 등). – 발표 시간은 10분 정도, 침입 과정 중 핵심 과정만 교사가 어느 정도 언급한다. 그 안에서 학생들이 자유롭게 표현하고 편집도 가능하게 한다. – 거란과 여진 모두 표현한다.
	◎ 정리 발표 – 전체 관람하기 – 전체 토의·토론하기		

: 수업의 실제

가. 과정 1: 거란과 여진의 침입과 극복 과정 알아보기

역사 수업에서는 시간 흐름에 따른 사건 전개 과정을 많이 다룬다. 예를 들어 거란의 1차 침입과 2차 침입, 몽골의 1차 침입과 2차 침입, 1940년대와 1950년대 등 일련의 시간 흐름에 따른 사건 전개 과정이 자주 나온다. 이때 사건의 흐름을 한눈에 잘 볼 수 있는 플로맵을 활용한 토의·토론을 하면 좋다. 또 다른 방법으로 비주얼씽킹을 활용하는 것도 좋다. 플로맵 토의·토론을 한 후 비주얼씽킹으로 정리하면 학생들의 참여도와 동기를 더 높일 수 있다.

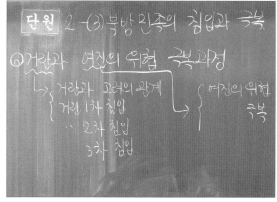

▲ 교사가 제시한 플로맵 핵심 과정   ▲ 플로맵 토의·토론 활동 모습

나. 과정 2: 발표 및 정리하기

플로맵 토의·토론 결과를 모둠 칠판에 정리하고, 모둠별로 발표한다. 발표를 들으면서 자신의 모둠 내용과 다른 모둠의 좋은 의견을 보충하여 공책에 정리한다.

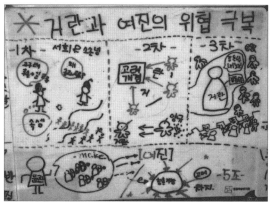

▲ 플로맵 토의·토론 결과물   ▲ 결과물을 발표하는 모습

고려 문화 속에 나타난 고려 사람들의 생활 모습 알아보기

단원	5-2-2. 세계와 활발하게 교류한 고려		
배움 주제	고려 문화 속에 나타난 고려 사람들의 생활 모습 알아보기		
준비물 및 자료, 예습적 과제	교사	2절지, 보드마카	
	학생	자료 조사하기(모둠별로 연등회 & 팔관회, 고려의 불상 및 불화, 직지심체요절, 팔 만대장경, 고려청자, 나전칠기)	
핵심 성취 기준	대표적인 유물을 통해 고려 시대의 과학과 생활 문화를 설명할 수 있다.		
핵심 역량	정보 활용 능력, 의사소통 및 협업 능력		
주제 개요 및 수업자 의도	이 주제는 불교가 고려 사람들의 생활에 미친 영향을 알아보고 과학 기술과 문화의 발전에 따라 변화된 고려 사람들의 생활 모습을 이해한다. 고려 문화의 우수성을 알고, 고려 사람들의 생활을 개선하려고 노력했던 인물들의 업적을 조사한다. 수업자는 9~10차시와 11차시의 내용(고려의 문화 관련) 및 구성이 비슷하므로 이 수업을 통합한다. 주제를 6개(연등회 & 팔관회, 고려의 불상 및 불화, 직지심체요절, 팔만대장경, 고려청자, 나전칠기) 제시하고, 학생들이 보고서를 작성하게 하고, 전시장 관람 토의·토론을 통해 수업을 진행한다. 첫 번째 시간은 보고서를 작성, 두 번째 시간에는 전시장 관람 토의·토론을 한다.		

평가 관점	수업의 흐름	자료 및 유의점	반성 및 성찰
	◎ 자료 조사 공유 및 조사 내용 확인		
	◎ 배움 주제 고려 문화 속에 나타난 고려 사람들의 생활 모습 알아보기 ◎ 배움 순서 – 전시장 만들기 – 전시장 관람 토의·토론		
정보 활용 능력	◎ 전시장 만들기(1시간) – 조사한 자료를 가지고 전시장 만들기 – 만드는 방법, 의미, 조사한 주제를 이용한 고려 사람의 삶 모습 등 다양하게 들어갈 내용 알아보기	– 2절지, 매직 – 자신의 모둠 내용을 공책에 정리하기	
의사소통 및 협업 능력	◎ 전시장 관람 토의·토론(1시간) – 전시장 6개에 둘 가고 둘 남기 활동을 통해 고려 사람들의 삶 정리하기 – 모둠에서 관람하는 사람과 설명하는 사람 입장 바꾸기 – 각 모둠에서 설명을 들으며 공책에 해당 내용 정리하기	– 한 타임당 3분, 5번씩 돌고 입장 바꾸기(모둠 총 6개) – 자유롭게 질문하고 토론하기	

: 수업의 실제

가. 과정 1: 전시장 만들기

먼저 교사는 모둠 숫자대로 주제를 나눈다. 그리고 모둠에서 주제 중 1개를 선택하고, 선택한 주제를 미리 조사하도록 안내한다. 첫 번째 수업에서는 전시장(보고서)을 만든다. 필자는 완성된 보고서를 꼼꼼하게 검사한다. 검사 기준은 이렇다.

첫째, 보고서에 사진이 들어갔는가?(글로만 적은 보고서는 매력이 없다)

둘째, 요약해서 나만의 글로 적었는가?

▲ 전시장(보고서) 만들기

▲ 완성된 보고서

나. 과정 2: 전시장 관람하기

우리 학교 기준으로 한 반에 모둠이 6개 있다. 모둠에서 절반(보통 앞 짝꿍, 뒤 짝꿍으로 나눈다)이 먼저 설명하고 다른 학생들은 설명을 듣는다. 이를 둘 가고 둘 남기 활동이라고 한다. 보통 한 타임에 3분을 하고, 자신의 모둠을 제외하고 다섯 모둠을 돌면 역할을 바꾸어 똑같이 수행한다. 학생들은 전시장 관람 토의·토론을 하면서 자신의 모둠을 포함하여 각기 다른 주제를 6개 배울 수 있다.

▲ 전시장 관람 토의·토론하는 모습

▲ 전시장을 관람하며 공책 정리한 결과물

조선의 건국 과정 알아보기

단원	5-2-3. 유교 문화가 발달한 조선		
배움 주제	조선의 건국 과정 알아보기		
준비물 및 자료, 예습적 과제	교사	디딤영상, 모둠 칠판, 보드마카	
	학생	디딤영상 정리하기, 이성계의 업적 조사해 오기	
핵심 성취 기준	조선의 건국 과정을 주요 인물의 활동을 중심으로 설명할 수 있다.		
핵심 역량	의사소통 및 협업 능력, 정보 활용 능력, 문제 해결력 및 의사 결정력, 비판적 사고력		
주제 개요 및 수업자 의도	이 주제는 조선의 건국 과정과 한양을 도읍으로 정한 까닭 및 왕권 강화를 위한 노력을 알아보는 내용으로 구성되어 있다. 본 수업에서는 조선의 건국 과정을 알아보는데, 미리 관련된 사진과 영상을 제시하고 교과서를 참고하여 비주얼씽킹으로 표현한다. 그리고 '고려를 멸망시키고 조선을 건국하는 것은 옳은 행동이다'는 논제로 두마음 토론을 이용하여 학생들이 당시 상황에 대한 비판적 시각과 심화 이해를 할 수 있도록 한다.		

평가 관점	수업의 흐름	자료 및 유의점	반성 및 성찰
	◎ 디딤영상 확인, WSQ 대화		
	◎ 배움 주제 조선의 건국 과정 알아보기 ◎ 배움 순서 – 플로맵 토의 · 토론 – 두마음 토론		
의사소통 및 협업 능력, 정보 활용 능력	◎ 플로맵 토의 · 토론 – 디딤영상에서 제시한 조선의 건국 과정에 대해 모둠별로 플로맵 토의 · 토론하기 – 신진 사대부, 신흥 무인 세력 성장 → 위화도 회군 → 온건개혁파 제거 → 조선 건국 (교사가 제시하기) – 모둠 칠판에 플로맵 토의 · 토론 결과 정리하기	– 모둠 칠판, 보드마카 – 15~20분, 상황에 따라	– 교과서 참고하여 비주얼씽킹으로 정리할 수 있도록 한다. – 15분 정도, 시간 배분 때문에 바로 수업에 들어갈 수 있도록 한다.
문제 해결력 및 의사 결정력, 비판적 사고력	◎ 두마음 토론 – '고려를 멸망시키고 조선을 건국한 이성계의 행동은 옳다'는 논제로 두마음 토론하기 – 천사, 악마, 인간, 평가자 4명이 역할을 나누어 두마음 토론하기		처음 하는 두마음 토론이기 때문에 수업 시작 전 설명을 하고 6~7분 진행한다.

가. 과정 1: 조선의 건국 과정 알아보기

조선의 건국 과정은 시간의 흐름에 따르기 때문에 플로맵으로 정리한다. 정리를 하면서 학생들에게 비주얼씽킹으로 표현하도록 한다. 필자가 직접 수업해 보았더니 조선의 건국 과정을 모두 학생들에게만 맡기면 건국 과정 자체에 많은 혼란과 잘못된 개념이 생겼다. 큰 흐름상의 과정은 교사가 제시하되 그 안에서 학생들이 자유롭게 표현할 수 있도록 한다.

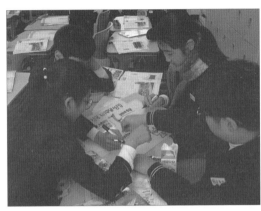 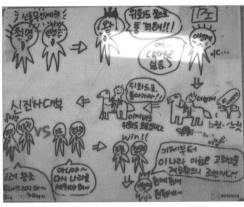

▲ 플로맵 토의·토론하는 모습   ▲ 플로맵 토의·토론 결과물

나. 과정 2: 두마음 토론하기

'고려를 멸망시키고 조선을 건국한 이성계의 행동은 옳다'는 논제로 두마음 토론을 한다. 두마음 토론에서는 토론자 2명, 사회자와 판정자가 있기 때문에 모둠원 모두 재미있게 참여한다. 시간 여유가 있다면 역할을 바꾸어서 진행한다.

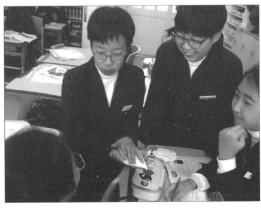 

▲ 두마음 토론하는 모습

조선의 문화와 과학 기술의 발전 알아보기

단원	5-2-3. 유교 문화가 발달한 조선		
배움 주제	조선의 문화와 과학 기술의 발전 알아보기		
준비물 및 자료, 예습적 과제	교사	2절지, 매직	
	학생	훈민정음, 천체관측기구, 해시계, 물시계, 측우기, 농사직설을 모둠별로 조사	
핵심 성취 기준	세종대왕 때 이룩한 문화 · 과학 분야의 여러 성과와 그 의의를 설명할 수 있다.		
핵심 역량	정보 활용 능력, 의사소통 및 협업 능력		
주제 개요 및 수업자 의도	본 수업에서는 세종대왕 때 이룩한 문화 · 과학 분야의 다양한 성과를 알고자 한다. 따라서 수업자는 교과서 내용(훈민정음, 천체관측기구, 해시계, 물시계, 측우기, 농사직설)을 참고하여 주제를 6개로 나눈다. 이것을 모둠별로 나누어 조사한다. 이를 전시장 관람 토의 · 토론 방법으로 과학 발전을 알아본다.		

평가 관점	수업의 흐름	자료 및 유의점	반성 및 성찰
	◎ 관련 영상 확인, WSQ 대화		
	◎ 배움 주제 조선의 문화와 과학 기술의 발전 알아보기 ◎ 배움 순서 – 전시장 만들기 – 전시장 관람 토의 · 토론		
정보 활용 능력	◎ 전시장 만들기 – 각 모둠별로 조사한 내용 간추리기 – 전시장(보고서) 만들기	– 2절지, 매직 – 조사한 자료	학생들의 협업을 통해 모두 다 참여하여 보고서를 만들었다면 보상을 한다.
의사소통 및 협업 능력	◎ 전시장 관람 토의 · 토론 – 각 모둠별로 정한 주제를 둘 가고 둘 남기 활동을 통해 토의 · 토론하기 – 조사한 자료를 왜 만들었는지 이유도 함께 설명하기	– 한 타임당 3분 – 한 바퀴 다 돌면 역할 바꾸어 진행하기 – 들으면서 공책에 정리하도록 하기	

: 수업의 실제

가. 과정 1: 전시장 만들기

수업자의 반은 모둠 6개로 구성되어 있다. 모둠 개수에 맞게 필자는 교과서를 참고하여 조선의 문화와 과학 기술 관련 주제 6개(훈민정음, 천체관측기구, 해시계, 물시계, 측우기, 농사직설)를 미리 선정했다. 모둠별로 주제를 선정하고 디딤영상, 관련 자료, 교과서를 참고하여 주제와 관련된 사진과 내용을 수업 시간에 준비해 온다. 실제 수업 시간에는 조사한 자료를 활용하여 보고서를 작성한다.

▲ 전시장(보고서) 만들기

▲ 보고서 결과물

나. 과정 2: 전시장 관람 토의·토론하기

모둠에서 앞 짝꿍과 뒤 짝꿍으로 설명하는 팀과 관람하는 팀으로 나눈다. 두 팀은 둘 가고 둘 남기 활동을 한다. 설명하는 팀은 다른 모둠의 관람하는 팀에 설명을 하고, 관람하는 팀은 다섯 모둠의 전시장 관람을 한다. 관람하는 팀이 다섯 모둠의 전시장 관람을 마치면 역할을 바꾸어서 진행한다.

▲ 열심히 설명하는 모습

▲ 전시장 관람 토의·토론 활동 모습

임진왜란이 일어난 배경 및 전개 과정 알아보기

단원	5-2-3. 유교 문화가 발달한 조선		
배움 주제	임진왜란이 일어난 배경 및 전개 과정 알아보기		
준비물 및 자료, 예습적 과제	교사	디딤영상, 모둠 칠판, 보드마카	
	학생	영상 보고 정리·요약하기	
핵심 성취 기준	대표적인 인물과 유적을 통해 임진왜란과 병자호란의 극복 과정을 조사할 수 있다.		
핵심 역량	의사소통 및 협업 능력, 비판적 사고력		
주제 개요 및 수업자 의도	이 주제에서는 임진왜란과 병자호란이 발생하게 된 배경과 전쟁을 극복하는 과정을 알아본다. 본 수업에서는 임진왜란이 일어날 무렵의 조선, 명, 일본의 상황을 알아봄으로써 임진왜란이 일어난 원인을 파악한다. 학생들에게 임진왜란의 배경 및 과정을 소개한 디딤영상을 미리 제시하고, 수업에서는 임진왜란의 배경을 비주얼씽킹으로 정리한다. 그리고 임진왜란의 과정은 빠른 강의식 수업으로 전개하고 선조의 행동을 PMI 토의·토론으로 진행하여 당시 상황을 심화 이해한다.		

평가 관점	수업의 흐름	자료 및 유의점	반성 및 성찰
	◎ 디딤영상 확인, WSQ 대화		
	◎ 배움 주제 임진왜란이 일어난 배경과 전개 과정 알아보기 ◎ 배움 순서 - 임진왜란이 일어난 배경 알아보기 - 임진왜란의 과정 알아보기 - 선조의 행동 PMI 토의·토론하기		
의사소통 및 협업 능력	◎ 임진왜란이 일어난 배경 알아보기 - 디딤영상과 교과서 참고하여 비주얼씽킹으로 표현하기 - 정리된 결과 발표하기	- 비주얼씽킹 활용하기 - 모둠 칠판, 보드마카	
	◎ 임진왜란의 과정 - 미리 디딤영상을 통해 제시 - 원인: 일본군이 명나라 길 내어 달라고 함 - 경과: 부산 함락 → 충주 함락 → 한양 함락 → 평양, 함경도 침략 - 선조는 한양을 버리고 명나라 군대 요청	강의식 수업으로 빠른 전개 및 핵심 판서 정리하기	
비판적 사고력	◎ 선조의 행동에 대해 PMI 토의·토론 - PMI 토의·토론하기 - I: 선조는 어떻게 행동하면 좋았을지 개선 방향으로 정리하기	활동지(PMI 토의·토론)	학생들에게 경복궁이 불탄 사건, 선조의 상황 등 양쪽 입장 및 배경 말하기

가. 과정 1: 임진왜란이 일어난 배경 알아보기

교과서와 디딤영상, 학생들이 가져온 다양한 자료를 참고하여 임진왜란이 일어난 배경을 명, 일본, 조선의 입장으로 나누어서 모둠 의견 만들기 토의·토론을 한다. 토의·토론 이후 나온 결과를 모둠 칠판에 정리한다. 정리할 때 비주얼씽킹으로 정리하면 학생들의 이해도와 메타 인지를 높이는 효과가 있다.

▲ 모둠 의견 만들기 토의·토론하는 모습

▲ 임진왜란 배경에 대해 토의·토론한 결과물

나. 과정 2: 선조의 행동을 PMI 토의·토론으로 알아보기

'한양을 버리고 간 선조의 행동은 옳다'는 주제로 PMI 토의·토론을 한다. P는 선조 행동의 좋은 점, M은 나쁜 점, I는 학생들이 생각하는 선조의 바람직한 행동을 정리한다.

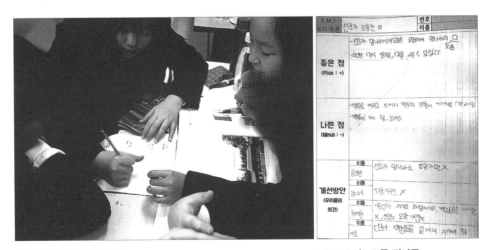
▲ PMI 토의·토론하는 모습　　　　　　　　▲ PMI 토의·토론 결과물

병자호란 극복 과정 알아보기

단원	5-2-3. 유교 문화가 발달한 조선		
배움 주제	병자호란 극복 과정 알아보기		
준비물 및 자료, 예습적 과제	교사	병자호란 관련 디딤영상, 포스트잇, 질문판	
	학생	병자호란 관련 디딤영상 요약하기	
핵심 성취 기준	대표적인 인물과 유적을 통해 임진왜란과 병자호란의 극복 과정을 조사할 수 있다.		
핵심 역량	문제 해결력 및 의사 결정력, 의사소통 및 협업 능력		
주제 개요 및 수업자 의도	본 수업은 병자호란의 배경과 극복 과정을 이해하도록 구성되어 있다. 수업자는 역사에 관심이 많은 학생들에게 미리 언질을 주고 광해군과 인조에 대해 핫시팅 방법으로 당시 상황을 이해하도록 한다. 그리고 병자호란 때 일어난 과정을 교사 강의식으로 빠르게 설명하고 판서한 이후 인조의 외교 정책에 관해 2:2 토론을 한다.		

평가 관점	수업의 흐름	자료 및 유의점	반성 및 성찰
	◎ 디딤영상 확인, WSQ 대화		
	◎ 배움 주제 병자호란의 극복 과정 알아보기 ◎ 배움 순서 – 당시 상황 알아보기(핫시팅 방법) – 전개 과정 알아보기 – 인조의 외교 정책 2:2 토론하기		
문제 해결력 및 의사 결정력	◎ 당시 상황 알아보기 – 수업 전 광해군과 인조에게 물어보고 싶은 점 포스트잇에 적기 – 인조와 광해군 역할이 되어(핫시팅) 포스트잇에 적은 질문을 하고 대답하기	– 수업 시간에 2~3분 주고 질문을 받아도 좋다. – 포스트잇	– 마지막 수업이라 집중시키기가 쉽지 않다. – 수업 특성상 빠른 강의식 수업도 괜찮을 것 같다. 반마다 편차가 큰 것 같다.
	◎ 극복 과정 알아보기 – 원인: 조선이 여전히 명나라와 관계 유지, 후금 멸시 – 과정: 이름을 '청'으로 바꾼 후 조선 침입 → 한양 함락 → 인조의 남한산성 피신 → 47일간 항전 → 항복(삼전도 굴욕) – 결과: 청과 조선의 군신 관계, 많은 사람이 인질로 끌려감, 청에 조공을 보냄	강의식 수업 진행으로 빠른 설명 후 판서하기	
의사소통 및 협업 능력	◎ 인조의 외교 정책 2:2 토론 – 인조의 친명배금 정책 2:2 토론하기 – 앞 짝꿍은 찬성, 뒤 짝꿍은 반대 – 역할 바꾸어서 토론하기		

가. 과정 1: 병자호란 당시 상황 알아보기

광해군은 영화나 다른 영상 매체에서 많이 접해 친숙하지만, 인조는 잘 모르는 학생이 많았다. 따라서 병자호란, 광해군, 인조와 관련된 디딤영상과 교과서로 예습하도록 안내한다. 묻고 싶은 질문을 포스트잇에 적는다. 역사를 좋아하고 잘 아는 학생이 앞에 앉아 광해군이나 인조가 되어 (핫시팅 수업 방법) 학생들의 질문에 답한다.

▲ 광해군과 인조에게 묻고 싶은 질문　　▲ 광해군이 되어 하는 핫시팅 활동

나. 과정 2: 2:2 토론하기

극복 과정을 교사가 강의식 수업으로 빠르게 설명하고 핵심 판서를 한다. 핵심 판서를 마친 후 '인조의 친명배금 정책은 당시로서는 어쩔 수 없는 정책이었다'는 논제로 2:2 토론을 한다.

▲ 친명배금을 주제로 2:2 토론하는 모습

정조와 정약용을 비교 · 분석하고 수원화성의 가치 알아보기

단원	6-1-1. 조선 사회의 새로운 움직임		
배움 주제	정조와 정약용을 비교 · 분석하고 수원화성의 가치 알아보기		
준비물 및 자료, 예습적 과제	교사	활동지(CDI 토의 · 토론), A4용지, 디딤영상	
	학생	디딤영상 보고 정리하기, 수원화성과 정약용, 정조 조사하기	
핵심 성취 기준	새로운 문물의 전래 모습을 알고, 정조의 수원화성 건설과 정약용의 업적을 조사할 수 있다.		
핵심 역량	의사소통 및 협업 능력, 정보 활용 능력		
주제 개요 및 수업자 의도	본 수업을 통해 유네스코 세계유산인 수원화성의 축성 과정과 거기에 담긴 과학적 원리를 살펴봄으로써 우리 문화에 대한 긍지를 갖게 한다. 따라서 수업자는 핵심 성취 기준을 반영하여 정조와 정약용을 비교 · 분석할 수 있는 CDI 토의 · 토론과 수원화성의 가치를 알아보기 위해 수원화성 책 만들기 활동을 한다. 이것으로 정조와 정약용의 인물을 파악하고, 수원화성의 구조, 과학적 원리, 우수성을 학생들이 스스로 정리하게 한다.		

평가 관점	수업의 흐름	자료 및 유의점	반성 및 성찰
	◎ 디딤영상 확인, WSQ 대화 ◎ 배움 순서 – 정조와 정약용 인물 비교 · 분석하기 – 수원화성 책 만들기		
의사소통 및 협업 능력, 정보 활용 능력	◎ 정조와 정약용 비교 · 분석 – 정조와 정약용 조사 내용 간추리기 – C(Common: 공통점), D(Different: 차이점), I(Interesting: 흥미로운 점)로 토의 · 토론하기	– CDI 토의 · 토론 활동지 – 정리는 기록자 1명만 하기, 끝나고 핵심 판서를 정리할 수 있도록 안내	– 7분을 준다. – 준비를 잘하지 못한 친구들은 교과서를 보고 참고해서 토의 · 토론하도록 한다.
	◎ 책 만들기 준비 – 준비한 사진 자료 자르기, 내용 요약하기 – A4용지로 책 구조 만들기	– A4용지, 사인펜 – 모둠별로 하는 것이 아니라 개인별로 하기	앞에서 책 만드는 시범을 보여 주어야 한다. 처음에 디딤영상 제시할 때 책 만드는 방법도 넣으면 좋을 것 같다.
정보 활용 능력	◎ 수원화성 책 만들기 – 준비된 자료를 활용하여 책 만들기 – 완성된 책 발표하기 – 상호 평가하기		완성된 책을 수행 평가한다.
	◎ 핵심 판서 – 수원화성 건설: 군사와 상업의 새로운 중심지로 만들어 왕권 강화를 하기 위해 – 우수성은 책 만들기에 정리할 수 있도록 하기		

: 수업의 실제

가. 과정 1: 정조와 정약용 인물 비교·분석하기

핵심 성취 기준을 반영하여 정조와 정약용을 알아본다. 교사는 학생들에게 정조와 정약용을 미리 조사해 오도록 과제를 낸다. 수업에서는 학생들이 교과서와 조사한 자료를 활용하여 정조, 정약용 두 인물을 CDI 토의·토론으로 비교·분석한다.

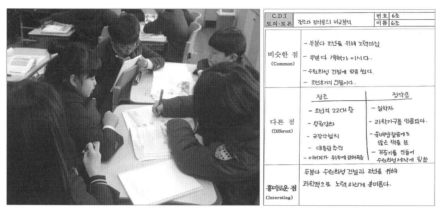

▲ CDI 토의·토론하는 모습   ▲ CDI 토의·토론 결과물

나. 과정 2: 수원화성 책 만들기

A4용지로 만들 수 있는 간단한 책 만들기 활동으로 수원화성을 정리한다. 사실 책을 만드는 방법은 간단하지만, 이를 학생들에게 처음으로 설명한다면 이 또한 많은 시간을 할애할 수밖에 없다. 거꾸로 교실을 활용하여 만드는 방법을 학생들에게 미리 안내하면 수업 활동 시간이 늘어난다. 학생들은 미리 과제로 조사한 수원화성 내용과 교과서를 바탕으로 수원화성 책을 만든다. 그리고 만든 결과물을 수행 평가로 반영한다.

▲ 수원화성 책을 만드는 모습   ▲ 수원화성 책 결과물

서민 문화에 나타난 사람들의 생활 모습 알아보기

단원	6-1-1. 조선 사회의 새로운 움직임	
배움 주제	서민 문화에 나타난 사람들의 생활 모습 알아보기	
준비물 및 자료, 예습적 과제	교사	디딤영상(다양한 생활 모습), 2절지, 매직, 사인펜
	학생	주제(풍속화, 민화, 한글 소설, 판소리, 탈춤, 청화백자) 중 1개 조사하기
핵심 성취 기준	풍속화와 민화 등을 중심으로 서민 문화의 모습을 조사하여 발표할 수 있다.	
핵심 역량	정보 활용 능력, 의사소통 및 협업 능력	
주제 개요 및 수업자 의도	이 주제에서는 조선 후기 시대상 변화에 대한 포괄적인 이해를 배경지식으로 활용하여 경제 생활과 신분 질서 이후 발달한 서민 문화의 모습을 살펴보는 데 주안점을 둔다. 따라서 수업자는 조선 후기 사람들의 생활 모습을 알 수 있는 주제를 6개(풍속화, 민화, 한글 소설, 판소리, 탈춤, 청화백자) 정하고 전시장 관람 토의 · 토론 방법을 이용하여 수업을 디자인한다.	

평가 관점	수업의 흐름	자료 및 유의점	반성 및 성찰
	◎ 디딤영상 확인, WSQ 대화 ◎ 배움 순서 – 전시장 만들기 – 전시장 관람 토의 · 토론하기		
정보 활용 능력	◎ 전시장 만들기(1시간) – 핵심 판서 정리하기 – 모둠에서 선택한 주제에 관련된 조사 자료 정리하기(사진 자르기, 자료 분류하기 등) – 보고서 작성하기 – 완성된 보고서 평가하기	– 2절지 – 사인펜, 매직	– 협업이 잘 일어난 모둠은 보상한다. – 수업 시작 전 모둠원의 역할을 정하도록 한다.
의사소통 및 협업 능력	◎ 전시장 관람 토의 · 토론(2차시) – 둘 가고 둘 남기 활동을 통해 전시장 관람 토의 · 토론하기 – 역할 바꾸기 – 전시장 관람 토의 · 토론 후 상호 평가하기	– 시간은 한 타임당 3분 – 상호 평가를 통해 잘한 모둠은 보상하기	
	◎ 핵심 판서 • 서민 문화 등장 – 배경: 조선 후기 농업 생산량 늘어남 → 상업 발달 → 경제적으로 여유 있는 서민들이 문화와 예술에 관심 – 종류: 판소리, 탈춤, 풍속화, 민화, 한글 소설 등 • 서민 문화 알아보기 전시장 관람 토의 · 토론하며 공책 정리		

가. 과정 1: 전시장 만들기

교사는 학급 모둠의 숫자에 맞는 서민 문화 주제를 정한다. 우리 반 모둠은 총 6개로 구성되어 있으며, 교과서와 지도서를 참고하여 주제를 6개(풍속화, 민화, 한글 소설, 판소리, 탈춤, 청화백자) 정한다. 학생들은 주제 6개 중에서 1개를 골라 조사한 후 수업 시간에는 보고서를 작성한다. 이때 보고서 작성 전에 미리 학생들의 역할을 나누고 교사가 확인하면 학생들의 참여도를 높일 수 있다.

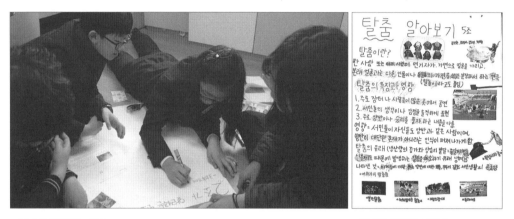

▲ 보고서 작성하는 모습   ▲ 완성된 보고서 결과물

나. 과정 2: 전시장 관람 토의 · 토론하기

모둠에서 앞 짝꿍과 뒤 짝꿍으로 2명씩 설명하는 팀과 전시장을 관람하는 팀으로 나눈다. 나누는 기준은 교사의 재량에 따라 정하면 되는데, 남자는 남자끼리, 여자는 여자끼리 나누는 방법은 추천하지 않는다. 실제로 수업해 보면 팀끼리 장난치는 경우가 많고, 설명하는 질의 편차가 심하다. 관람하는 팀이 관람을 마치면 역할을 바꾸어서 똑같이 진행한다.

▲ 전시장 관람 토의 · 토론하는 모습

조선 시대 여성의 삶 알아보기

단원	6-1-1. 조선 사회의 새로운 움직임	
배움 주제	조선 시대 여성의 삶 알아보기	
준비물 및 자료, 예습적 과제	교사	활동지(KWL 토의·토론), 디딤영상(조선 시대 여성의 삶)
	학생	모둠 1~3은 허난설헌, 모둠 4~6은 김만덕 인물 조사해 오기, 디딤영상 정리
핵심 성취 기준	조선 시대 여성의 사회적 지위와 생활상을 다양한 인물 이야기를 중심으로 파악할 수 있다.	
핵심 역량	의사소통 및 협업 능력, 문제 해결력 및 의사 결정력, 비판적 사고력	
주제 개요 및 수업자 의도	이 주제에서는 조선 전기에서 후기로 들어가면서 여성에 대한 차별과 제약이 강해지는 시대상이 어떻게 변화하는지 포괄적으로 이해하는 데 주안점을 둔다. 여성에 대한 차별에 주목하기보다는 그 시대를 살았던 대표적인 여성 인물을 중심으로 당시 시대의 흐름과 조선 시대 여성의 삶을 이해할 필요가 있다. 수업자는 36쪽 삼종지도와 관련해서 역할 놀이를 한다. 그리고 당시 어렵고 힘든 여성의 삶 속에서도 능력을 발휘했던 대표적인 여성(허난설헌, 김만덕)을 KWL 토의·토론을 통해 알아본다.	

평가 관점	수업의 흐름	자료 및 유의점	반성 및 성찰
	◎ 디딤영상 확인, WSQ 대화 ◎ 배움 순서 - 조선 후기 여성의 삶 - 역할 놀이 - 대표 여성 알아보기		
	◎ 핵심 판서 조선 후기 여성의 삶 - 유교 사상의 영향으로 남녀의 유별 강조 - 조선 후기에 여성의 사회적 지위가 더욱 낮아짐 - 재혼 금지, 재산 상속 차별, 집안일 전념, 정절 중시 - 삼종지도, 칠거지악	강의식으로 빠르게 전개하기	설명하면서 재미있는 이야기를 덧붙이다 보면 다음 활동을 하는 데 지장이 많다. 교사의 말을 되도록 줄인다.
의사소통 및 협업 능력, 문제 해결력 및 의사 결정 능력	◎ 역할 놀이 - 삼종지도와 여성의 삶 중 주제를 하나 골라 모둠별로 역할 놀이 준비하기 - 역할 놀이하기	역할 놀이를 할 때, 단순히 흥미 위주로 학생들이 준비하지 않도록 안내하기	먼저 당시 어렵고 힘들었던 여성의 삶을 강조하고 이를 잘 나타낼 수 있도록 표현하게 하자.
비판적 사고력	◎ 조선 후기 대표적 여성 알아보기 - 모둠별로 조사한 여성(모둠 1~3은 허난설헌, 모둠 4~6은 김만덕)KWL 토의·토론하기 - 발표하기	KWL 토의·토론 활동지	최대한 강의식으로 빨리 진행하고 6개 모둠별 역할 놀이까지 하니 5분이 남는다. KWL 토의·토론을 하기에는 시간이 부족하다. 역할 놀이 발표를 세 모둠만 하거나 1분 내외로 발표 시간을 줄이자.

가. 과정 1: 역할 놀이하기

조선 시대 여성의 삶이 어려웠다는 것을 대표하는 단어가 삼종지도와 칠거지악이다. 이 단어의 내용을 역할 놀이 활동 전 핵심 판서로 정리하고 설명한다. 그리고 삼종지도와 칠거지악 관련하여 학생들에게 역할 놀이로 표현하게 한다. 역할 놀이로 끝내는 것이 아니라 학생들에게 당시 여성들이 느꼈을 억울함이나 어려웠던 점, 현재와 비교해 보기 등 다양한 주제로 이야기를 하면 더 심화된 생각이나 의견을 이끌어 낼 수 있다.

▲ 역할 놀이 발표 전 연습하는 모습 　　　　　▲ 역할 놀이 발표하는 모습

나. 과정 2: 조선 후기 대표적 여성 알아보기

비록 조선 후기 여성의 인권이 잘 보장되지는 못했지만, 이러한 상황에서도 열심히 노력하여 사회에 공헌하거나 전문가가 된 여성을 보여 줄 필요가 있다고 생각했다. 그래서 김만덕과 허난설헌 두 여성을 알아볼 수 있도록 KWL 토의·토론으로 수업을 진행했다. 먼저 K와 W 부분을 작성하고 미리 조사 과제와 교과서를 참고하여 L 부분을 작성한다.

▲ KWL 토의·토론하는 모습 　　　　　▲ KWL 토의·토론 결과물

서양 세력이 조선과 통상하려고 벌인 일과 조선의 대응 모습 알아보기

단원	6-1-2. 근대 국가 수립을 위한 노력과 민족운동		
배움 주제	서양 세력이 조선과 통상하려고 벌인 일과 조선의 대응 모습 알아보기		
준비물 및 자료, 예습적 과제	교사	디딤영상(병인양요, 신미양요, 운요호 사건, 강화도 조약), 모둠 칠판	
	학생	디딤영상 정리, 자신이 해당되는 주제(모둠원 1: 병인양요, 모둠원 2: 신미양요, 모둠원 3: 운요호 사건, 모둠원 4: 강화도 조약) 조사하기	
핵심 성취 기준	개항을 전후해서 외세의 침략을 막으려고 노력한 대표적인 사건을 설명할 수 있다.		
핵심 역량	의사소통 및 협업 능력, 정보 활용 능력		
주제 개요 및 수업자 의도	이 주제에서는 조선이 서양 세력과 일본 등의 침략으로 개항한 것과 그 결과 달라진 정치적 · 사회적 변화를 다룬다. 개항 당시 조선의 상황과 문호 개방 과정, 그리고 개항 이후 발생한 문제를 이해하는 활동이 중심이 된다. 이를 학생 중심으로 토의 · 토론하여 개항에 대한 당시 사람들의 입장을 자기 주도적으로 판단한다. 본 수업에서는 조선 후기의 상황을 교사와 함께 알아보고, 병인양요, 신미양요, 운요호 사건, 강화도 조약을 변형 전문가 토의 · 토론으로 진행한다. 서양 세력과 일본 통상을 위해 벌인 일은 시대 순으로 알아본다.		

평가 관점	수업의 흐름	자료 및 유의점	반성 및 성찰
	◎ 디딤영상 확인, WSQ 대화		
	◎ 배움 주제 서양 세력이 조선과 통상하려고 벌인 일 알아보기 ◎ 배움 순서 – 조선 후기의 상황과 이양선 등장 – 변형 전문가 토의 · 토론		
	◎ 조선 후기의 상황과 이양선 등장 • 세도 정치로 나라가 어지러움 • 서양 세력의 동양 진출 – 청나라가 영국, 프랑스와 전쟁에서 패함 – 미국이 일본을 개항시킴 • 조선 바다 곳곳에 이양선 등장 조선에 통상 요구	◎ 핵심 판서 – 강의식으로 빠르게 전개하기 – 5~7분 안에 판서에서 설명까지 마무리하기	전체적인 수업 흐름을 직소 토의 · 토론으로 진행해도 좋을 것 같다.
의사소통 및 협업 능력, 정보 활용 능력	◎ 변형 전문가 토의 · 토론 – 모둠에서 조사한 내용 요약하기(모둠원 1: 병인양요, 모둠원 2: 신미양요, 모둠원 3: 운요호 사건, 모둠원 4: 강화도 조약) – 모둠원이 자신이 조사한 주제를 비주얼씽킹으로 나타내기 – 비주얼씽킹으로 나타낸 사건들에 대해 서로 설명하고 질문하기	A4용지, 4절지	– 각자 설명하는 데 2분, 총 8분을 활동하게 한다. – 비주얼씽킹을 하라고 하면 꾸미는 데 시간을 엄청 쓴다. 내용 위주로 아이들이 비주얼씽킹을 작성하는 데 15~20분을 준다.

가. 과정 1: 조선 후기 상황과 이양선의 등장 배경 알아보기

학생들이 병인양요, 신미양요 등 서양 세력이 조선과 통상을 하려고 벌인 일들이 왜 일어났는지 배경 지식을 아는 것은 중요하다. 먼저 학생들에게 관련된 배경 내용을 디딤영상으로 안내한다. 그리고 본 수업 시간에 교사는 디딤영상의 내용과 지도서에 있는 내용을 종합한 후 핵심 판서로 빠르게 정리한다. 정리한 핵심 판서를 교사의 강의식 수업으로 진행한다.

나. 과정 2: 병인양요, 신미양요, 운요호 사건, 강화도 조약 알아보기

전문가 토의·토론은 모둠에서 모둠원이 각 분야의 전문가가 되어 모둠별 탐구를 하는 수업 방법이다. 원래 전문가 토의·토론은 같은 분야의 전문가끼리 모여 전문가 집단을 구성하고, 다시 원 모둠에 모여서 모둠별 탐구를 한다. 하지만 변형 전문가 토의·토론은 각 분야의 전문가가 모이는 전문가 집단을 구성하지 않고, 바로 모둠에서 자신의 전문 분야를 정리하고 이를 모둠원과 탐구하는 과정을 거친다.

▲ 맡은 주제를 비주얼씽킹으로
정리하는 모습

▲ 정리한 결과물을 모둠원에게 설명하는 모습

▲ 병인양요를 정리한 결과물   ▲ 강화도 조약을 정리한 결과물

대한제국을 세운 까닭 알아보기

단원	6-1-2. 근대 국가 수립을 위한 노력과 민족운동		
배움 주제	대한제국을 세운 까닭 알아보기		
성취 기준	의병과 독립협회 및 대한제국의 구국을 위한 노력을 인물 활동을 통해 설명할 수 있다.		
배움 목표	– 대한제국을 세운 까닭에 대해 말할 수 있다. – 다양한 문제 상황을 제시할 때 합리적인 사고를 통해 해결책을 선택할 수 있다. – 토의·토론 활동을 할 때는 상대방을 인정하고 존중하는 태도를 지닌다.		
핵심·교과 역량	지식 정보 처리 역량 의사소통 및 협업 역량	인성 덕목	소통, 존중 배려, 협동
배움 자료	모둠 칠판, 보드마카, 무선 투표기		
디딤영상	을미사변, 아관파천, 대한제국 활동 순서 설명		
나만의 수업 아이디어	– 역사적 사건에 대해 알아야 한다면 역사적 사건에 집중하기보다는 인물을 통해 풀어 나가면 훨씬 아이들이 이해하기 쉽고 재미있게 다가간다. – 본 수업에서는 본교에 있는 무선 투표기를 활용했지만, 핑퐁 앱을 활용하여 투표를 진행해도 된다. 그리고 미러링과 관련해서 따로 미러링 기계가 없다면 필자는 모비즌 앱을 활용하는데 사용하기 편리하다. – 학생이 역사적 인물의 고민에 대해 입장을 선택하고, 나의 선택 입장과 역사적 인물의 선택을 비교한다. 그리고 토의·토론을 활용하여 정리하면 학생들이 자연스럽게 배운 것을 이해할 수 있다.		

과정 (분)	중심 내용	배움 활동	자료 및 유의점
배움 열기 (5')	배움 주제 파악하기	◎ 배움 주제 대한제국 세운 까닭 알아보기	
	WSQ 대화하기	◎ WSQ 대화 – 디딤영상을 보고 정리한 내용을 바탕으로 WSQ 대화하기 – 디딤영상을 보고 짝꿍과 함께 WSQ 대화하기	
배움 펼치기 (30')	고종이 되어 입장 선택하기	◎ 활동 1: 입장 선택하기 – 을미사변 이후 고종이 어떤 문제를 겪었는지 알아본다. – 고종이 겪었던 문제 상황에 대해서 2:2 토론을 한다. – 모둠별 2:2 토론 이후 여러분의 입장을 선택한다. 을미사변 → 경복궁 → 대한제국 선포 / 강대국의 힘 빌리기 을미사변 → 외국 공사관 → 대한제국 선포 / 강대국의 힘 빌리기	◎ 무선 투표기 – 무선 투표기를 사용하기 전 사용법을 충분히 숙달할 수 있도록 한다. – 무선 투표기는 자신의 입장을 선택할 때만 사용하고, 사용하지 않을 때는 모둠 바구니에 보관한다.
	CDI 토의 · 토론하기	◎ 활동 2: CDI 토의 · 토론하기 – 우리 반의 선택과 고종의 선택을 비교한다. – 아관파천과 대한제국 선포, 두 사건에 대하여 C(공통점), D(차이점), I(두 선택에 대한 고종의 선택 이유) 토의 · 토론을 한다. – 모둠별로 아관파천과 대한제국 선포 관련하여 CDI 토의 · 토론을 한다. – CDI 토의 · 토론 결과를 정리하고 발표한다.	– 모둠 칠판, 보드마카 – 학생들의 토의 · 토론 활동 시간을 늘리기 위해 모둠 칠판 위에 CDI 토의 · 토론 활동지를 미리 부착해 놓는다.
배움 정리 (5')	배움 쓰기 및 성찰하기	◎ 배움 쓰기 및 성찰 배움을 기록하고, 배움을 자신의 생활과 연계할 방법을 서로 이야기(공유)하기	
	차시 예고 및 과제 제시하기	◎ 차시 예고 및 과제 제시 – 디딤영상을 보고, 배움 장에 요약 · 정리하기 – 선생님이 학교 홈페이지에 올려 놓은 근대 문물과 관련된 디딤영상을 보고 배움 공책에 정리하기	

가. 과정 1: 고종의 입장 선택하기

학생들은 아관파천한 고종의 문제에 대해서, 고종이라면 어떤 선택을 할 것인지 2:2 토론을 한다. 2:2 토론을 하고 러시아 공사관에 머무를 것인지, 경복궁에 남을 것인지 투표한다. 이후 대한제국을 선포할 것인지, 강대국의 힘을 빌릴 것인지 2:2 토론을 하고 다시 투표하여 우리 반 다수 의견을 최종 합의한다.

▲ 고종이 닥친 문제 상황에 대해 2:2 토론

▲ 2:2 토론 후 자신의 생각을 무선 투표기로 투표하는 모습

나. 과정 2: 아관파천과 대한제국 선포 두 사건을 비교·분석하기

학생들의 선택과 실제로 고종이 선택한 아관파천, 대한제국 선포라는 사건을 비교하여 두 사건을 CDI 토의·토론으로 비교·분석한다. 학생들은 이것으로 당시 열강 속에 있던 조선과 고종의 어려웠던 현실을 파악하여 두 사건에 대한 이해를 심화한다.

▲ CDI 토의·토론하는 모습

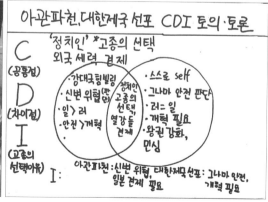
▲ CDI 토의·토론 결과물

3.1운동과 대한민국 임시정부 알아보기

단원	6-1-2. 근대 국가 수립을 위한 노력과 민족운동		
배움 주제	3.1운동과 대한민국 임시정부 알아보기		
준비물 및 자료, 예습적 과제	**교사**	디딤영상(3.1운동, 대한민국 임시정부, 윤혈녀, 김구)	
	학생	윤혈녀와 김구 조사하기, 디딤영상 보고 정리하기	
핵심 성취 기준	일제 강점기에 국내외에서 전개된 민족독립운동을 주요 인물을 통해 탐구할 수 있다.		
핵심 역량	정보 활용 능력, 의사소통 및 협업 능력		
주제 개요 및 수업자 의도	본 수업은 일제의 탄압에 우리 민족은 어떻게 저항했는지 3.1운동과 대한민국 임시정부 수립을 알아보는 내용으로 구성되어 있다. 3.1운동과 대한민국 임시정부에서 대표적인 인물을 정해서 그들의 삶을 따라가며 두 사건을 알아보고자 한다. 3.1운동과 대한민국 임시정부의 대표적인 두 인물로는 광주의 유관순이라 불리는 윤혈녀(본명 윤형숙)와 김구를 정한다. 그리고 두 인물을 비교 중심 하브루타로 비교하여 심화 이해하는 시간을 갖고, 3.1운동과 대한민국 임시정부에 대한 핵심 판서는 비교 중심 하브루타를 마친 후 강의식으로 빠르게 정리할 수 있도록 수업을 디자인했다.		

평가 관점	수업의 흐름	자료 및 유의점	반성 및 성찰
	◎ 디딤영상 확인, WSQ 대화 ◎ 배움 주제 3.1운동과 대한민국 임시정부에 대해 알아보기		
정보 활용 능력, 의사소통 및 협업 능력	◎ 짝 토론 – 윤혈녀와 김구를 비교하는 질문 5개 이상 만들기(사실, 상상, 적용, 실천 질문 1개 이상씩 포함할 수 있도록 하기) – 짝 토론을 통해 좋은 질문 3개 고르기	– 질문 만들기 5분 – 짝 토론도 5분 – 좋은 질문의 조건 이야기하기	
의사소통 및 협업 능력	◎ 모둠 토론 – 짝 토론으로 좋은 질문 3개를 고르고, 모둠(6개 질문이 모여 있음) 토론을 통해 최고의 질문 1개 고르기(여기까지 모둠 토론 한판) – 한판이 끝난 후 다시 최고의 질문과 최고의 질문에 대한 모둠 토론에서 합의된 답 정리하기 – 발표하기(원하는 모둠만)	– 모둠 토론 한판 시간 5분 – 모둠 토론 한판이 끝난 후 모둠 칠판, 보드마카 배부	아이들이 자신의 모둠에서 뽑은 최고의 질문이 있지만 다른 모둠에서 뽑은 최고의 질문을 듣고, 더 좋은 질문으로 바꾸어서 모둠 토론을 해도 좋을 것 같다.
	◎ 핵심 판서: 3.1운동과 대한민국 임시정부 알기 • 3.1운동 – 과정: 1919년 3월 1일 민족 대표 33인이 독립선언식을 가졌고 학생과 시민들은 탑골공원에서 만세운동 – 결과: 전국 확산, 국외까지 확산 – 영향: 효과적인 독립운동 위해 상해 대한민국 임시정부 수립 • 대한민국 임시정부 – 국내외 비밀 연락망 조직 – 한국 광복군 조직 – 외교관 파견 – 신문과 역사책 발간		3.1운동에 대해 비폭력 시위가 옳은가를 주제로 토론으로 이끌어 가도 좋을 듯하다.

가. 과정 1: 짝 토론하기

학생들은 윤혈녀와 김구를 미리 디딤영상과 개별 조사로 학습한다. 수업에서는 두 인물을 비교 중심 하브루타로 진행하여 두 인물과 관련된 질문을 개인별로 5개씩 만들고 짝 토론을 한다. 짝 토론으로 좋은 질문을 3개 선정한다.

▲ 질문 만드는 모습

▲ 짝 토론하는 모습

나. 과정 2: 모둠 토론하기

짝 토론으로 선정한 질문 3개, 즉 모둠에서는 질문 6개로 모둠 토론을 5분간 한다. 모둠에서 모둠 토론을 하고 최고의 질문 1개를 선정한다. 최고의 질문으로 다시 모둠 토론을 5분간 하고 질문에서 합의된 결과를 모둠 칠판에 정리한 후 발표한다.

▲ 최고의 질문으로 모둠 토론

▲ 최고의 질문에 대한 모둠 합의 결과 발표

민족정신을 지키려는 노력 알아보기

단원	6–1–2. 근대 국가 수립을 위한 노력과 민족운동		
배움 주제	민족정신을 지키려는 노력 알아보기		
준비물 및 자료, 예습적 과제	교사	디딤영상(나운규, 윤봉길 & 이봉창, 윤동주, 신채호, 전형필, 조선어학회)	
	학생	디딤영상 보고 추가 정리(모둠 1: 나운규, 모둠 2: 윤봉길 & 이봉창, 모둠 3: 윤동주, 모둠 4: 신채호, 모둠 5: 전형필, 모둠 6: 조선어학회)	
핵심 성취 기준	일제 강점기에 국내외에서 전개한 민족독립운동을 주요 인물을 통해 탐구할 수 있다.		
핵심 역량	정보 활용 능력, 의사소통 및 협업 능력		
주제 개요 및 수업자 의도	민족 말살 정책을 일제가 실시하고 있음에도 우리 민족을 지키려고 노력한 인물 및 단체 6명을 선정하여 조사한다. 조사한 내용을 전시장 관람 토의·토론을 통해 민족정신을 지키려고 노력한 다양한 시도를 알아본다. 인물 및 단체 선정(모둠 1: 나운규, 모둠 2: 윤봉길 & 이봉창, 모둠 3: 윤동주, 모둠 4: 신채호, 모둠 5: 전형필, 모둠 6: 조선어학회)은 교과서와 지도서를 참고하여 1930년대 이후 다양한 분야에서 활동한 대표적인 인물이나 단체로 정한다.		

평가 관점	수업의 흐름	자료 및 유의점	반성 및 성찰
	◎ 디딤영상 확인, WSQ 대화		
	◎ 배움 주제 민족정신을 지키려는 노력 알아보기 ◎ 배움 순서 – 전시장 준비하기 – 전시장 관람 토의·토론하기		
정보 활용 능력	◎ 전시장 준비(1시간) – 나운규, 윤봉길 & 이봉창, 윤동주, 신채호, 전형필, 조선어학회 등 인물 및 단체에 대해 보고서 작성하기 – 완성된 보고서 평가하기	2절지, 매직, 사인펜	– 공깃돌 평가하기(상호 평가) – 평가가 들어가니 아이들이 훨씬 더 열심히 참여한다.
의사소통 및 협업 능력	◎ 전시장 관람 토의·토론(1시간) – 둘 가고 둘 남기 활동하기 – 한 타임당 3분씩 – 설명을 듣는 친구들은 1개씩 공깃돌을 가지고 설명이 끝난 후 설명을 잘한 모둠에 공깃돌을 준다(평가하기). 설명을 한 팀은 공깃돌을 받은 만큼 스티커 받기 – 역할 바꾸어서 설명하거나 설명 듣기 – 공깃돌 평가하기	전시장 관람할 때 공책에 필기하기	설명을 하는 친구들에게는 공깃돌 평가를 하니 훨씬 열심히 참여한다. 효과가 좋다.

:수업의 실제

가. 과정 1: 전시장 만들기

우리 반 모둠 개수에 맞추어 일제 강점기에 맞선 우리 민족의 노력과 관련된 주제를 지도서와 교과서를 참고하여 6개(나운규, 윤봉길 & 이봉창, 윤동주, 신채호, 전형필, 조선어학회) 선정했다. 이 중 모둠에서 1개를 선택하고 미리 조사한 자료를 활용하여 수업 시간에는 보고서를 만든다. 보고서를 완성한 후 협업과 완성이 뛰어난 모둠에는 공깃돌(바둑돌도 좋다)을 주며 상호 평가를 한다.

▲ 보고서를 작성하는 모습

▲ 완성된 보고서를 상호 평가하는 모습

나. 과정 2: 전시장 관람 토의 · 토론하기

모둠에서 앞 짝꿍과 뒤 짝꿍으로 설명하는 팀과 관람하는 팀으로 나눈다. 두 팀은 둘 가고 둘 남기 활동을 한다. 설명하는 팀은 다른 모둠의 관람하는 팀에 설명을 하고, 관람하는 팀은 다섯 모둠의 전시장 관람을 한다. 관람하는 팀이 다섯 모둠의 전시장 관람을 마치면 역할을 바꾸어서 진행한다.

▲ 전시장 관람 토의 · 토론하는 모습

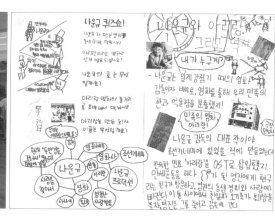

▲ '나운규' 보고서 결과물

대한민국 정부를 수립하는 과정 알아보기

단원	6-1-3. 대한민국의 발전과 오늘의 우리		
배움 주제	대한민국 정부를 수립하는 과정 알아보기		
준비물 및 자료, 예습적 과제	교사	디딤영상(대한민국 정부 수립 과정)	
	학생	디딤영상 보고 정리하기	
핵심 성취 기준	광복에서 대한민국 정부 수립까지 과정을 인물 활동을 중심으로 설명할 수 있다.		
핵심 역량	정보 활용 능력, 비판적 사고력, 의사소통 및 협업 능력		
주제 개요 및 수업자 의도	본 수업에서 광복 후 대한민국 정부를 수립하기까지 과정을 알아본다. 지도서에서는 2시간 수업으로 구성되어 있지만, 1시간으로 통합하여 재구성한다. 수업자는 대한민국 정부 수립 과정을 ① 38도선 남과 북 분단, ② 모스크바 3상 회의, ③ 모스크바 3상 회의 후 신탁 통치 찬반 갈등, ④ 김구의 북한에서 열린 남북 연석회의 참석, ⑤ 남한에서 제헌국회의원 선출 총선거(5.10 총선거), ⑥ 대한민국 정부 수립이라는 과정 6개로 나눈 후 비주얼씽킹으로 표현을 하고 돌아가며 말하기 토의·토론을 통해 모둠에서 돌아가며 설명한다. 그리고 공깃돌 평가하기로 비주얼씽킹 표현과 설명을 평가하여 공깃돌로 상호 평가한다.		

평가 관점	수업의 흐름	자료 및 유의점	반성 및 성찰
	◎ 디딤영상 확인, WSQ 대화		
	◎ 배움 주제 대한민국 정부를 수립하는 과정 알아보기 ◎ 배움 순서 - 윈도우 패닝 정리하기 - 돌아가며 말하기 토의·토론하기		사실 대한민국 정부 수립 과정 6단계를 판서할 때 칠판에 1부터 6까지 순서대로 적었다. 1번에는 무엇이 들어갈까? 모둠별로 질문한다. 그리고 여섯 모둠이 순서대로 모둠에서 1명씩 지목하여 전부 물어보았다. 대답을 듣고 정답을 맞춘 모둠에는 바로 스티커 보상을 했다. 그냥 하는 것보다 이렇게 다른 모둠과 경쟁하여 보상을 하니 학생들이 더 수업에 몰입했다. 이 방법은 교사의 수업관이나 교실 환경에 따라 적용하면 된다.
정보 활용 능력, 비판적 사고력	◎ 윈도우 패닝 정리 - 대한민국 정부 수립 과정 6단계를 먼저 칠판에 판서하기 - 6단계를 윈도우 패닝 활동지에 비주얼씽킹으로 표현하기	- 설명, 판서 약 10분 - 비주얼씽킹 표현 12~13분	
의사소통 및 협업 능력	◎ 돌아가며 말하기 토의·토론 - 윈도우 패닝으로 정리한 결과물을 모둠에서 돌아가며 설명하기 - 설명을 다 마친 후 공깃돌로 평가하기(개인별로 공깃돌 2개 배부, 다른 친구들에게 줄 수 있도록 하나는 윈도우 패닝을 잘 표현한 친구, 하나는 설명을 자세하고 쉽게 한 친구에게 공깃돌 주기)	- 설명하면서 듣는 친구들이 질문 가능하도록 하기, 또 적극 참여하도록 독려하기 - 공깃돌을 먼저 주지 말고 다른 모둠과 함께 주기	- 공깃돌을 줄 때 그냥 주지 말고 무엇을 잘했는지, 어떤 점을 보충하면 좋겠는지 이야기한 후 공깃돌을 전달하도록 지도한다. - 직접 수업에 적용해 보니 '너는 무엇을 못 하는구나' 하고 놀림거리로 사용하기도 했다. 그래서 좋은 점 의견을 많이 하고, 부족한 점, 보충할 점은 조금 말하도록 지도한다.

: 수업의 실제

가. 과정 1: 대한민국 정부 수립 과정 표현하기

학생들은 대한민국 정부 수립 과정에서 미리 제시한 디딤영상으로 어느 정도는 이해하고 있다. 하지만 이것을 교사의 개입 없이 학생들 힘만으로 과정을 정리하면, 중요한 사건을 놓칠 수 있고 주먹구구식으로 정리할 수 있다. 따라서 큰 흐름상의 과정은 교사가 정리하되, 정리한 과정을 학생들이 디딤영상 내용과 교과서를 참고하여 비주얼씽킹으로 표현한다.

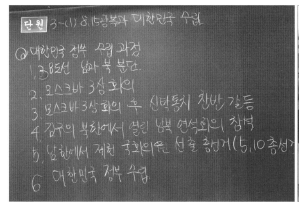

▲ 교사가 정리한 핵심 판서 내용

▲ 핵심 판서 내용을 비주얼씽킹으로 표현하는 모습

나. 과정 2: 대한민국 정부 수립 과정 돌아가며 말하기 토의 · 토론

학생들은 과정 1로 교사가 정리한 대한민국 정부 수립 과정을 비주얼씽킹으로 표현했다. 이 결과물을 모둠에서 돌아가며 말하기 토의 · 토론으로 서로 돌아가면서 정리한 내용을 설명한다. 이때 학생들은 모둠에서 비주얼씽킹 표현과 설명을 공깃돌로 상호 평가한다.

▲ 비주얼씽킹으로 나타낸 결과물

▲ 자신의 결과물을 돌아가며 설명하는 모습

6.25전쟁으로 우리 민족이 겪은 어려움 알아보기

단원	6-1-3. 대한민국의 발전과 오늘의 우리		
배움 주제	6.25전쟁으로 우리 민족이 겪은 어려움 알아보기		
준비물 및 자료, 예습적 과제	교사	할아버지, 할머니 인터뷰 조사 후 가져오기(관련 물건도 가져오면 좋다)	
	학생	할아버지, 할머니가 6.25전쟁으로 겪은 어려움 인터뷰하기	
핵심 성취 기준	시각 자료와 유물을 통해 6.25전쟁의 과정 및 피해상을 살펴보고, 전쟁이 우리나라에 미친 영향을 탐구할 수 있다.		
핵심 역량	의사소통 및 협업 능력, 비판적 사고력, 문제 해결력 및 의사 결정력		
주제 개요 및 수업자 의도	수업으로 6.25전쟁이 어떤 과정을 통해 진행되었는지 알게 되었다. 본 수업에서는 동족 간의 6.25전쟁으로 우리 민족이 어떤 어려움을 겪었는지 알아보고자 한다. 수업자는 학생들의 삶과 연관되어 있는 할아버지와 할머니의 6.25전쟁 경험담을 인터뷰하여, 그분들의 삶에 대한 어려움과 어려움을 이겨 낸 힘을 배우고 이해하고자 한다. 수업 시간에는 할아버지, 할머니 인터뷰 내용을 돌아가며 말하기 토의 · 토론으로 이야기한 후 사례를 하나 정해서 역할 놀이로 표현한다.		

평가 관점	수업의 흐름	자료 및 유의점	반성 및 성찰
	◎ 예습적 과제에 대해 짝꿍과 이야기 나누기		
	◎ 배움 주제 6.25전쟁으로 우리 민족이 겪은 어려움 알아보기 ◎ 배움 순서 – 돌아가며 말하기 토의 · 토론 – 역할 놀이하기		– 조사해 온 친구가 반에서 10명 정도 된다. 돌아가며 말하기 토의 · 토론이 어렵다. 그래서 그냥 조사해 온 친구들이 전체 학생 앞에서 순서대로 발표하는 것이 더욱 효과적일 것 같다.
의사소통 및 협업 능력, 비판적 사고력, 문제 해결력 및 의사 결정력	◎ 돌아가며 말하기 토의 · 토론 – 인터뷰 내용 정리, 간추리기 – 돌아가며 말하기(모둠별로) – 공깃돌 평가하기(자료의 준비성, 설명의 유창성)	– 이야기 들으면서 자세한 내용 질문하기 – 공깃돌은 개인당 2개씩 배부하기	– 역할 놀이도 조사한 친구들의 내용을 종합하거나 교과서를 참고해서 준비하면 더 좋은 것 같다. 생각보다 아이들의 할아버지, 할머니께서 6.25전쟁을 너무 이른 나이에 겪으셔서 잘 모르는 경우가 많았다.
의사소통 및 협업 능력	◎ 역할 놀이 – 모둠 인터뷰 내용 중 친구들과 공유하고 싶은 사례 정하기 – 역할 놀이 준비하기 – 역할 놀이 시연하기 – 배움 공책에 배움 쓰기	역할 놀이 시작 전 평가 관점 안내하기	시연할 때 6.25전쟁의 슬픔이 드러나는지 평가한다고 평가 관점을 미리 이야기한다. 그렇지 않으면 아이들은 웃기는 데 집중한다.

: 수업의 실제

가. 과정 1: 할아버지, 할머니 인터뷰 내용 돌아가며 말하기 토의 · 토론하기

학생들이 6.25전쟁 당시의 참혹함을 알게 하려면 할아버지나 할머니의 경험담을 직접 듣는 것이 가장 좋다고 생각했다. 그래서 할아버지나 할머니의 경험담을 인터뷰하고 정리하는 과제를 주었다. 실제 수업 시간에는 보통 24명 중 10명 전후로 조사해 오기 때문에 전체 발표를 하거나 모둠을 합치는 방식으로 진행한다. 모든 모둠에서 2명 이상 조사를 했다면 돌아가며 말하기 토의 · 토론으로 경험을 나눈다.

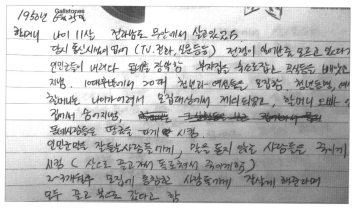
▲ 6.25전쟁 당시 할머니가 겪은 경험담

▲ 조사한 내용을 전체 발표하는 모습

나. 과정 2: 인터뷰 내용 역할 놀이로 표현하기

모둠에서 돌아가며 말하기 토의 · 토론을 했지만 당시의 참혹함이 잘 나타나 있는 인터뷰는 전체 발표를 한다. 학생들은 모둠에서 발표한 내용 또는 전체 발표한 내용을 바탕으로 6.25전쟁 당시의 참혹함을 역할 놀이로 표현한다.

▲ 역할 놀이를 준비하는 모습

▲ 마을 주민이 같은 마을 주민을 죽이는 모습

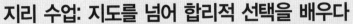

02
지리 수업: 지도를 넘어 합리적 선택을 배우다

우리는 살아가면서 많은 선택을 하고 선택한 결과에 책임을 진다. 이러한 과정을 거쳐 시간이 쌓여 가고 이는 곧 역사가 된다. 어떻게 보면 인간은 다양한 선택을 하면서 성숙한 인간으로 성장하며, 이러한 사람들이 모여 사회, 더 나아가 지구촌을 만든다.

사회과 교육의 목적은 지금보다 더 나은 세상을 만들 수 있는 민주 시민의 자질을 기르는 것이다. 이러한 사회과 교육의 목적을 이루려고 사회과에서는 합리적 선택을 할 수 있는 합리적 의사 결정을 중요시한다. 지리 또한 마찬가지다. 지리는 내가 어디에 살아야 할지, 어디에 공장이나 건물을 지어야 할지, 어떻게 자연환경에 적응해야 할지 합리적 의사 결정을 하는 데 꼭 필요하다.

단원별 성취 기준

단원	성취 기준
1. 살기 좋은 우리 국토 (5–1–1)	• 지도나 지구본 등을 통해 우리나라의 위치와 영역을 찾을 수 있고 그 중요성(독도, 비무장 지대, 접경 지역 등)을 설명할 수 있다. • 우리나라 사람들의 생활 모습을 통해 우리나라의 자연적 특성(기후, 지형 등)과 그 변화를 말할 수 있다. • 교통과 통신의 발달로 변해 가는 우리나라 국토의 모습에 대해 말할 수 있다.
2. 환경과 조화를 이루는 국토(5–1–2)	• 인간을 둘러싼 인문 환경과 자연환경의 뜻을 알고, 그 특성에 대해 설명할 수 있다. • 국토 개발의 사례를 찾아보고 그 특징과 필요성을 설명할 수 있다. • 지속 가능한 발전의 사례를 찾아보고 그 특징과 필요성을 설명할 수 있다. • 우리나라 국토 수준에서 인간과 환경은 상호 보완적인 관계임을 이해하고 친환경적인 태도를 실천하는 방안을 제시할 수 있다.
3. 이웃 나라의 환경과 생활 모습(6–2–2)	• 우리나라와 중국, 일본, 러시아 간의 문화적 차이점과 유사점을 설명할 수 있다. • 우리나라와 중국, 일본, 러시아 간의 협력 또는 갈등 사례를 알아보고, 그 이유를 설명할 수 있다.
4. 세계 여러 지역의 자연과 문화(6–2–3)	• 지도 및 지구본에서 세계 여러 나라의 위치와 영역을 살펴보고, 그 특징에 대해 비교하여 설명할 수 있다. • 세계 여러 지역 사람들의 다양한 삶의 모습에서 발견할 수 있는 유사성과 차이점을 지리적 관점에서 이해하고, 문화적 차이를 존중하는 자세를 가진다. • 다양한 지리적 특성을 갖고 있는 나라들이 있음을 사례를 통해 파악하고, 그것이 우리나라와 관계에 미치는 영향을 비교하여 설명할 수 있다.

우리 국토의 위치와 위도, 경도 알아보기

단원	5-1-1. 살기 좋은 우리 국토		
배움 주제	우리 국토의 위치와 위도, 경도 알아보기		
준비물 및 자료, 예습적 과제	교사	세계 지도(앞에 전체 게시용), 공책 필기용 세계 지도, 사회과 부도	
	학생	사회과 부도	
핵심 성취 기준	지도나 지구본 등을 통해 우리나라의 위치와 영역을 찾을 수 있고 그 중요성(독도, 비무장 지대, 접경 지역 등)을 설명할 수 있다.		
핵심 역량	의사소통 및 협업 능력, 정보 활용 능력		
주제 개요 및 수업자 의도	이 주제는 우리가 대를 이어 살아가는 삶의 터전인 국토의 중요성을 인식하는 내용으로 구성되어 있다. 국토의 모습, 국토의 위치, 국토의 영역을 이해하여 우리 국토의 중요성과 소중함을 인식하는 것이 이 주제의 핵심이다. 본 수업에서는 우리 국토의 모습을 알고 아시아 대륙 지도에서 우리나라를 찾는 활동을 통해 지리적 위치를 이해한다. 그리고 위도와 경도를 통해 수리적 위치를 이해한다. 수업자는 학생들이 관계적 위치와 수리적 위치를 이해하고, 지도와 관련된 흥미로운 주제를 바탕으로 모둠 의견 만들기 토의·토론을 하는 방법으로 수업을 디자인하고자 한다.		

평가 관점	수업의 흐름	자료 및 유의점	반성 및 성찰
	◎ 예습적 과제를 짝꿍과 대화		
	◎ 배움 주제 우리 국토의 위치와 위도, 경도에 대해 알아보기 ◎ 배움 순서 – 경도, 위도 알아보기 – 모둠 의견 만들기 토의·토론하기		
의사소통 및 협업 능력, 정보 활용 능력	◎ 경도, 위도 알아보기 – 아시아 지도를 보고 우리나라가 중국, 일본, 러시아의 어느 위치에 있는지 확인하기 – 경도, 위도 개념 설명하기 – 경도와 위도를 활용하여 우리나라의 수리적 위치 알기	– 사회과 부도, 세계 지도 – '위'라고 발음하고 입 모양이 가로로 길게 나타나기 때문에 위선은 가로선이다 설명하기	사회과 부도만 가지고 위선과 경선 개념을 설명하기 어렵다. 모둠별로 지구본을 하나씩 두고는 지구본과 사회과 부도를 같이 보면서 설명하면 더 쉽게 이해할 수 있을 것 같다.
의사소통 및 협업 능력	◎ 모둠 의견 만들기 토의·토론 – 세계 지도를 보고 경선이 본초자오선 기준 0도에서 180도까지 올라간 후 150, 120 이렇게 숫자가 줄어드는 이유 토의·토론하기 – 토의·토론 결과 발표하기		학생들이 위선이 0부터 180까지 올라가다가 180부터 줄어드는 이유를 찾고, 그 이유를 알게 되었을 때는 많은 지적 희열을 느꼈다.

: 수업의 실제

가. 과정 1: 경도, 위도 개념 알아보기

필자는 경도와 위도 개념을 설명할 때 사회과 부도를 활용하여 '이 선은 무엇일까' 하는 질문으로 다가갔다. 하지만 사회과를 깊게 연구한 광주 월계초등학교 김성욱 선생님은 위선과 경선을 접근할 때 오렌지를 활용한다. 오렌지에 스티커를 붙이고, 스티커 위치를 짝꿍에게 설명하게 하면서 학생들에게 경도와 위도 개념을 설명한다. 학생들은 수업 후에 오렌지를 먹을 수 있으니 수업 만족도는 훨씬 더 높을 것이다.

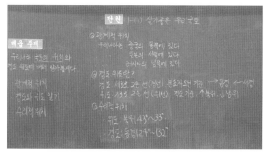
▲ 핵심 판서를 정리한 모습

▲ 김성욱 선생님의 수업 모습

나. 과정 2: 모둠 의견 만들기 토의·토론하기

어렸을 때 세계 지도를 보면서 너무 궁금했던 것이 있었다. 왜 지도 위에 있는 숫자는 0에서 180까지 올라가다 다시 줄어드는 것일까? 이제는 답을 알고 있지만 '학생들도 궁금할 수 있겠다'는 생각이 들어서 과정 1을 마치고 어렸을 적 내가 궁금했던 질문을 했다. 학생들의 대답은 각양각색이었다. 모둠에서 이 질문으로 모둠 의견 만들기 토의·토론을 하는데 생각보다 훨씬 적극적으로 참여하며, 창의적이고 다양한 답변을 했다. 교사가 질문에 대한 답을 설명할 때 지구본을 활용하면 학생들이 더 쉽게 이해할 수 있을 것이다.

▲ 모둠 의견 만들기 토의·토론하는 모습

▲ 수업 시간에 활용한 세계 지도

우리 국토의 영역 알아보기

단원	5-1-1. 살기 좋은 우리 국토		
배움 주제	우리 국토의 영역 알아보기		
준비물 및 자료, 예습적 과제	교사	사회과 부도, PPT(국토, 영토, 영해, 영공의 개념)	
	학생	사회과 부도	
핵심 성취 기준	지도나 지구본 등을 통해 우리나라의 위치와 영역을 찾을 수 있고 그 중요성(독도, 비무장 지대, 접경 지역 등)을 설명할 수 있다.		
핵심 역량	정보 활용 능력, 의사소통 및 협업 능력		
주제 개요 및 수업자 의도	본 수업은 우리 국토의 모습과 위치를 배운 학생들이 이어서 우리 국토의 영역을 배움으로써 우리나라의 지리에 대한 기초적인 이해를 돕는다. 학생들은 먼저 국토와 영역에 대해 국어사전을 찾아보고 국토 영역이라는 말을 유추한다. 이를 통해 학생들은 국토 영역의 흥미와 관심을 높일 수 있다. 그리고 국토 영역과 관련된 내용을 핵심 판서로 정리하고 강의식으로 수업을 진행한다. 설명을 마친 후 영해를 지도에 표시하고, 영해를 제외한 넓은 바다를 어떻게 이용할지 학생들에게 모둠 의견 만들기 토의 · 토론을 통해 다양한 의견을 듣고 실제로 어떻게 이용하는지 비교한다.		

평가 관점	수업의 흐름	자료 및 유의점	반성 및 성찰
	◎ 예습적 과제를 짝꿍과 대화		
	◎ 배움 주제 우리 국토의 영역 알아보기 ◎ 배움 순서 – 국토의 영역 알아보기 – 모둠 토의하기		
	◎ 국토의 영역 알아보기 – '국토', '영역' 의미를 사전에서 찾기, 국토의 영역 의미 유추하기 – 국토의 영역이란? 한 나라의 힘이 미치는 범위, 영토, 영해, 영공으로 나뉨 – 핵심 판서 정리하기	– 사회과 부도 – 강의식으로 수업 진행	◎ 핵심 판서 – 영토: 한 나라의 힘이 미치는 땅의 범위, 한반도와 부속 도서 – 영해: 한 나라의 힘이 미치는 바다의 범위, 가장 바깥에 있는 섬(기점)들을 연결하여 연결한 선(기선)에서 12해리까지 – 영공: 영토+영해
정보 활용 능력, 의사소통 및 협업 능력	◎ 모둠 의견 만들기 토의 · 토론 – 영해 표시하기 – 영해가 아닌 넓은 바다를 어떻게 이용해야 할까? 질문으로 모둠 의견 만들기 토의 · 토론하기 – 토의 · 토론 결과 발표하기	교과서를 보고 영해 표시하기	토의 · 토론 결과를 활용하여 소유권은 누구에게 있을까? 질문하고, 배타적 경제 수역 의미 안내하기

: 수업의 실제

가. 과정 1: 국토의 영역 알아보기

국토의 영역을 알려면 먼저 국토와 영역 의미를 이해해야 한다. 학생들이 국어사전에서 국토와 영역을 찾고, 이것에서 국토와 영역 의미를 유추한다. 학생들 의견을 종합하여 국토의 영역을 정리한다. 그리고 국토의 영역과 관련된 개념인 영토, 영해, 영공 등을 핵심 판서로 정리하여 PPT에 있는 사진 자료를 활용하고, 강의식으로 설명한다.

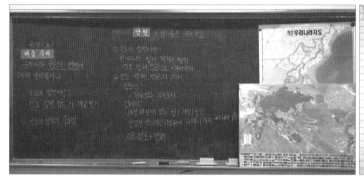 

▲ 핵심 판서 내용, 핵심 판서 정리하면서 강의식 설명   ▲ 학생들이 정리한 공책 결과물

나. 과정 2: 모둠 의견 만들기 토의 · 토론하기

수업을 준비하면서 이해하지 못한 부분이 있었다. 영해가 영토를 기준으로 12해리라고 한다면 '일본과 대한민국 사이에 있는 넓은 바다의 소유권은 과연 누구에게 있을까?' 하는 의문이었다. 이것에 대한 답을 찾았다. 하지만 답을 찾는 과정이 쉽지 않았고 결국 지도서에 배타적 경제 수역이라는 개념으로 유추할 수 있었다. 학생들과 이 질문에 답을 찾으며 모둠 의견 만들기 토의 · 토론을 했다. 또 '한국과 일본 사이에 있는 바다는 누구의 것인가' 하는 논제로 2:2 토론을 해도 좋다.

▲ 모둠 의견 만들기 토의 · 토론하는 모습   ▲ 모둠 의견 만들기 토의 · 토론 결과물

우리나라 기후(강수량) 특징을 살펴보고 기후에 따른 생활 모습 알아보기

단원	5-1-1. 살기 좋은 우리 국토		
배움 주제	우리나라 기후(강수량) 특징을 살펴보고 기후에 따른 생활 모습 알아보기		
준비물 및 자료, 예습적 과제	교사	강수량 기후도, 지역별 월 강수량 자료, 모둠 칠판, 보드마카, 사회과 부도	
	학생	사회과 부도	
핵심 성취 기준	우리나라 사람들의 생활 모습을 통해 우리나라의 자연적 특성(기후, 지형 등)과 그 변화를 말할 수 있다.		
핵심 역량	의사소통 및 협업 능력, 정보 활용 능력		
주제 개요 및 수업자 의도	원래 이번 수업은 우리나라 기후의 특징을 살펴보는 내용으로, 기후와 강수량을 모두 알아야 한다. 하지만 학생들이 기후와 강수량에 대해 가설을 세우고 자료를 조작·검증하는 탐구 수업으로 진행하려면 2시간 수업으로 재구성하여 진행해야 한다. 본 수업은 우리나라 강수량의 특징을 살펴보고 기후에 따른 생활 모습을 알아본다. 먼저 겨울과 여름의 강수량 비교, 남쪽과 북쪽의 강수량 비교, 해안 지역과 내륙 지역 강수량 비교 등 주제를 3개로 나누어 모둠에서 선택하고 이를 검증하게 한다. 학생들은 직접 강수량 그래프를 그려 보며, 그래프에 숨어 있는 의미를 찾고 해석하는 능력을 기른다.		

평가 관점	수업의 흐름	자료 및 유의점	반성 및 성찰
	◎ 예습적 과제를 짝꿍과 대화		
	◎ 배움 주제 우리 국토의 영역 알아보기 ◎ 배움 순서 - 가설 설정하기 - 입증 및 결론 도출하기		
의사소통 및 협업 능력	◎ 가설 설정 - 강수량 의미 알기 - '겨울과 여름 강수량 비교', '북쪽과 남쪽 강수량 비교', '해안과 내륙 강수량 비교' 등 주제 3개 중 모둠에서 1개를 선정하여 가설 설정하기 - 예: 겨울이 여름보다 강수량이 더 많다.	- 강수량 기후도 - 강수량 그래프 활동지	◎ 핵심 판서 - 강수량: 어떤 곳에 일정 기간 내린 비, 눈, 우박, 안개 등 총량 - 남쪽과 북쪽의 강수량 비교 - 남해안, 동해안과 내륙 지역 강수량 비교 - 사계절 중 어느 계절이 강수량 제일 많은지 비교
의사소통 및 협업 능력, 정보 활용 능력	◎ 입증과 결론 도출 - 강수량 그래프 그리기 - 가설 입증하기 - 결론 도출, 발표하기 - 핵심 판서 정리하기	강수량 그래프를 그릴 때 꼭 강수량을 교사가 불러 주기	학생들이 자료를 보고 그래프를 그리면 의미 없이 그린다. 교사가 숫자를 불러 주고 이를 그렸을 때 훨씬 학생들이 의미 있고, 해석하려는 모습을 보인다.

가. 과정 1: 가설 설정하기

'겨울과 여름 강수량 비교', '북쪽과 남쪽 강수량 비교', '해안과 내륙 강수량 비교' 등 주제 3개 중 모둠에서 1개를 선정하여 언제 더 강수량이 많을지 가설을 설정한다. 가설을 설정하고 학생들은 교사가 불러 주는 각 지역의 월별 강수량을 직접 그래프로 그린다. 이것으로 학생들은 자신이 세운 가설에 대해 비교하고 해석하는 능력을 기를 수 있다.

▲ 가설 설정하는 모습

▲ 직접 그래프를 그리는 모습

나. 과정 2: 입증과 결론 도출하기

학생들은 직접 그린 그래프를 해석한다. 이것은 모둠 의견 만들기 토의 · 토론으로 모둠에서 세운 가설과 비교하고 입증한다. 그리고 결론을 도출하여 모둠 칠판에 정리 및 발표한다. 교사는 결론을 활용하여 핵심 판서로 정리한다. 학생들의 활동이 무엇이냐에 따라 핵심 판서 방법을 나눈다. 학생이 활동한 결과가 핵심 판서가 되면 마지막에 학생 의견을 종합하여 판서한다. 그러나 핵심 판서 내용을 활용하여 토의 · 토론 활동을 하면 핵심 판서는 활동 전에 미리 정리한다.

▲ 결론 도출하는 모습

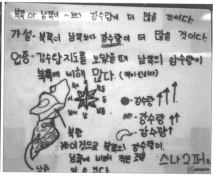
▲ 가설에 따른 입증 및 결론 도출 결과물

다. 사용한 자료

• 강수량 그래프

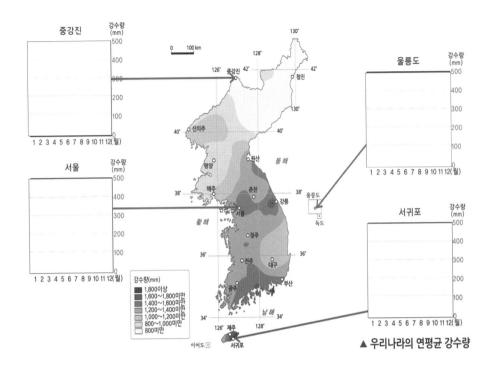

▲ 우리나라의 연평균 강수량

• 각 지역 월별 강수량

중강진											
1	2	3	4	5	6	7	8	9	10	11	12
10	15	20	50	60	110	150	140	70	40	20	15
울릉도											
1	2	3	4	5	6	7	8	9	10	11	12
110	90	80	90	110	115	180	180	180	90	100	110
서울											
1	2	3	4	5	6	7	8	9	10	11	12
10	15	30	60	100	120	390	385	180	70	60	20
서귀포											
1	2	3	4	5	6	7	8	9	10	11	12
70	80	120	180	200	290	310	300	200	90	85	60

교통과 통신의 발달로 변화된 생활 모습 알아보기

단원	5-1-1. 살기 좋은 우리 국토	
배움 주제	교통과 통신의 발달로 변화된 생활 모습 알아보기	
준비물 및 자료, 예습적 과제	교사	활동지(브레인스토밍 토의·토론), 모둠 칠판, 보드마카
	학생	
핵심 성취 기준	교통과 통신의 발달로 변해 가는 우리나라 국토의 모습에 대해 말할 수 있다.	
핵심 역량	의사소통 및 협업 능력	
주제 개요 및 수업자 의도	본 수업은 교통과 통신의 발달이 국토의 변화에 어떤 영향을 주었는지 다룬다. 도시의 발달 과정을 살펴보는 활동은 4학년 때 다루었기 때문에 수업에서는 교통과 통신의 발달로 국토의 크기가 변화하고 있음에 초점을 둔다. 성취 기준에 도달하려면 먼저 교과서에 제시된 1980년대 교통도와 2013년도 교통도를 브레인스토밍 토의·토론으로 각 특징을 이야기한 후 정리한다. 그리고 교통과 통신의 발달로 일어난 삶의 변화를 더블 버블맵 토의·토론으로 정리한다.	

평가 관점	수업의 흐름	자료 및 유의점	반성 및 성찰
	◎ 예습적 과제를 짝꿍과 대화		
	◎ 배움 주제 교통과 통신의 발달로 변화한 생활 모습 알아보기 ◎ 배움 순서 – 교통도 비교하기 – 교통과 통신의 발달로 일어난 삶의 변화 알기		
의사소통 및 협업 능력	◎ 교통도 비교 – 1980년대, 2013년도 교통도 비교하기 – 1980년대, 2013년도 교통도 비교한 결과를 짝 토론하기 – 토론 결과를 공책에 정리하기		학생들이 교통도를 비교한 짝 토론 결과를 반영하여 핵심 판서로 정리한다. 학생들이 판서를 받아들이는 자세가 달라진다.
의사소통 및 협업 능력	◎ 교통과 통신의 발달로 일어난 삶의 변화 알기 – 교통과 통신의 발달로 일어난 삶의 변화 공통점, 차이점을 더블 버블맵 토의·토론하기 – 토의·토론 결과를 더블 버블맵에 정리 및 발표하기	모둠 칠판, 보드마카	더블 버블맵으로 정리할 때, 학생들이 참여도나 기여도를 공깃돌 평가로 상호 평가하면 참여도가 더 높아진다.

가. 과정 1: 교통도 비교하기

    1980년대와 2013년도의 교통도를 서로 비교하기 전에 먼저 1980년대 교통도를 보고 알 수 있는 것, 2013년도 교통도를 보고 알 수 있는 것을 학생들이 브레인스토밍으로 정리하게 한다. 그리고 브레인스토밍으로 정리한 결과를 바탕으로 짝 토론을 하여 1980년대와 2013년도의 교통도를 비교한다. 짝 토론을 하고 비교 결과를 공책에 정리한다. 이러한 비교 활동으로 교통이 발달했으며, 이것이 우리 삶에 어떤 변화를 가져왔는지 생각하게 한다.

▲ 1980년대와 2013년도 교통도 비교 · 탐색　　　　　▲ 비교한 결과를 짝 토론으로 의견 나누는 모습

나. 과정 2: 교통과 통신의 발달로 일어난 삶의 변화 알아보기

    교통의 발달로 일어난 삶의 변화와 통신의 발달로 일어난 삶의 변화를 학생들이 파악하게 한다. 이때 더블 버블맵 토의 · 토론을 하고 정리하면 교통과 통신의 발달로 일어난 우리 삶의 변화를 좀 더 분석적으로 파악할 수 있다.

 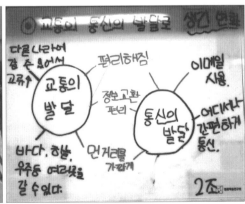

▲ 더블 버블맵 토의 · 토론하는 모습　　　　　▲ 더블 버블맵 토의 · 토론 결과물

사례에서 환경이 지닌 특성 탐구하기

단원	5-1-2. 환경과 조화를 이루는 국토		
배움 주제	사례에서 환경이 지닌 특성 탐구하기		
준비물 및 자료, 예습적 과제	교사	디딤영상(다양한 환경 오염 사례, 발표 준비, 발표 순서)	
	학생	환경 오염 사례 조사(모둠원 1: 황사, 모둠원 2: 태화강, 모둠원 3: 낙동강 페놀 오염, 모둠원 4: 태안 기름 유출)하기	
핵심 성취 기준	인간을 둘러싼 인문 환경과 자연환경의 뜻을 알고, 그 특성에 대해 설명할 수 있다.		
핵심 역량	의사소통 및 협업 능력, 비판적 사고력		
주제 개요 및 수업자 의도	본 수업은 사례를 바탕으로 환경의 특성을 파악하도록 구성되어 있다. 환경의 특성을 알아보는 데 환경 문제와 관련된 사례를 택한 것은 모순적이게도 환경에 문제가 생겼을 때 환경의 특성을 쉽게 파악할 수 있기 때문이다. 수업자는 교과서와 지도서를 참고하여 환경 문제 사례 4개(황사, 태화강, 낙동강 페놀 오염, 태안 기름 유출)를 전문가 토의 · 토론 수업 방법으로 디자인한다. 모둠원 1은 황사, 모둠원 2는 태화강, 모둠원 3은 낙동강 페놀 오염, 모둠원 4는 태안 기름 유출 사건을 미리 과제로 조사한 후 수업 시간에 같은 주제로 조사한 학생들이 모여 전문가 집단을 구성한다. 다시 원래 모둠으로 모여 각 환경 오염 사건을 설명하고 환경이 지닌 특성에 대해 모둠 의견 만들기 토의 · 토론으로 이야기한다.		

평가 관점	수업의 흐름	자료 및 유의점	반성 및 성찰
	◎ 배움 주제 사례로 환경이 지닌 특성 탐구하기 ◎ 배움 순서 – 전문가 집단 구성하기 – 모둠 의견 만들기 토의 · 토론하기		
의사소통 및 협업 능력, 비판적 사고력	◎ 전문가 집단 구성 – 모둠원 1은 황사, 모둠원 2는 태화강, 모둠원 3은 낙동강 페놀 오염, 모둠원 4는 태안 기름 유출 사건 자료 확인하기 – 같은 주제를 조사한 학생들끼리 모이기 – 조사한 자료를 공유 및 질문을 통해 전문가 되기	전문가 집단으로 모였을 때 조사해 오지 못한 친구들은 조사 양해를 구할 수 있도록 지도하기	– 미리 학생들에게 이 수업은 1명이라도 조사를 하지 않으면 진행하기 어렵다고 책임감을 부여하면 좋을 것 같다. – 조사를 못하면 아침 독서 시간을 활용하여 조사하도록 배려한다.
의사소통 및 협업 능력	◎ 환경이 지닌 특성 알아보기 – 다시 원래 모둠으로 모이기 – 자신이 조사한 주제에 대해 돌아가며 말하기 토의 · 토론하기 – 환경이 지닌 특성에 대해 모둠 의견 만들기 토의 · 토론하기	전문가들이 자신의 주제를 이야기할 때 듣는 친구들은 공책 정리 및 질문하기	

가. 과정 1: 전문가 집단 구성하기

모둠에서 같은 분야(모둠원 1은 황사, 모둠원 2는 태화강, 모둠원 3은 낙동강 페놀 오염, 모둠원 4는 태안 기름 유출 사건 자료 확인하기)를 조사한 학생들끼리 모여서 집단을 이룬다. 조사한 내용을 서로 공유하고 질문하며 부족한 부분을 채운다.

▲ 각 분야의 전문가들이 모여 조사한 내용을 공유하고 질문하는 모습

나. 과정 2: 환경이 지닌 특성 알기

원래 모둠으로 돌아가서 자신이 조사한 환경 문제를 모둠원에게 돌아가며 설명한다. 설명을 듣는 모둠원은 내용을 공책에 정리하거나 전문가에게 질문을 한다. 이렇게 환경 사건 4개를 학습한 후에는 환경이 가지는 특성으로 모둠 의견 만들기 토의 · 토론을 한다.

▲ 자신이 조사한 분야를 설명하는 모습   ▲ 전문가 친구가 전달한 내용을 공책에 정리

바람직한 국토 개발의 방향 알아보기

단원		5-1-2. 환경과 조화를 이루는 국토		
배움 주제		– 바람직한 국토 개발의 방향에 대해 말할 수 있다. – 바람직한 국토 개발의 방향에 대해 토론할 수 있다. – 토론 활동할 때는 상대방을 인정하고 존중하는 태도를 지닌다.		
준비물	교사	이젤패드, 매직, PPT 자료	학생	디딤영상, 6단 논법 정리된 공책

배움 활동		수업의 흐름	시간 (분)	자료 및 유의점
디딤영상	배움 문제 확인	– 국토 개발의 장점과 단점 알아보기, 광주천 자전거 도로 개발 논란 알아보기 – 광주천 자전거 도로 개발과 환경 보전 중에 더 중요하다고 생각하는 것 한 가지를 선택하여 6단 논법으로 정리		
	WSQ	디딤영상 내용 WSQ 정리		
대면 활동	배움 주제 확인하기	◎ 배움 주제 토론을 통해 광주천 자전거 도로 개발의 방향 생각하기	5′	
	활동 안내	– 배움 활동 1: WSQ 대화하기 – 배움 활동 2: 토론하기 – 배움 활동 3: 바람직한 방향 제안하기		
	배움 활동 1	◎ WSQ 대화 활동 동영상 강의에서 배운 내용을 상기하고 질문하고 답하기	5′	
	배움 활동 2	◎ 문제 알아보기 광주천 자전거 도로 개발 논란 ◎ 입장 정하기 – 광주광역시장의 입장과 환경 단체의 입장 중 한 가지 선택하기 – 선택한 입장에 따라 자리에 앉기 ◎ 국토 개발 vs 환경 보존 토론 광주천 자전거 도로 개발 문제와 관련하여 전체 토론하기 – 1단계(주장): 찬성 측 주장 → 반대 측 주장 – 2단계(질의 응답): 찬성 측 질문 → 반대 측 답변 → 반대 측 질문 → 찬성 측 답변 → 찬성 측 일반 시민의 의견 → 반대 측 일반 시민의 의견(2단계는 허락된 시간에 맞추어 여러 번 반복할 수 있다)		– PPT 자료(무등산 생태 탐방 연수원 개발 논란 기사) – 학생들이 토론하면서 이기고 지는 것에 중점을 두지 않고 그 과정에서 어떤 것을 배웠는가에 중점을 두는 것이 더 중요하다고 지도한다.

배움 활동		수업의 흐름	시간 (분)	자료 및 유의점
대면 활동	배움 활동 2	– 3단계(전문가 의견 듣기): 광주광역시청 관계자 의 답변 → 환경 단체 관계자의 답변 – 4단계(입장 바꾸기): 토론을 통해 입장이 바뀐 학 생들은 입장을 바꾸어 토론하도록 한다(2단계로 다시 돌아간다). – 5단계(정리): 찬성 측 정리 발표 → 반대 측 정리 발표	20′	– 동영상 자료(일반 시민 답 변, 광주광역시청 관계자의 답 변, 환경 단체 관계자의 답변) – 환경 단체 관계자(녹색연합 사무국장)가 직접 수업 현장 에 와서 환경 단체의 입장을 이야기하고 아이들의 질문을 받는다.
	배움 활동 3	◎ 제안 – 광주천 자전거 도로 개발 입장과 환경 보전 입 장에서 상대방에게 칭찬·조언하기 – 바람직한 국토 개발이란 무엇인지 모둠 토의· 발표하기 – 광주천 자전거 도로 개발 입장과 환경 보전 입 장에서 광주광역시청에 제안서 쓰기	10′	– 이젤패드, 매직 – 전 시간에 국토 개발과 관 련해서 고려할 점을 이용하 여 간단하게 정리하도록 지 도한다.
	학생 삶과 연 계하기 차시 예고	◎ 이번 수업 시간에 배운 내용을 정리하고 소감 이야기 ◎ 다음 시간에 배울 내용 안내 친환경적인 태도를 실천할 수 있는 방법 생각해 오기	5′	

: 수업의 실제

가. 과정 1: 입장 정하기

바람직한 국토 개발과 방향을 수업하고 배운다. 수업자는 광주에 있는 국토 문제를 이용하여 학급 전체 토론으로 수업을 하고자 했다. 수업 전에 자전거 도로를 개발할 실제 장소인 광주천에 가서 인근 주민들을 인터뷰했다. 수업에서는 자전거 도로 개발과 관련하여 찬성과 반대 중에 먼 저 자신의 입장을 정했다.

▲ 수업 전 학생들이 지역 주민과 인터뷰하는 모습

▲ 입장을 정하고 자리에 착석하는 모습

나. 과정 2: 학급 전체 토론하기

학급 전체 토론을 할 때 전원 교차 질의는 잘 사용하지 않는다. 학생 수가 많은데, 서로 질문하고 답하면 어수선하고 집중하기도 어렵기 때문이다. 찬성 입장이 주장을 하면 반대 측에서 반론을 하고 찬성 측은 답변만 할 수 있으며, 반대 입장이 주장을 하면 찬성 측에서 반론을 하고 반대 측은 답변만 하는 전원 교차 조사 방법을 이용했다. 그리고 학급 전체 토론을 마치고 광주천 자전거 도로를 개발하는 올바른 방법을 모둠별로 이야기했다.

◀ 토론하는 모습

◀ 마지막 주장 전 논거를 다듬는 모습

지속 가능한 발전 사례 알아보기

단원	5-1-2. 환경과 조화를 이루는 국토		
배움 주제	지속 가능한 발전 사례 알아보기		
준비물 및 자료, 예습적 과제	교사	4절지, 매직, 풀	
	학생	조사 자료(신효천 마을)	
핵심 성취 기준	지속 가능한 발전의 사례를 찾아보고 그 특징과 필요성을 설명할 수 있다.		
핵심 역량	의사소통 및 협업 능력, 비판적 사고력		
주제 개요 및 수업자 의도	본 수업은 이전 수업에서 학습한 지속 가능한 발전의 필요성에 이어 지속 가능한 발전의 사례를 보여 준다. 운이 좋게도 지도서와 교과서에 광주 신효천 마을이 예시 사례로 나온다. 그래서 수업자는 학생들이 광주 신효천 마을을 살펴보고, 이를 통해 지속 가능한 발전이 실제로 우리 지역에서 일어나고 있다는 것을 알게 한다. 수업 전 신효천 마을을 학생들이 조사하고, 주말을 이용해서 신효천 마을을 답사하여 주민들과 인터뷰를 하도록 과제를 미리 제출한다. 본 수업에서는 학생들이 신효천 마을을 조사한 자료를 활용하여 보고서를 작성하고, 발표 정리하는 방향으로 수업을 진행한다.		

평가 관점	수업의 흐름	자료 및 유의점	반성 및 성찰
	◎ 배움 주제 지속 가능한 발전 사례 알아보기 ◎ 배움 순서 – 보고서 작성하기 – 발표 및 평가하기		
의사소통 및 협업 능력, 비판적 사고력	◎ 보고서 작성 – 보고서에 들어갈 개요와 자료에 대해 모둠 의견 만들기 토의·토론 하기 – 선별된 자료를 활용하여 보고서 작성하기	– 4절지, 매직 – 학생들이 1명도 소외되지 않도록 협업을 강조하여 이것을 평가와 연계하기	답사를 다녀온 학생들은 수업을 대하는 자세가 다르다. 실제로 관찰하고, 부모와 함께 체험할 수 있는 과제도 내면 좋을 것 같다.
	◎ 발표 및 평가 – 완성된 보고서 발표하기 – 발표 후 공깃돌 평가하기	– 보고서를 작성하므로 수업 시간이 부족할 수 있다. – 모든 모둠을 발표하지 않고 수업 시간에 맞추어서 유동적으로 발표한다.	발표를 못한 모둠은 많은 아쉬움을 토로했다. 이때는 다음 수업 시간을 조금 할애하여 발표할 기회를 주거나 다음 사회 수업 시간에 발표하게 한다.

가. 과정 1: 수업 준비하기

이번 수업은 학생들이 실제 수업보다 수업 준비를 하면서 더 많이 배울 수 있었다. 직접 주말을 이용하여 신효천 마을에 다녀오고, 주민들과 인터뷰도 했다. 이것으로 학생들은 지속 가능한 발전에 큰 관심을 갖게 되고, 이러한 노력들이 실제 경제적으로 많은 효과가 있음도 느꼈다.

▲ 광주 신효천 마을에 답사를 다녀온 모습

▲ 마을 주민과 인터뷰를 하는 모습

나. 과정 2: 보고서 작성 및 발표하기

수업 시간에는 보고서를 작성하고 발표한다. 간단한 수업 흐름이지만 학생들이 참여하는 자세가 달랐다. 실제 답사를 다녀온 친구는 같은 모둠 친구들에게 신효천 마을을 설명해 주기 바빴고, 어느 때보다 열정적으로 수업에 참여했다. 수업의 재료를 교실로 가져올 수 없는 것이 사회 과목의 단점인데, 이 수업은 재료를 교실로 가져올 수 있었다. 특히 사회는 10번 듣는 것보다 학생들이 직접 가 보고 눈으로 확인하면 더 많은 것을 배울 수 있다.

▲ 보고서 작성하는 모습

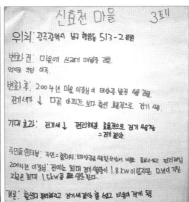
▲ 신효천 마을 보고서 결과물

지속 가능한 발전을 하려면 어떤 태도가 필요한지 알아보기

단원	5-1-2. 환경과 조화를 이루는 국토		
배움 주제	지속 가능한 발전을 하려면 어떤 태도가 필요한지 알아보기		
준비물 및 자료, 예습적 과제	교사	디딤영상(90%를 위한 디자인)	
	학생	내용 확인 질문 2개, 실천 질문 1개, 상상 질문 1개, 종합 질문 1개 만들어 오기	
핵심 성취 기준	우리나라 국토 수준에서 인간과 환경은 상호 보완적인 관계임을 이해하고 친환경적인 태도를 실천하는 방안을 제시할 수 있다.		
핵심 역량	의사소통 및 협업 능력, 비판적 사고력		
주제 개요 및 수업자 의도	본 수업에서 지속 가능한 발전에 대한 이해를 바탕으로 지속 가능한 발전을 위한 태도를 알아본다. 수업자는 학생들이 〈90%를 위한 디자인〉(지식채널-e)을 시청하게 하고, 질문 만들기 하브루타로 수업을 디자인한다. 학생들은 하브루타 수업 방법을 통해 지속 가능한 발전을 하는 데 어떤 태도가 필요한지 자연스럽게 이야기하는 시간을 갖는다.		

평가 관점	수업의 흐름	자료 및 유의점	반성 및 성찰
	◎ 디딤영상 확인, WSQ 대화		
	◎ 배움 주제 〈90%를 위한 디자인〉을 보고 하브루타하기 ◎ 배움 순서 – 짝 토론하기 – 모둠 토론하기		
의사소통 및 협업 능력, 비판적 사고력	◎ 짝 토론 – 〈90%를 위한 디자인〉 시청하기 – 동영상 시청 후 질문 5개 만들기, 질문은 사실·상상·실천·종합 질문 등 종류가 모두 포함되게 만들기 – 완성된 질문으로 짝 토론하기 – 좋은 질문 3개 선정하기	학생들이 혹시 질문 만들기 과제를 하지 않았다면 동영상 시청 후 2~3분간 질문을 만들 수 있는 시간을 제공한다. 과제를 한 친구들은 질문을 수정할 시간을 제공한다.	하브루타 질문 만드는 예시 종이를 뽑아서 학생들에게 배부한다.
	◎ 모둠 토론 – 모둠에서 질문 6개로 모둠 토론하기 – 최고의 질문 1개 선정하기 – 최고의 질문에 대해 심화 토론하기 – 모둠에서 질문에 대해 합의한 답을 모둠 칠판에 정리하기 – 발표하기	– 1차 좋은 질문에 대한 모둠 토론 5분 – 2차 최고의 질문에 대한 모둠 토론 5분	1차 모둠 토론을 할 때는 최고의 질문을 선정하라는 이야기를 하지 않는 것이 좋겠다. 학생들이 대화는 하지 않고 최고의 질문을 선정한 후 수업이 끝났다고 말하는 모둠이 발생했다.

: 수업의 실제

가. 과정 1: 짝 토론하기

〈90%를 위한 디자인〉을 보고 사실 질문, 상상 질문, 실천 질문, 종합 질문의 종류가 하나 이상씩 들어가도록 질문 5개를 만든다. 원래 디딤영상을 보고 학생들이 미리 어떤 내용인지 파악해야 하지만, 디딤영상을 보지 못한 학생들을 위해 쉬는 시간을 이용하거나 수업 도입 부분에서 영상을 보여 준다. 만든 질문은 짝 토론으로 사고를 심화시킨다. 짝꿍과 짝 토론을 하고 좋은 질문 3개를 선정한다.

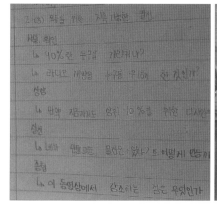

▲ 질문 만들기 결과물

▲ 짝 토론하는 모습

나. 과정 2: 모둠 토론하기

앞 짝꿍이 선정한 좋은 질문 3개, 뒤 짝꿍이 선정한 좋은 질문 3개 등 총 6개 좋은 질문으로 모둠 토론을 한다. 5분간 모둠 토론을 마친 후 다시 5분을 주고 최고의 질문을 하나 선정하여 모둠의 합의된 답을 모둠 칠판에 정리한다.

▲ 모둠 토론하는 모습

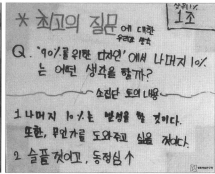

▲ 최고의 질문, 합의된 모둠 답변

이웃 나라의 문화를 살펴보며 우리나라의 문화와 다른 점 알아보기

단원	6-2-2. 이웃 나라의 환경과 생활 모습		
배움 주제	이웃 나라의 문화를 살펴보며 우리나라의 문화와 다른 점 알아보기		
준비물 및 자료, 예습적 과제	교사	2절지, 매직	
	학생	전 시간에 선택한 주제와 관련된 자료 조사해 오기	
핵심 성취 기준	우리나라와 중국, 일본, 러시아 간의 문화적 차이점과 유사점을 설명할 수 있다.		
핵심 역량	의사소통 및 협업 능력, 정보 활용 능력		
주제 개요 및 수업자 의도	전 수업에서 모둠별로 문화와 관련된 주제 6개(음식, 언어, 놀이, 건축, 체험, 의상) 중에서 1개를 선정한다. 그래서 첫 번째 수업에서 선정한 주제를 중국, 일본, 러시아, 한국과 비교하여 보고서를 작성한다. 교과서에서는 주로 과거와 관련된 의식주를 사례로 제시했지만, 과거와 현재 문화 모두 상관없이 비교·조사할 수 있도록 한다. 단 자료를 조사하거나 구하기 어렵다면 한 나라 정도는 생략 가능하다. 두 번째 수업에서는 완성된 보고서를 이용하여 전시장 관람 토의·토론을 한다. 학생들은 이웃 나라 6개의 다양한 문화를 비교·분석할 수 있다.		

평가 관점	수업의 흐름	자료 및 유의점	반성 및 성찰
	◎ 동기 유발 자신의 모둠에서 선택한 문화 주제 이야기하기		
	◎ 배움 주제 이웃 나라의 문화를 살펴보며 우리나라의 문화와 다른 점 알아보기 ◎ 배움 순서 - 전시장(보고서) 준비하기 - 전시장 관람 토의·토론하기		
의사소통 및 협업 능력	◎ 전시장(보고서 준비) - 조사한 자료를 분류하여 정리하기 - 선별된 자료를 활용하여 중국, 일본, 러시아, 한국 문화 비교 보고서 작성하기 - 평가하기	- 2절지, 매직 - 한 모둠당 한 대의 휴대 전화 검색 5분간 허용하기	휴대 전화 사용은 1시간으로 제한한다. 그래야 집중할 수 있다.
정보 활용 능력	◎ 전시장 관람 토의·토론 - 앞 짝꿍은 다른 모둠을 돌며 설명을 듣고, 뒤 짝꿍은 설명하기 - 설명을 들으며, 서로 질문하고 답하기 - 역할을 바꾸어서 뒤 짝꿍이 다른 모둠을 돌며 설명 듣고 앞 짝꿍은 설명하기	한 타임당 3분, 5번 이동하기	평가할 때 보상 스티커 하나씩 배부, 잘한 모둠에게 준 후 그것을 모둠원 친구들이 나누어 갖게 하기

: 수업의 실제

가. 과정 1: 전시장 준비하기

전 수업 시간에 모둠별로 문화와 관련된 것이 무엇이 있을지 허니컴보드에 적었다. 그리고 이것을 비슷한 종류끼리 6개(음식, 언어, 놀이, 건축, 체험, 의상)로 분류했다. 각 모둠에서는 주제를 하나 선정하여 미리 조사한다. 첫 번째 수업 시간에는 조사한 자료를 활용하여 선정한 주제를 보고서로 작성한다.

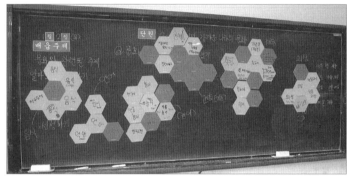
▲ 전 수업에서 문화와 관련된 주제를 분류한 모습

▲ 보고서를 작성하는 모습

나. 과정 2: 전시장 관람 토의 · 토론하기

두 번째 수업 시간에는 전시장 관람 토의 · 토론을 한다. 앞 짝꿍 한 팀, 뒤 짝꿍 한 팀으로 나눈다. 두 팀 중 먼저 한 팀이 모둠에서 전시장을 설명한다. 다른 한 팀은 다섯 모둠의 전시장을 관람한다. 다섯 모둠의 전시장을 모두 관람한 후 입장을 바꾼다. 전시장을 관람하는 팀은 설명을 하고, 설명하는 팀은 전시장을 돌며 앞에서 한 과정을 반복한다.

▲ 전시장 관람 토의 · 토론하는 모습

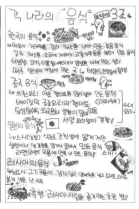
▲ 완성된 보고서 결과물

동북아시아 문제를 해결하는 방법 토의·토론하기

단원	6-2-2. 이웃 나라의 환경과 생활 모습		
배움 주제	동북아시아 문제를 해결하는 방법 토의·토론하기		
핵심 성취 기준	우리나라와 중국, 일본, 러시아 간의 협력 또는 갈등 사례를 알아보고, 그 이유를 설명할 수 있다.		
배움 목표	– 동북아시아 문제에 대한 해결 방법을 말할 수 있다. – 동북아시아 문제에 대한 해결 방법을 토의·토론을 통해 찾을 수 있다. – 토의·토론 활동을 할 때는 상대방을 인정하고 존중하는 태도를 가진다.		
핵심·교과 역량	지식 정보 처리 역량, 의사소통 및 협업 역량	인성 덕목	소통, 존중, 배려, 협동
준비물 및 자료	모둠 칠판, 보드마카		
나만의 수업 아이디어	– 다가가기 어려운 동북아시아 문제에 대한 해결 방법을 찾기 전에, 아이들의 삶과 연계되고 친숙한 우리 반의 쓰레기 환경 문제를 먼저 해결한다. 이를 유추하여 동북아시아 문제에 대한 해결 방법을 찾을 수 있도록 한다. – why-how 토의·토론 방법을 활용하여 학생들이 동북아시아 문제에 대해서 근본적인 원인과 해결 방법을 생각하고 말할 수 있는 기회를 제공한다.		

과정 (분)	중심 내용	수업의 흐름	자료 및 유의점
배움 열기 (5')		◎ 배움 주제 동북아시아 문제에 대한 해결 방법 토의·토론하기 ◎ 배움 순서 – 배움 주제를 보고, 오늘 활동할 배움 계획을 알아보기 – 우리 반의 문제 해결하기 – 동북아시아 문제 해결하기	
배움 펼치기 (30')	우리 반 쓰레기 문제 해결하기	◎ 활동 1: 우리 반의 문제 해결 – 우리 반의 쓰레기를 치우지 않는 사실에 대해서 이야기하기 – 쓰레기를 치우지 않는 불편한 점 이야기(우리 반의 쓰레기 문제에 대해서 why-how 토의·토론 활동하기) – 우리 반 쓰레기 문제에 대한 원인·해결 방법 알아보기 – 결과 발표하기	

과정 (분)	중심 내용	수업의 흐름	자료 및 유의점
배움 펼치기 (30')	동북 아시아 문제 해결하기	◎ 활동 2: 동북아시아 문제 해결 – 동북아시아 문제로 불편한 점을 이야기하기(모둠에서 조사한 동북아시아 문제에 대해서 why–how 토의 · 토론 활동하기) – 동북아시아 문제에 대한 원인 · 해결 방법 알아보기 – 결과 발표하기	– 모둠 칠판, 보드마카 – 학생들이 동북아시아 해결 방법을 찾기 어려워할 경우 앞에서 말한 우리 반 환경 문제 해결 방법을 참고할 수 있도록 안내한다. – 학생들은 전 차시에 모둠 별로 조사했던 동북아시아 문제에 대한 해결 방법을 이야기한다.
배움 정리 (5')	배움 쓰기 및 성찰하기	◎ 배움 쓰기 및 성찰 배움을 기록하고, 배움을 자신의 생활과 연계할 방법을 서로 이야기(공유)한다.	
	차시 예고 및 과제 제시하기	◎ 차시 안내 학교 홈페이지에 올린 우리나라와 이웃 나라의 갈등 사례에 대한 디딤영상을 보고 배움 공책에 정리할 수 있도록 안내한다.	

: 수업의 실제

가. 과정 1: 우리 반의 문제 해결하기

전 수업 시간에 우리 반의 가장 큰 문제에 대해 이야기를 했고, 그 결과 청소를 잘 하지 않는다는 문제를 선정했다. 이번 수업 시간에는 동북아시아 문제처럼 학생들이 다가가기 어려운 문제를 바로 다루기보다는 우리 반 문제에 대한 원인과 해결 방법을 먼저 찾아본다. 학생들은 다양한 해결 방안을 제시했고, 활동을 마친 후에 이를 활용하여 청소 문제를 해결하자고 약속했다.

▲ 청소 문제에 대한 why–how 토의·토론

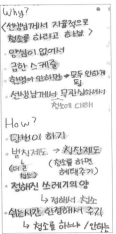

▲ 우리 반 문제를 why–how 토의·토론한 결과물

나. 과정 2: 동북아시아 문제 해결하기

동북아시아 문제의 원인은 다양한 매체와 자료로도 알 수 있지만, 해결 방법을 학생들이 생각하기에는 어려울 수 있다. 하지만 학생들이 우리 반 문제를 해결하는 과정을 동북아시아 문제의 해결 방법에서 유추한다면 쉽게 찾을 수 있을 것이다. 예를 들어 다음 결과물 사진처럼 중국의 사드 문제에 대해서 청소를 잘 하면 쉬는 시간 주기(혜택)를 보고, 중국 국민들에게 혜택이나 중국을 칭찬한다는 방법을 유추할 수 있다.

▲ 동북아시아에 대한 why–how 토의·토론

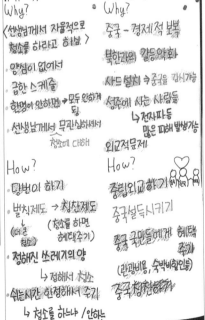

동북아시아 문제를 why–how 토의·토론한 결과물 ▶

5대양 6대륙 특징을 파악하고 땅따먹기 게임하기

단원	6-2-3. 세계 여러 지역의 자연과 문화		
배움 주제	5대양 6대륙 특징을 파악하고 땅따먹기 게임하기		
준비물 및 자료, 예습적 과제	교사	활동지(땅따먹기, 땅따먹기 놀이 결과판)	
	학생	사회과 부도(인구는 124~128쪽, 세계 전도는 28~29쪽)	
핵심 성취 기준	지도 및 지구본에서 세계 여러 나라의 위치와 영역을 살펴보고, 그 특징에 대해 비교하여 설명할 수 있다.		
핵심 역량	정보 활용 능력, 의사소통 및 협업 능력		
주제 개요 및 수업자 의도	이 주제는 세계 지도를 활용하여 각 나라의 위치와 영역, 크기와 영토 모양을 찾아보고, 그 나라의 자연환경에 대해 정리하도록 구성되어 있다. 수업자는 대구 이현초등학교 우승대 선생님의 수업을 참고하여 땅따먹기와 인포그래픽을 이용한 수업을 진행한다. 먼저 첫 수업은 5대양 6대륙의 위치를 파악하고 특징을 정리한 후, 땅따먹기 게임을 한다. 두 번째 수업에서는 전 수업에서 땅따먹기 게임을 통해 정리한 결과판을 참고하여 세계 여러 나라의 국토 면적과 인구수를 인포그래픽으로 정리한다.		

평가 관점	수업의 흐름	자료 및 유의점	반성 및 성찰
	◎ 동기 유발 5대양 6대륙은 무엇일까? 5대양은 무엇을 말할까? 6대륙은 무엇을 말할까?		첫 수업에서는 어림하는 방법 알려 주고 시작하기. 알려 주지 않고 수업을 하면 학생들이 너무 어려워한다. 이것을 설명하고 학생들이 이해하기까지 꽤 시간이 걸린다. 차라리 디딤영상으로 어림하는 방법을 가르쳐 주는 것이 더 좋을 것 같다.
	◎ 배움 주제 5대양 6대륙의 위치를 확인하고 땅따먹기 게임하기 ◎ 배움 순서 – 5대양 6대륙 파악하기 – 땅따먹기 게임하기		
정보 활용 능력	◎ 5대양 6대륙 파악 – 세계 지도 활동지를 보고 5대양 6대륙 위치 파악하기 – 교과서 118쪽을 참고하여 5대양 6대륙 특징 정리하기 – 진진가 평가하기	– 활동지(세계 지도) – 진진가 평가는 시간상 생략 가능	– 시간은 8분 정도면 충분하다. – 진진가 2분 정도면 알맞다.
의사소통 및 협업 능력	◎ 땅따먹기 게임 – 땅따먹기 게임하기 – 땅따먹고 세계 지도 활동지에 먹은 땅 색칠하기 – 땅따먹기 놀이 결과판 정리하기 ※ 결과판에서 면적은 어림하여 10만 ㎢로 나타내기(1만 ㎢에서 반올림)	– 자석, 색연필 – 시간을 충분히 주어도 다 마치지 못한다. 하는 데까지 할 수 있도록 지도한다.	– 시간 때문에 모둠으로만 하기. 게임 후 가장 넓은 지역을 차지한 학생에게 보상한다. – 땅따먹기 나라는 16개 다 정리해야 한다. 따라서 친구들이 땅을 따먹었다고 해서 정리하지 않는 것이 아니라 다 같이 해야 한다.

: 수업의 실제

가. 과정 1: 5대양 6대륙 파악하기

수업자는 세계 여러 나라의 모습을 살펴보기 전에 5대양 6대륙이 무엇인지 이해하는 것이 우선이라고 생각했다. 학생들은 활동지(세계 지도)를 받고, 교과서를 활용하여 5대양 6대륙의 특징을 정리한다.

▲ 5대양 6대륙의 특징을 정리하는 모습   ▲ 5대양 6대륙의 특징을 정리한 결과물

나. 과정 2: 땅따먹기 게임하기

학생들이 재미있고 즐겁게 참여한 활동이다. 이 활동은 대구 이현초등학교 우승대 선생님 수업을 참고하여 수정·적용했다. 학생들은 땅따먹기 게임으로 자연스럽게 다양한 나라의 면적과 인구를 알게 된다. 면적은 땅따먹기 활동지로 정리하고, 인구는 사회과 부도를 활용하여 어림한 값을 정리한다. 면적은 1만 ㎢에서 반올림하고, 인구는 100만 명 자리에서 반올림한다.

▲ 땅따먹기 놀이를 하는 모습   ▲ 땅따먹기 놀이 결과판

다. 사용한 자료

단위: km²

중국 9,596,960	대한민국 99,720	케냐 580,367	러시아 17,098,242
브라질 8,514,877	일본 377,915	캐나다 9,984,670	이집트 1,001,450
칠레 756,102	오스트레일리아 7,741,220	프랑스 643,801	미국 9,826,675
이탈리아 301,340	인도네시아 1,904,569	폴란드 312,685	영국 243,610

발사

땅따먹기 놀이 결과판(학생용)

나라 이름	면적	인구

땅따먹기 놀이 결과판(교사용)

나라 이름	면적(㎢)	면적 변환(10만 ㎢)	인구(명)	인구 변환(1000만 명)
러시아	17098242	170	142958000	14
캐나다	9984670	99	34017000	3
미국	9826675	98	310384000	31
중국	9596960	95	1341335000	134
브라질	8514877	85	194946000	19
오스트레일리아	7741220	77	22268000	2
인도네시아	1904569	19	239871000	24
이집트	1001450	10	81121000	8
칠레	756102	7	17114000	2
프랑스	643801	6	62787000	6
케냐	580367	5	40513000	4
일본	377915	3	126536000	13
폴란드	312685	3	38277000	4
이탈리아	301340	3	60551000	6
영국	243610	2	62036000	6
대한민국	99720	1	48580000	5

세계 여러 나라의 국토 면적과 인구수를 인포그래픽으로 표현하기

단원	6-2-3. 세계 여러 지역의 자연과 문화	
배움 주제	세계 여러 나라의 국토 면적과 인구수를 인포그래픽으로 표현하기	
준비물 및 자료, 예습적 과제	교사	활동지(국토 면적, 인구수)
	학생	색연필
핵심 성취 기준	지구 및 지구본에서 세계 여러 나라의 위치와 영역을 살펴보고, 그 특징에 대해 비교하여 설명할 수 있다.	
핵심 역량	정보 활용 능력, 의사소통 및 협업 능력	
주제 개요 및 수업자 의도	세계 각 나라의 위치, 영역, 크기, 영토와 관련된 두 번째 수업으로 본 수업에서는 땅따먹기 게임을 통해 알게 된 각 나라의 국토 면적 크기를 국토 면적 활동지로 나타낸다. 활동을 마친 후 땅따먹기 놀이 결과판에 정리된 각 나라의 인구수를 참고하여 이것을 인포그래픽으로 정리한다.	

평가 관점	수업의 흐름	자료 및 유의점	반성 및 성찰
	◎ 전 차시 상기 무엇에 대해 배웠습니까?		
	◎ 배움 주제 세계 여러 나라의 국토 면적과 인구수를 인포그래픽으로 표현하기 ◎ 배움 순서 - 국토 면적 나타내기 - 인포그래픽으로 인구수 정리하기		- 수업 초반에 교사와 결과판 정답을 확인한다(수업 시간에 16개 나라를 모두 사용하므로 게임을 할 시간이 되지 않는다). 반 전체 친구들과 확인하며, 정리하지 못한 부분은 추가 정리한다. - 큰 나라부터 색칠할 수 있도록 안내한다.
정보 활용 능력	◎ 국토 면적 나타내기 - 땅따먹기 결과판을 활용하여 국토 면적을 10만 ㎢로 어림하여 표현하기 - 세계 여러 나라의 국토 면적을 국토 면적 활동지에 크기만큼 색칠하기	활동지(국토 면적)	
의사소통 및 협업 능력	◎ 세계 여러 나라의 인구수 알기 - 1000만 명, 1억 명, 10억 명 기준을 어떻게 인포그래픽으로 표현할지 토의·토론하기 - 만든 인포그래픽 캐릭터 기준으로 각 나라의 인구수 나타내기	활동지(인구수)	1000만 명, 1억 명, 10억 명을 나타내는 기준을 아이들과 토의해서 정리하되, 한 가지 모양으로 정하게 한다. 예를 들어 ○▽□ 모양으로 1000만 명, 1억 명, 10억 명 인구수를 가늠하기 어렵다.

가. 과정 1: 국토 면적 나타내기

국토 면적이 17098242㎢, 99720㎢인 두 나라가 있다. 과연 두 나라의 면적 크기는 얼마나 차이가 날까? 교사인 나도 짐작하기가 어렵다. 우리는 눈으로 양을 확인하면서 양적 크기를 인식한다. 그래서 숫자만 배열하는 것이 아니라 그래프를 함께 이용한다. 활동지에서 우리나라는 1칸 1 크기를 차지한다. 다른 나라의 크기를 색칠하면서 자연스럽게 서로의 크기를 비교할 수 있다.

▲ 결과판을 활용하여 국토 면적 색칠하는 모습   ▲ 세계 각 나라의 국토 면적 결과표

나. 과정 2: 인포그래픽으로 인구수 정리하기

과정 1처럼 인구수 또한 단순 숫자 배열이 아니라 이를 인구수 범례를 정하여 10억 명, 1억 명, 1000만 명으로 나누어 인포그래픽으로 정리한다. 이는 학생들이 세계 각 나라의 인구수를 쉽고 빠르게 비교할 수 있게 한다.

▲ 인구수 범례를 정하는 모습   ▲ 세계 여러 나라의 인구수를 인포그래픽으로 정리

다. 사용한 자료

세계 여러 나라의 국토 면적(□=10만 ㎢)

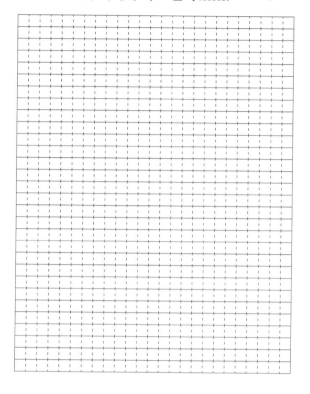

세계 여러 나라의 인구수

나라 이름	인구수

세계 여러 나라의 다양한 문화를 어떻게 대해야 하는지 알아보기

단원	6-2-3. 세계 여러 지역의 자연과 문화			
배움 주제	세계 여러 나라의 다양한 문화를 어떻게 대해야 하는지 알아보기			
준비물 및 자료, 예습적 과제	교사	A4용지		
	학생			
핵심 성취 기준	세계 여러 지역 사람들의 다양한 삶의 모습에서 발견할 수 있는 유사성과 차이점을 지리적 관점에서 이해하고, 문화적 차이를 존중하는 자세를 가진다.			
핵심 역량	의사소통 및 협업 능력, 문제 해결력 및 의사 결정력, 비판적 사고력			
주제 개요 및 수업자 의도	본 수업에서는 세계 여러 나라의 다양한 문화를 대하는 바람직한 태도를 알아본다. 이슬람 문화와 우리나라의 문호가 서로 달라 오해하는 상황을 통해 세계 여러 나라의 문화적 다양성을 이해하고, 다양한 문화를 어떻게 대해야 하는지 생각해 보고자 한다. 따라서 수업자는 다른 나라의 문화를 이해하려고 각 모둠에서 선택한 다른 나라의 문화(교과서 141~143쪽 참고)를 역할 놀이로 표현한다. 반대로 다른 나라에서 우리나라를 바라보는 경험을 핫시팅을 통해 느껴 본다. 개고기와 관련된 해외 뉴스를 보여 준 후 대한민국 국민의 대표를 1명 정해서 의견을 들어 본다. 다른 친구들은 대한민국 대표 역할을 한 친구를 비방하고 종이에 욕을 써서 던진다. 종이를 읽어 보고 다른 문화를 접할 때 바람직한 마음가짐을 모둠 문장 만들기 토의·토론을 통해 알아본다.			

평가 관점	수업의 흐름	자료 및 유의점	반성 및 성찰
	◎ 배움 주제 세계 여러 나라의 다양한 문화를 어떻게 대해야 하는지 알아보기 ◎ 배움 순서 - 역할 놀이 - 핫시팅 - 모둠 문장 만들기 토의·토론		
의사소통 및 협업 능력	◎ 역할 놀이 - 교과서 141~143쪽에 있는 다른 나라의 문화 중 하나 선택하기 - 선택한 문화에 대해 역할 놀이 준비 및 시연하기		
문제 해결력 및 의사 결정력, 비판적 사고력	◎ 핫시팅(우리나라 문화에 대해 생각하기) - '개고기 식용'과 관련된 뉴스 영상 시청하기 - 대한민국 국민 대표를 뽑아 개고기 식용에 대한 의견 듣기 - 다른 나라 사람들(대표 제외한 학생)이 개고기 식용과 관련하여 한 비방과 욕설을 적고, 대한민국 국민 대표에게 던지기(스노우볼) - 비방문을 읽어 보면서 느낌 공유하기	- A4용지 - 스노우볼 활동을 할 때는 대한민국 대표로 나온 친구 얼굴을 겨냥해서 던지지 않게 한다.	던진 후 맞은 사람이 나 자신이라고 생각하도록 안내하며, 학생들의 감정 이입을 돕는다.
비판적 사고력	◎ 모둠 문장 만들기 토의·토론 - 다른 나라 문화를 접할 때 바람직한 태도에 대해 생각하기 - '다른 나라 문화를 접할 때는 _____.'라는 모둠 문장 만들기 토의·토론하기		

가. 과정 1: 역할 놀이하기

먼저 세계 여러 지역의 다양한 문화를 알고 이해하는 것이 중요하다고 생각했다. 그래서 교과서에 있는 내용을 학생들이 역할 놀이로 표현하며 세계 여러 나라의 문화를 간접 경험한다. 학생들은 우리나라 문화와 다르기 때문에 다양한 감정 표현을 하며 적극적으로 참여했다. 다만 교사는 각 나라의 문화에 대해 학생들이 장난이 아닌 진지하게 접근하도록 안내한다.

▲ 역할 놀이 준비   ▲ 이슬람 결혼 문화에 대한 역할 놀이 시연

나. 과정 2: 핫시팅 활동하기

과정 1에서 다른 나라의 문화를 바라보는 활동을 했다. 반대로 다른 나라에서 우리나라 문화를 바라보는 활동을 하고자 한다. 논란이 되는 개고기 식용 문화를 다룬 뉴스 동영상을 시청한다. 대한민국 국민대표 1명을 선정하여 개고기 식용 문제에 자신의 의견을 밝힌다. 다른 학생들은 외국인이 되어 우리나라 국민대표를 비방하는 내용을 종이에 쓴다. 모두 앞에 나온 학생에게 스노우볼을 던진다. 스노우볼을 펼쳐서 읽고 느낀 점을 공유한다. 마지막으로 다른 나라 문화를 접할 때 바람직한 태도를 모둠 문장 만들기 토의·토론으로 이야기한다.

▲ 핫시팅 활동 모습   ▲ 욕설을 적은 스노우볼

자원 교류 및 사람들의 교류 모습을 보고 우리나라와 다른 나라 관계 알아보기

단원	6-2-3. 세계 여러 지역의 자연과 문화		
배움 주제	자원 교류 및 사람들의 교류 모습을 보고 우리나라와 다른 나라 관계 알아보기		
준비물 및 자료, 예습적 과제	교사	활동지(서클맵 토의 · 토론)	
	학생		
핵심 성취 기준	다양한 지리적 특성을 갖고 있는 나라들이 있음을 사례를 통해 파악하고, 그것이 우리나라와 관계에 미치는 영향을 비교하여 설명할 수 있다.		
핵심 역량	의사소통 및 협업 능력, 정보 활용 능력		
주제 개요 및 수업자 의도	이 주제는 앞에서 배운 세계의 자연환경과 문화에 대한 이해를 바탕으로 하므로 우리나라와 세계 여러 나라의 관계를 이해하는 데 주안점을 둔다. 따라서 이 주제에서는 자원 교류를 통해 우리나라와 다른 나라의 관계를 알아보고, 사람들이 교류하는 모습을 토대로 우리나라와 다른 나라가 어떤 관계를 맺고 있는지 살펴보고자 한다. 원래 본 단원은 2차시로 구성되어 있다. 하지만 학생들이 자원 교류와 세계 여러 나라 사람들의 교류를 분리해서 생각하지 않고 동일시하는 경향이 강해 2차시를 1차시로 통합하여 수업한다. 수업자는 9~10차시 내용을 보고 중요한 단어를 서클맵에 정리한 후 이 키워드로 질문을 만들어 하브루타를 한다. 이후 자원 교류를 통한 우리나라와 다른 나라의 관계, 사람들의 교류를 통한 우리나라와 다른 나라의 관계를 씽킹맵(더블 버블맵)으로 정리한다.		

평가 관점	수업의 흐름	자료 및 유의점	반성 및 성찰
	◎ 동기 유발 – 통학을 어떻게 하는가? 버스? 도보? 자가용? – 기름은 우리나라에서 생산할까?		
	◎ 배움 주제 자원 교류 및 사람들의 교류 모습을 통해 우리나라와 다른 나라 관계 알아보기 ◎ 배움 순서 – 서클맵 토의 · 토론하기 – 하브루타하기 – 씽킹맵 정리하기		
의사소통 및 협업 능력, 정보 활용 능력	◎ 서클맵 토의 · 토론 – 서클맵 한가운데 원에는 '우리나라와 세계 여러 나라의 관계', 바깥쪽 원에는 교과서 144~151쪽을 참고하여 핵심 키워드 정리하기 – 핵심 키워드와 관련된 질문 작성하기	활동지(서클맵 토의 · 토론)	
의사소통 및 협업 능력	◎ 하브루타 – 작성된 질문에 대해 서로 짝 토론하기 – 짝 토론을 하며 우리나라와 다른 나라의 관계 생각하기		
정보 활용 능력	◎ 더블 버블맵 토의 · 토론 '우리나라 → 다른 나라 교류' 주제 1개, '다른 나라 → 우리나라 교류' 주제 1개 총 2개로 더블 버블맵으로 정리하기	활동지(더블 버블맵 토의 · 토론)	더블 버블맵 정리할 때 비주얼 씽킹을 활용하여 정리하기

가. 과정 1: 서클맵 토의 · 토론 & 하브루타

서클맵 토의 · 토론은 하나의 주제나 개념 특징, 속성을 파악하는 수업 방법이다. 짝꿍과 함께 서클맵 토의 · 토론을 하여 우리나라와 세계 여러 나라의 관계라는 주제에서 다양한 관련 단어를 추출한다. 그리고 추출한 단어를 활용하여 짝꿍과 함께 질문을 만들고 하브루타를 한다. 수업자는 하브루타를 할 때 개인 역량에 따라 질문의 질이 차이가 크다는 것을 알게 되었다. 짝꿍과 함께 만든 질문은 개인에 따라 차이가 발생하는 질문의 질 문제를 어느 정도 해결할 수 있으며, 짝꿍과 함께 만들었기 때문에 주제를 깊게 공감할 수 있다는 장점이 있다.

▲ 서클맵 토의 · 토론 활동 모습　　　　　▲ 서클맵 토의 · 토론으로 질문 만들기 결과물

나. 과정 2: 더블 버블맵 토의 · 토론

우리나라와 다른 나라의 관계를 알아보는 성취 기준에 도달하려고 우리나라에서 다른 나라로 가는 자원 교류, 다른 나라에서 우리나라로 오는 자원 교류의 차이점과 공통점을 알아본다. 더블 버블맵 토의 · 토론으로 다른 나라와 우리나라의 관계를 생각한다.

▲ 더블 버블맵 토의 · 토론 활동 모습　　　　　▲ 학생들의 의견을 종합하여 핵심 판서 정리

03
일반 사회 수업
: 정치와 경제로 사회를 보는 안목을 기르다

사회과 교육의 목적은 지금보다 더 나은 세상을 만들 수 있는 학생의 자질을 기르는 것이다. 앞서 이야기했듯이, 지금보다 더 나은 세상을 만드는 것은 다양한 선택으로 이루어진다. 사회과에서 가장 많이 등장하는 단어 중 하나가 '선택'이다. 정치는 합리적 의사 결정을 추구하고, 경제는 현명한 선택을 추구한다. 그래서 일반 사회 부문에서는 의사 결정을 하거나 모의 선거, 통계표 이용 등을 수업에 활용하여 학생들이 사회 현상을 볼 수 있는 안목을 기르고 미래에 좋은 선택을 하도록 도와준다.

단원별 성취 기준

단원	성취 기준
1. 우리 경제의 성장과 발전(5-1-3)	• 다양한 경제 활동의 사례를 통해 우리 경제의 주요 특징이 자유와 경쟁에 있음을 이해할 수 있다. • 여러 가지 경제 정보 자료(통계, 사진, 각종 지표 등)를 이용하여 우리 경제의 성장 과정과 그 특징을 파악할 수 있다. • 우리나라가 국제 거래를 통해 다른 나라와 경제적으로 상호 의존하면서 서로 경쟁하는 관계에 있음을 이해할 수 있다. • 국가 경쟁력 증진이 중요한 까닭을 알고, 국제 경쟁력 증진을 위해 노력해야 할 점을 찾을 수 있다.
2. 우리 사회의 과제와 문화의 발전 (5-1-4)	• 경제 성장 과정에서 나타나는 여러 문제(빈부 격차, 자원 고갈, 노사 갈등 등)를 확인하고, 해결 방법을 모색할 수 있다. • 관용, 대화, 타협, 절차 준수 등 민주적 태도의 중요성을 인식하고 일상생활 속에서 이를 실천할 수 있다. • 우리 전통문화의 우수성을 이해하고, 전통문화를 창조적으로 계승하고 발전시켜 세계 문화에 기여할 수 있는 방안을 모색할 수 있다.
3. 우리나라의 민주 정치(6-2-1)	• 헌법의 의미와 우리나라 헌법의 핵심 내용(국가 조직의 기본 원리, 국민의 기본적인 권리와 의무)을 안다. • 국민의 기본적인 의무(교육, 근로, 국방, 납세, 환경 보전, 공공복리에 적합한 재산권 행사의 의무)를 이해하고, 이를 준수해야 하는 까닭을 설명할 수 있다. • 국회, 행정부, 법원의 구조와 기능을 파악하고, 각 기관의 상호 관계를 삼권분립의 원칙과 관련지어 설명할 수 있다. • 기본적인 인권의 개념을 이해하고, 학교생활 등 일상생활에서 발생하는 인권 침해 사례를 조사하여 해결 방안을 제시할 수 있다.
4. 변화하는 세계 속의 우리(6-2-4)	• 과학과 기술 발달이 가져온 사회 문제(유전자 조작, 인간 복제 등)를 파악하고, 이를 통해 과학과 기술이 일상생활에 미치는 영향과 문제점을 이해한다. • 정치적·경제적·문화적 측면에서 나타나는 세계화의 다양한 양상을 우리 삶의 변화와 관련지어 이해한다.

우리 경제의 특징, 자유와 경쟁 알아보기

단원	5-1-3. 우리 경제의 성장과 발전	
배움 주제	우리 경제의 특징, 자유와 경쟁 알아보기	
준비물 및 자료, 예습적 과제	교사	모둠 칠판, 포스트잇
	학생	
핵심 성취 기준	다양한 경제 활동의 사례를 통해 우리 경제의 주요 특징이 자유와 경쟁에 있음을 이해할 수 있다.	
핵심 역량	의사소통 및 협업 능력, 문제 해결력 및 의사 결정력, 비판적 사고력	
주제 개요 및 수업자 의도	본 수업은 시장 경쟁 체제의 기본 원리에 기초하여 우리 경제의 성장과 경제 주체들의 역할을 이해하고, 다른 나라와 경제적 상호 의존 관계를 파악하는 능력을 기르려고 설정했다. 자유와 경쟁의 구체적인 사례를 통해 우리 경제의 특징이 자유와 경쟁임을 이해하도록 구성했다. 102쪽과 103쪽에 있는 사진을 통해 자유와 경쟁이 특징임을 밝히고 돌아가며 쓰기 토의·토론을 하여 학생들이 부족한 부분을 보충할 수 있도록 한다. 교사는 이것을 더블 버블맵으로 핵심 판서를 정리한다.	

평가 관점	수업의 흐름	자료 및 유의점	반성 및 성찰
	◎ 배움 주제 우리 경제의 특징 알아보기 ◎ 배움 순서 – 자유와 경쟁 활동 모습 알아보기 – 돌아가며 쓰기 토의·토론하기		
의사소통 및 협업 능력	◎ 자유와 경쟁 활동 모습 알아보기 – 102~103쪽을 보고 다양한 모습 중 자유와 경쟁 활동으로 나누기 – 자유와 경쟁으로 나눈 활동들을 개인과 기업으로 추가로 나누기 – 활동지 정리하기	– 모둠 칠판, 포스트잇 – 활동지(돌아가며 쓰기 토의·토론)	
문제 해결력 및 의사 결정력, 비판적 사고력	◎ 돌아가며 쓰기 토의·토론 – 시계 방향으로 1명씩 자신의 활동지를 넘겨 주고, 받은 사람은 이를 수정·보충하기 – 자신의 활동지를 받을 때까지 활동 반복하기 – 발표하기 – 학생들의 발표 내용을 더블 버블맵으로 핵심 판서 정리하기 – 차시 예고하기(알뜰 바자회하기)	돌아가며 쓰기 토의·토론 활동을 할 때는 각자 다른 색깔로 정리할 수 있도록 한다.	– 개인 정리는 8분 정도 주면 충분하다. – 토의·토론 활동을 할 때는 모둠 대형으로 굳이 할 필요가 없다. 모둠 대형으로 하면 더 시끄럽다.

가. 과정 1: 자유와 경쟁 활동 모습 알아보기

교과서 102쪽과 103쪽을 보고 다양한 경제 활동 모습 중 자유와 경쟁 활동으로 나눈다. 그리고 이것을 개인과 기업으로 추가로 나누어 네 가지 기준(자유 – 개인, 자유 – 기업, 경쟁 – 개인, 경쟁 – 기업)으로 활동지에 정리한다.

▲ 먼저 자신의 생각을 적는 모습　　　　　　　　▲ 상대방의 활동지에 돌아가며 자신의 생각을 적는 모습

나. 과정 2: 돌아가며 쓰기 토의·토론하기

돌아가며 쓰기 토의·토론은 말을 하지 않기 때문에 소극적인 학생들도 자신의 생각을 적극적으로 표현할 수 있는 좋은 수업 방법이다. 돌아가며 쓰기 토의·토론을 할 때는 모둠원마다 다른 색깔로 자신의 생각을 쓰도록 하면 좋다. 그 이유는 누가 썼는지 알 수 있고, 자신의 활동지를 받은 후 그 친구에게 물어볼 수 있기 때문이다. 또 가독성을 높이는 장점이 있다.

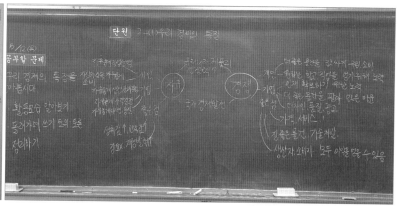

▲ 돌아가며 쓰기　　　▲ 학생들의 의견을 종합하여 핵심 판서 정리
　 토의·토론 결과물

생활 모습의 변화로 우리 경제가 성장했음을 알아보기

단원	배움 주제	차시	교과서 쪽수
5-1-3. 우리 경제의 성장과 발전	생활 모습의 변화로 우리 경제가 성장했음을 알아보기	5/14	110~113쪽

배움 목표	– 생활 모습의 변화를 통해 우리 경제가 성장했음을 알 수 있다. – 생활 모습의 변화를 통해 우리 경제가 성장했음을 설명할 수 있다. – 자신의 역할을 잘 수행하며 모둠 활동에 적극적으로 참여하는 태도를 지닌다.
준비물 및 자료	– 디딤영상: 우리나라의 경제가 성장하면서 생활 모습이 변화했다. – 생활 모습 변화 자료, 조작 자료(우드락, 사인펜, 가위, 풀, 이젤, 활동지, 포스트잇, 붙임판)

과정 (분)	중심 내용	수업의 흐름	자료 및 유의점
도입 (2')	디딤영상 및 과제 확인	◎ 디딤영상 확인 – 의문점이나 궁금한 점 이야기하기 – 모둠별로 생활 모습 변화 자료 확인하기 { 모둠 1~2 / 주택 } { 모둠 3~4 / 통신 } { 모둠 5~6 / 교실 }	– 학생들의 발표를 통해 디딤영상을 시청했는지 확인한다. – 주제에 맞는 생활 모습 변화 자료를 찾아왔는지 확인한다.
	배움 주제 파악하기	◎ 배움 주제 생활 모습의 변화를 통해 우리 경제가 성장했음을 알아보기	학생 스스로 배움 주제를 파악하여 명료하게 인식하도록 한다.
	배움 활동 안내하기	– 소개 자료 만들기 – 배움 장터 활동하기 – 한 문장으로 정리하기	
전개 (30')	소개 자료 만들기	◎ 소개 자료 만들기 과거와 오늘날의 생활 모습 변화 소개 자료 만들기(다양한 자료를 이용하여 모둠별로 과거와 오늘날의 생활 모습 변화 소개 자료를 만든다)	조작 자료(우드락, 가위, 풀, 사인펜), 생활 모습 변화 자료
	배움 장터 활동하기	◎ 배움 장터 활동 • 배움 장터 방법 설명하기	학생들의 혼란을 예상하여 교사가 행동으로 배움 장터 방법을 설명한다.

과정 (분)	중심 내용	수업의 흐름	자료 및 유의점
전개(〃)		① 모둠 안에서 2명씩 모둠을 구성한다(모둠 A, 모둠 B). ② 모둠 A는 다른 모둠 친구들에게 번갈아가며 설명을 한다. ③ 모둠 B는 자유롭게 활동지를 작성하며 다른 모둠의 설명을 듣는다. ④ 시간이 지나면 모둠 A와 모둠 B의 역할을 바꾼다. ⑤ 질의 응답은 활동 중에 자유롭게 한다. • 배움 장터 활동 – 모둠 A는 다른 모둠 친구들에게 소개 자료를 번갈아가며 설명한다. – 모둠 B는 다른 모둠에 가서 활동지를 작성하며 자유롭게 설명을 듣는다. – 서로 자유롭게 질문하고 대답한다. – 정해진 시간이 지나면 모둠 A와 모둠 B의 역할을 바꾼다.	조작 자료(이젤) 활동지(경제 성장에 따른 생활 모습 변화) – 활동 시간을 잘 지키도록 한다. – 활동지를 작성하며 활동을 하도록 한다. – 원활하게 역할 바꾸는 활동을 할 수 있도록 한다.
정리 (8′)	알게 된 점이나 느낀 점 이야기하기	◎ 새롭게 알게 된 점, 느낀 점 말하기 – 오늘 공부를 통해 알게 된 점이나 느낀 점 말하기 – 예: 경제 성장으로 우리 주변 생활 모습이 변화함을 알 수 있었다. 주택, 통신, 교실 모습의 변화 외에 다른 생활 모습의 변화도 알고 싶다.	– 허용적 분위기를 조성하여 학생들이 새롭게 알게 된 점, 느낀 점을 자유롭게 말하도록 한다. – 판서를 통해 활동을 정리해 준다.
	한 문장으로 정리하기	◎ 경제 성장을 한 문장으로 정리 – 자신의 삶과 관련해서 경제 성장을 한 문장으로 정리하기 – 예: 경제 성장은 _____이다.	조작 자료(포스트잇, 붙임판) – 학생들이 어려워하는 경우 교사가 먼저 예를 들어 준다. – 포스트잇에 경제 성장을 한 문장으로 정리한 후 붙임판에 붙이도록 한다.
	차시 예고 및 예습적 과제 파악하기	◎ 차시 예고 다양한 자료를 통해 경제 성장 파악하기 ◎ 예습적 과제 제시 우리나라 경제 성장을 알 수 있는 다양한 자료 조사해 오기	학생들의 혼란을 방지하기 위해 예습적 과제 형태를 자세하게 소개한다.

: 수업의 실제

가. 과정 1: 전시장 만들기

교과서를 참고하여 우리 생활 모습의 변화 주제를 주택, 통신, 교실로 선정했다. 1시간 안에 전시장을 만들고 전시장 관람 토의 · 토론까지 하려면 여섯 모둠이지만 주제를 3개만 제시한다. 절반으로 나누어 전시장 관람 토의 · 토론을 진행한다.

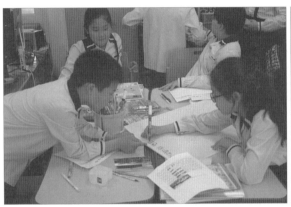

▲ 보고서를 작성하는 모습

▲ 완성된 보고서 결과물

나. 과정 2: 전시장 관람 토의 · 토론하기

모둠 1~3과 모둠 4~6끼리 한 팀이 되어 같은 팀끼리 전시장 관람 토의 · 토론을 한다. 모둠 1과 모둠 4, 모둠 2와 모둠 5, 모둠 3과 모둠 6은 같은 주제로 조사했기 때문에 두 팀으로 나누어 전시장 관람 토의 · 토론이 가능하다. 전시장 관람 토의 · 토론을 마친 후 경제 성장에 대한 자신의 생각을 한 문장으로 정리한다.

▲ 전시장 관람 토의 · 토론 활동 모습

▲ '나에게 경제 성장은?' 정리 결과물

생활 모습의 변화에서 우리 경제가 성장했음을 알아보기

단원	배움 주제	차시	교과서 쪽수
5-1-3. 우리 경제의 성장과 발전	생활 모습의 변화에서 우리 경제가 성장했음을 알아보기	4~5/14	110~113쪽

배움 목표	– 우리 생활 모습의 변화가 경제 성장 때문임을 알 수 있다. – 우리 생활 모습의 변화를 찾을 수 있다. – 우리 생활 모습의 변화와 그 까닭을 찾는 과정에 적극적으로 참여하는 태도를 지닌다.
준비물 및 자료	활동지(체험을 학습할 때는 관찰 내용 기록, 모둠별 관찰 내용을 정리할 때 사용), 개인별 학습장, 연필, 삽화 자료(배움 주제 제시), 실물 화상기, 모둠 칠판, 보드마카

과정 (분)	중심 내용	수업의 흐름	자료 및 유의점
도입 (10′)	배움 주제 알아보기	◎ 배움 주제 • 옛 교실과 오늘날 교실 모습 차이 알아보기 옛 교실과 오늘날 교실의 모습을 예상해 본다. • 배움 주제 알아보기 생활 모습의 변화를 통해 우리가 _____했음을 알기	광주교육대학교 교육박물관이 어떤 곳임을 설명해 준다.
	체험 학습을 할 때 주의 사항 안내하기	◎ 교육박물관에서 주의 깊게 관찰해야 할 점과 주의 사항 안내 • 교육박물관에서 주의 깊게 관찰할 점 제시하기 우리 교실과 차이점을 주의 깊게 관찰한다. • 교육박물관을 관람할 때 주의해야 할 점 알아보기 – 뛰어다니지 않는다. – 소리 지르지 않는다. – 만지지 말아야 할 자료들을 만지지 않는다. • 관찰한 것들을 기록해 올 수 있도록 안내하기 활동지, 휴대 전화, 펜을 준비한다.	– 박물관을 관람하는 목적에 대해 정확하게 설명해 준다. – 박물관을 관람했던 경험들을 떠올리며 관람할 때 주의할 점을 상기시킨다.
전개 (65′)	교육박물관 관람하기	◎ 교육박물관 2층 관람 우리 교실과 차이점을 살펴보고 모둠별로 기록하도록 안내하기 – 1960년대: 의자, TV, 컴퓨터, 칠판이 없다, 교복이 다르다, 선생님이 양복을 입지 않는다 – 2000년대: 책상과 의자가 있다, 컴퓨터와 실물 화상기로 수업한다, 칠판을 사용한다, 선생님이 양복을 입는다	– 활동지(1960년대와 2000년대 교실 모습의 차이점을 기록) – 박물관 관람을 할 때 유의할 점을 강조하며 모둠별로 충분히 관람할 수 있도록 자유로운 분위기를 형성한다.

과정 (분)	중심 내용	수업의 흐름	자료 및 유의점
전개 (˝)	관찰한 점 정리 · 발표하기	◎ 관찰했던 점 정리 · 발표 • 옛 교실과 우리 교실 모습의 차이를 개인별 학습장에 정리하도록 안내하기 • 옛 교실과 우리 교실 모습의 차이를 모둠별로 정리하여 발표하도록 안내하기 – 개인별 학습장에 정리 후에 모둠별로 모여 활동지에 모습의 변화를 정리한다. • 옛 교실과 우리 교실 모습의 차이를 모둠별로 발표하도록 안내하기 – 옛 교실에는 컴퓨터와 TV가 없다. – 옛 교실에는 앉아서 공부하는 책상이 있지만 우리 교실에는 의자에 앉아서 공부하는 책상이 있다.	– 개인별 학습장, 활동지(모둠별 1960년대와 2000년대 교실 모습의 차이점 정리) – 관람할 때 작성한 활동지와 휴대 전화로 찍은 사진을 이용하여 정리하도록 한다. – 실물 화상기
	생활 모습의 변화가 일어난 요인 찾기	◎ 생활 모습의 변화가 일어난 까닭 알아보기 • 삽화 자료 제시 후 우리 생활 모습의 변화는 _____ 때문이다. • 모둠별로 생활 모습 변화가 일어난 까닭을 찾아보도록 안내하기 모둠별로 생활 모습 변화가 일어난 까닭을 토의한다. • 까닭을 정리하고 발표하도록 안내하기 모둠별로 생각해 낸 까닭을 발표한다. 우리 생활 모습의 변화는 경제 성장 때문이다.	삽화 자료(생활 모습 변화 요인), 모둠 칠판, 보드마카 – 궤간 순회하여 학생들의 활동을 확인하고 도움을 준다. – 개인별 학습장에 기록한 후 모둠으로 토의하도록 한다. – 발표가 끝날 때마다 긍정적인 피드백을 제공한다.
	알게 된 점 공유하기	◎ 알게 된 점 공유 오늘 공부를 통해서 알게 된 점이나 느낀 점 질문하기 – 우리 생활 모습이 많이 달라졌다는 것을 알았다. – 우리 생활 모습의 변화가 경제 성장 때문임을 알았다.	배움 목표와 관련하여 이야기를 나눌 때는 칭찬해 준다.
정리 (5ʹ)	차시 예고하기	◎ 차시 예고 다음 시간에는 여러 가지 자료를 통해 경제 성장 모습을 공부함을 안내하기	

가. 과정 1: 교육박물관 체험하기

광주교육대학교에는 교육박물관이 있다. 학생들이 교육박물관에서 현재와 1960년대, 조선 시대의 교실에서 수업을 받으며 당시의 생활 모습을 간접 체험한다. 그리고 교사는 학생들이 과거의 교육과 현재의 교육을 비교하면서 체험할 수 있도록 안내한다.

▲ 교육박물관 앞에서 찍은 사진

▲ 1960년대 교실 체험

나. 과정 2: 생활 모습 변화 이유 알아보기

교육 환경이 바뀐 이유에 대해서 모둠 문장 만들기 토의·토론을 한다. 우리 생활 모습이 변화한 이유에 대해 생각한다. 교사는 학생들의 모둠 문장 만들기 토의·토론 결과를 발표한 내용을 반영하여 핵심 판서로 정리한다.

▲ 조선 시대 교실 체험

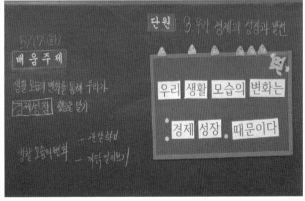
▲ 생활 모습 변화 이유 판서

우리나라 무역의 특징 알아보기

단원	5-1-3. 우리 경제의 성장과 발전		
배움 주제	우리나라 무역의 특징 알아보기		
준비물 및 자료, 예습적 과제	교사	활동지(주요 수입품, 수출품, 나라별 수입액, 수출액 비율 그래프), 모둠 칠판, 보드마카	
	학생		
핵심 성취 기준	우리나라가 국제 거래를 통해 다른 나라와 경제적으로 상호 의존하면서 서로 경쟁하는 관계에 있음을 이해할 수 있다.		
핵심 역량	정보 활용 능력, 의사소통 및 협업 능력		
주제 개요 및 수업자 의도	본 수업에서는 우리나라 무역에 대한 다양한 자료(그래프)를 통해 우리나라 무역의 특징을 이해하는 데 중점을 둔다. 140~141쪽 우리나라 주요 수입품과 수출품 비교, 국가별 무역액 비율을 살펴보고 우리나라 무역의 특징을 파악하도록 한다. 학생들은 140~141쪽에 있는 주요 수입품의 변화, 주요 수출품의 변화, 국가별 무역액 비율을 직접 그래프로 그린다. 이후 그래프에 있는 정보를 해석하고 추출하는 모둠 의견 만들기 토의·토론을 하고, 우리나라 무역의 특징을 정리하는 방향으로 수업을 디자인한다.		

평가 관점	수업의 흐름	자료 및 유의점	반성 및 성찰
	◎ 배움 주제 우리나라 무역의 특징 알아보기 ◎ 배움 순서 – 그래프 그리기 – 우리나라 무역의 특징 정리하기		
정보 활용 능력	◎ 그래프 그리기 – 1980년과 2013년 수출품, 수입품 그래프 그리기 – 국가별 무역액 그래프 그리기	그래프(1980년, 2013년 비교 그래프, 국가별 무역 비율)	형광펜을 사용하면 쉽고 빠르게 그릴 수 있다.
의사소통 및 협업 능력	◎ 우리나라 무역의 특징 정리 – 그래프를 해석하여 우리나라 무역의 특징에 대해 모둠 의견 만들기 토의·토론하기 – 학생들의 토의·토론 결과를 종합하여 핵심 판서 정리하기 ◎ 핵심 판서 • 시대에 따른 그래프로 알 수 있는 점 – 자원이 부족하여 원유, 천연가스 등을 수입 – 반도체, 석유 제품, 자동차 등 우수한 기술이 필요한 제품 수출 → 자원이나 원료를 수입하고 그것을 가공하여 수출 • 국가별 무역 비율 그래프로 알 수 있는 점 – 우리나라 전체 무역액에서 중국, 미국, 일본 등 몇 나라가 차지하는 비율이 높아 이들 나라 영향을 많이 받음 – 무역 상대국이 다양하지 않음		무역의 특징을 알아내는 토의·토론을 할 때 학생들이 주제를 제각각 정하는 경우가 많다. 교사가 정해 줄 필요가 있다. – 시대에 따른 그래프로 알 수 있는 점 – 국가별 무역 비율 그래프로 알 수 있는 점

가. 과정 1: 그래프 그리기

일반 사회 영역에서는 그래프 자료가 많이 나온다. 여과 없이 교과서에 있는 그래프를 보여 준다면 눈으로만 훑어보는 자료에 불과하다. 사실 그래프 안에는 많은 정보가 숨겨져 있다. 학생들이 그래프를 직접 그림으로써 그 안에 숨어 있는 의미를 추측하고 추출해 낼 수 있다.

▲ 시대별 수입품, 수출품 비교 그래프를 그리는 모습

▲ 국가별 무역액 비율 그래프를 그리는 모습

나. 과정 2: 우리나라 무역 특징 알아보기

직접 그래프를 그려 보면서 학생들은 그래프 안에 담겨 있는 의미를 해석하고 추출하려고 노력했다. 모둠에서 모둠 의견 만들기 토의·토론으로 우리나라 무역의 특징을 알아본다. 이때 단순하게 특징이 무엇인지 주제를 제시하면 학생들은 제각각 주제를 정하기 때문에, 교사가 시대에 따른 무역 그래프, 국가별 무역 그래프를 보고 알 수 있는 점이라는 두 가지 주제를 정해 주면 좋다. 교사는 학생들의 토의·토론 결과를 종합하여 핵심 판서에 정리한다.

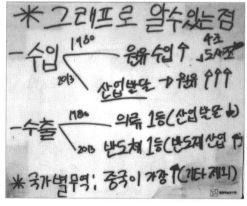

▲ 모둠 의견 만들기 토의·토론 결과물

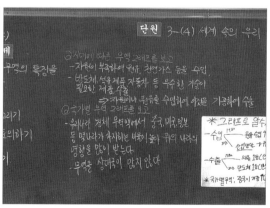

▲ 학생들의 의견을 종합하여 핵심 판서 정리

다. 사용한 자료

● 1980년과 2013년 주요 수입품, 수출품 비교 그래프

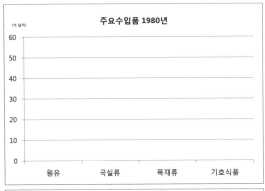
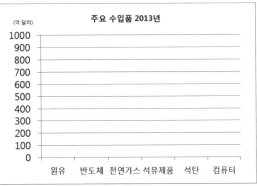
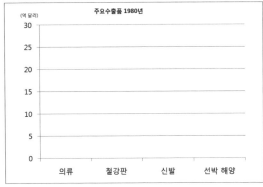
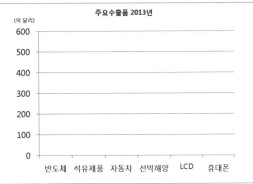

※ 파워포인트로 5분만 시간을 투자하면 이러한 그래프 틀을 하나 만들 수 있다. 만들기 쉬운 그래프 자료를 활용하여 학생들의 역량을 기르고, 학생 참여형 활동 수업도 가능하다.

● 국가별 무역액 비율 그래프

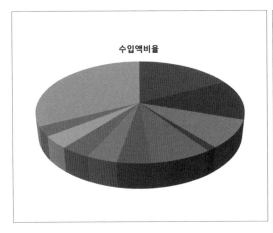
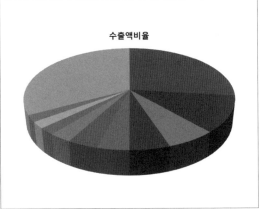

• 교사가 학생들에게 알려 줄 그래프 내용

주요 수입품의 변화(1980년)			
원유	곡실류	목재류	기호 식품
56	10	9	7

주요 수입품의 변화(2013년)					
원유	반도체	천연가스	석유 제품	석탄	컴퓨터
993	346	306	295	131	91

주요 수출품의 변화(1980년)			
의류	철강판	신발	선박 해양 구조물 및 부품
28	9	9	6

주요 수출품의 변화(2013년)					
반도체	석유 제품	자동차	선박 해양 구조물 및 부품	평판 디스플레이 및 센서	무선 통신 기기
571	528	486	372	286	276

수입액 비율										
중국	일본	미국	사우디아라비아	카타르	호주	독일	쿠웨이트	UAE	대만	기타
16.1	11.6	8.1	7.3	5.0	4.0	3.8	3.6	3.5	2.8	29.3

수출액 비율										
중국	미국	일본	홍콩	싱가포르	베트남	대만	인도네시아	인도	러시아	기타
26.1	11.1	6.2	5.0	4.0	3.8	2.8	2.1	2.0	2.0	31.6

국제 경쟁력을 키울 방안 알아보기

단원	5-1-3. 우리 경제의 성장과 발전		
배움 주제	국제 경쟁력을 키울 방안 알아보기		
준비물 및 자료, 예습적 과제	교사	활동지(만다라트 토의·토론)	
	학생	국제 경쟁력을 키우기 위한 방법 생각해 오기	
핵심 성취 기준	국가 경쟁력 증진이 중요한 까닭을 알고, 국제 경쟁력 증진을 위해 노력해야 할 점을 찾을 수 있다.		
핵심 역량	문제 해결력 및 의사 결정력, 비판적 사고력, 의사소통 및 협업 능력		
주제 개요 및 수업자 의도	본 수업에서는 변화하는 세계 무역 환경을 살펴보고 이에 대처하여 국제 경쟁력을 키울 방안을 모색하는 데 중점을 둔다. 동기 유발은 흔들리는 조선업을 보여 주고, 국가 경쟁력 필요성을 알게 한다. 어떻게 하면 국가 경쟁력을 키울 수 있을지 만다라트 토의·토론 방법을 이용하여 다양한 관점에 대해 이야기를 나누고 토의할 수 있도록 한다.		

평가 관점	수업의 흐름	자료 및 유의점	반성 및 성찰
	◎ 동기 유발 무너지는 조선업 뉴스를 보여 주며 국제 경쟁력을 키우기 위한 필요성 알기	동영상 자료(https://www.youtube.com/watch?v=KzA-H9AaxuY)	조선업이 왜 힘들었는지 설명하다 보니 10분이 넘었다. 간단하게 언급만 하고 넘어간다.
	◎ 배움 주제 국제 경쟁력을 키울 방안에 대해 생각하기 ◎ 배움 순서 – 만다라트 토의·토론하기 – 발표하기		
의사소통 및 협업 능력	◎ 만다라트 토의·토론 – 국가 경쟁력을 키우기 위해 필요한 소주제 정하기 – 국가 경쟁력을 키우기 위한 만다라트 토의·토론하기	활동지(만다라트)	학생들이 소주제를 정하지 않으면, 어렵게 생각한다. 교사는 토의·토론 전에 학생들과 함께 국가 경쟁력을 키우기 위한 소주제를 정한다.
문제 해결력 및 의사 결정력, 비판적 사고력	◎ 발표 – 학생들이 완성한 만다라트 토의·토론 결과 발표하기 – 발표 내용을 공깃돌 평가하기 ※ 평가 기준은 만다라트 토의·토론 내용과 발표의 유창성 두 가지를 기준으로 한다. – 핵심 판서 정리하기	교사는 학생들의 결과 내용을 종합하여 핵심 판서로 정리한다.	– 휴대 전화를 한 모둠당 한 대씩 허용해도 좋을 것 같다. – 생각보다 많은 시간이 소요된다. 30분이 넘을 때도 있다.

: 수업의 실제

가. 과정 1: 만다라트 토의 · 토론하기

학생들은 우리나라가 국가 경쟁력을 어떻게 하면 키울 수 있을까를 주제로 만다라트 토의 · 토론을 한다. 만다라트 토의 · 토론은 생각보다 시간이 오래 걸리는 활동이다. 40분 수업 중 30분이 넘는 모둠도 있었다. 학생들에게 소주제별로 분배해서 정리하도록 안내한다.

▲ 만다라트 토의 · 토론 활동 모습

나. 과정 2: 발표하기

만다라트 토의 · 토론 결과를 모둠별로 자리에 일어나서 발표하거나 실물 화상기를 이용하여 발표한다. 교사는 학생들의 토의 · 토론 결과를 종합하여 핵심 판서로 정리한다.

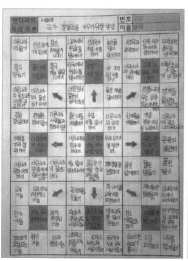
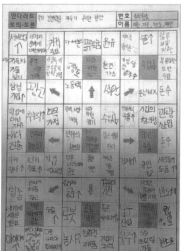

▲ 만다라트 토의 · 토론 결과물

경제 성장 과정에서 나타나는 문제점 알아보기

단원	5-1-4. 우리 사회의 과제와 문화의 발전		
배움 주제	경제 성장 과정에서 나타나는 문제점 알아보기		
준비물 및 자료, 예습적 과제	교사		
	학생	경제 성장하면서 발생한 문제 세 가지 생각해 오기	
핵심 성취 기준	경제 성장 과정에서 나타나는 여러 문제(빈부 격차, 자원 고갈, 노사 갈등 등)를 확인하고, 해결 방법을 모색할 수 있다.		
핵심 역량	의사소통 및 협업 능력, 문제 해결력 및 의사 결정력, 비판적 사고력		
주제 개요 및 수업자 의도	'4. 우리 사회의 과제와 문화의 발전' 단원은 경제 성장과 민주화 과정에서 나타난 우리 사회의 여러 가지 문제를 인식하고 이를 합리적으로 해결하는 능력을 기르고 있으며, 전통문화와 현대 문화의 조화를 바탕으로 창조적인 문화 발전을 이룰 수 있는 능력과 자세를 기르는 데 주안점을 둔다. 먼저 4-(1) 단원에서는 경제 성장 과정에서 발생한 문제점을 살펴보고, 문제점 해결하기 위한 노력을 알아본다. 본 수업에서는 브레인스토밍 토의·토론 방법을 이용하여 경제 성장 과정에서 어떤 문제점이 있는지 알아본다. 그리고 문제점을 비슷한 내용끼리 여섯 가지로 분류한다. 분류한 여섯 가지 문제를 활용하여 다음 수업에서 진행되는 문제점을 해결하는 수업을 계획한다. 수업 전에 다양한 문제를 분류 지어 보는 활동으로 진행한다.		

평가 관점	수업의 흐름	자료 및 유의점	반성 및 성찰
	◎ 배움 주제 경제 성장에서 나타난 문제점 알아보기 ◎ 배움 순서 – 경제 성장에서 나타난 문제점 알아보기 – 과제 분류하기		
의사소통 및 협업 능력	◎ 경제 성장에서 나타난 문제점 알아보기 – 교과서를 참고하여 경제 성장에서 나타난 문제점 생각하기 – 경제 성장에서 나타난 문제점에 대해 브레인스토밍 토의·토론하기 – 브레인스토밍 결과를 모둠별로 칠판을 나누어 정리하기	– 활동지(브레인스토밍 토의·토론) – 브레인스토밍 질보다는 양이 우선, 비판 금지 규칙 안내하기 – 브레인스토밍 토의·토론 8분	작성한 문제점 20개 중 심각하다고 생각하는 문제점 5개를 뽑아 칠판에 정리한다.
문제 해결력 및 의사 결정력, 비판적 사고력	◎ 과제 분류 – 모둠별 결과 발표하기 – 모둠별 결과를 종합하여 여섯 가지로 분류하기 – 다음 시간에 조사할 경제 성장에 나타난 문제점에 대해 모둠별로 선정하기	여섯 가지로 분류한 이유는 수업자가 수업한 반이 여섯 모둠으로 구성되어 있기 때문이다.	

: 수업의 실제

가. 과정 1: 경제 성장에서 나타난 문제점 알아보기

학생들은 교과서를 참고하여 경제 성장에서 나타난 문제점이 무엇인지 살펴본다. 브레인스토밍 토의·토론으로 경제 성장에서 나타난 문제점을 정리한다. 문제점을 정리한 후에는 원활하게 과제를 분류하려고 아이디어 20개 중 모둠에서 가장 시급하다고 생각하는 문제 세 가지를 선택하여 모둠별로 칠판에 정리했다.

▲ 브레인스토밍 토의·토론 활동 모습　　　　▲ 브레인스토밍 토의·토론 결과를 칠판에 정리

나. 과정 2: 과제 분류하기

모둠별로 정리한 시급한 문제점을 발표한다. 교사는 발표를 듣고 토의·토론 결과를 종합하여 여섯 가지 문제로 분류한다. 분류된 문제점을 각 모둠에서 선정한다. 각 모둠에서는 선정한 문제점에 대해 다음 수업 시간에 활동할 해결 방법을 조사하여 준비한다.

▲ 브레인 스토밍
　토의·토론 활동 모습

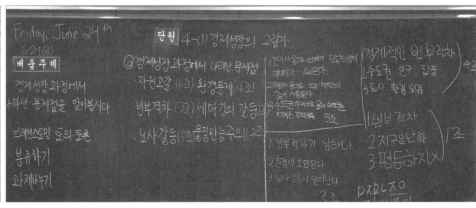

▲ 토의·토론 결과를 종합하여 문제점 분류 및 선정

경제 성장 과정에서 나타난 문제점을 해결하려는 노력 알아보기

단원	5-1-4. 우리 사회의 과제와 문화의 발전		
배움 주제	경제 성장 과정에서 나타난 문제점을 해결하려는 노력 알아보기		
준비물 및 자료, 예습적 과제	교사	모둠별 선택한 문제 조사해 오기(빈부 격차, 자원 고갈, 노사 갈등, 환경 문제, 물질 만능주의, 세대 간 갈등)	
	학생		
핵심 성취 기준	경제 성장 과정에서 나타나는 여러 문제(빈부 격차, 자원 고갈, 노사 갈등 등)를 확인하고, 해결 방법을 모색할 수 있다.		
핵심 역량	정보 활용 능력, 비판적 사고력, 의사소통 및 협업 능력		
주제 개요 및 수업자 의도	본 수업은 이전 수업에서 학습한 경제 성장에서 나타난 문제점을 해결하기 위한 노력 내용으로 구성되어 있다. 전 수업 시간에 빈부 격차, 자원 고갈, 노사 갈등, 환경 문제, 물질 만능주의, 세대 간 갈등 등 여섯 가지 경제 성장에서 나타난 문제점을 분류했다. 그리고 모둠별로 하나의 문제점을 선정했으며, 이를 개인, 기업 및 정부가 어떤 노력을 하고 있는지 조사하도록 안내했다. 학생들은 교과서와 조사한 자료를 활용하여 모둠에서 선정한 문제점을 PMI 토의·토론으로 분석하고 해결 방안을 살펴본다.		

평가 관점	수업의 흐름	자료 및 유의점	반성 및 성찰
	◎ 배움 주제 우리 경제의 특징 알아보기 ◎ 배움 순서 – PMI 토의·토론하기 – 셋 가고 하나 남기 활동하기		
정보 활용 능력, 비판적 사고력	◎ PMI 토의·토론 – 선정한 문제점에 대해 P(문제점이 가지는 좋은 점), M(문제점이 가지는 나쁜 점), I(문제점을 해결하기 위한 방법) 토의·토론하기 – PMI 토의·토론 결과 정리하기 – 발표하기	– 활동지(PMI 토의·토론) – 실물 화상기	시간이 많지 않기 때문에 발표는 한두 개 모둠만 할 수 있도록 한다.
의사소통 및 협업 능력	◎ 셋 가고 하나 남기 활동 – 모둠에서 대표로 설명할 친구 1명이 남고, 나머지 3명은 다른 모둠에 돌아다니며 관람하기 – 다른 모둠의 설명을 듣고 공책에 정리하기 – 오늘의 배움 발표하기	한 타임당 2분 설명하기	학생들이 정리한 문제점과 해결 방안 정리 확인하기, 사회 과정 평가와 연계하여 출제한다고 안내하기

가. 과정 1: PMI 토의 · 토론하기

전 수업에서 모둠별로 선정한 경제 성장으로 발생한 문제점을 PMI 토의 · 토론으로 분석한다. 활동지에는 P(문제점이 가지는 좋은 점), M(문제점이 가지는 나쁜 점), I(문제점을 해결하기 위한 방법) 토의 · 토론 후 정리한다.

▲ PMI 토의 · 토론 활동 모습   ▲ PMI 토의 · 토론 결과를 발표하는 모습

나. 과정 2: 셋 가고 하나 남기 활동하기

사실 둘 가고 둘 남기 활동으로 계획했으나, 과제를 열심히 준비해 온 학생들이 모둠에서 1명씩 정도밖에 되지 않아 계획을 변경했다. PMI 토의 · 토론 결과를 정리한 활동지를 참고하여 조사를 열심히 한 친구가 설명을 먼저 하고, 나머지 3명은 다른 모둠의 결과물을 관람하면서 공책에 정리한다. 학생들에게 좀 더 의미를 부여하려고 경제 성장으로 발생한 문제점을 설명하고, 해결 방안을 이야기하는 문제를 학기말 과정 평가에 반영한다고 안내했다.

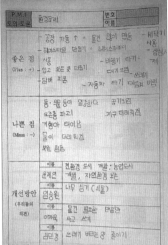

▲ 셋 가고 하나 남기 활동 모습   ▲ PMI 토의 · 토론 결과물

생활 속의 공동체 문제를 토론으로 해결하기

학년 반 / 일시	5학년 1반(남 12명, 여 13명) / 2016년 7월 12일(화) 11:50~12:30
배움 주제	생활 속의 공동체 문제를 토론을 통하여 해결하기
배움 목표	– 학교에서 발생하는 공동체 문제를 말할 수 있다. – 공동체 문제와 관련하여 바람직한 해결 방법에 대해 토론할 수 있다. – 토론 활동을 할 때는 상대방을 인정하고 존중하는 태도를 가진다.
주요 학습 활동	– '학급 보상 제도를 벌점 제도에서 칭찬 제도로 바꾸자' 논제로 토론하기 – 바람직한 해결 방법 제안하기
배움 준비	디딤영상 보고, 각 입장에 따라 6단 논법으로 정리하기
디딤영상 내용	– 활동 순서와 방법 – 주의 사항

과정		수업의 흐름		자료 및 유의점	미래 핵심 역량
배움 두드리기	문제 상황 확인(2′)	◎ 문제 상황 확인 – WSQ 대화 활동하기 – 동영상 강의에서 배운 내용을 상기하고 질문하며 답하기		디딤영상을 통해 수업의 흐름을 미리 알고 있으므로 디딤영상의 내용 정도만 간단하게 WSQ 대화를 이용하여 짝꿍과 묻고 답하며 확인한다.	
배움 펼치기	토론하기 (20′)	◎ 문제 알아보기 반 보상 제도에서 벌점 제도 논란 ◎ 입장 정하기 – '벌점 제도와 칭찬 제도'의 입장 중 한 가지 선택하기 – 선택한 입장에 따라 자리에 앉기			
		◎ 벌점 제도 vs 칭찬 제도 토론 학급 보상 제도 문제와 관련하여 전체 토론하기		토론을 진행하기 전 토론의 평가 요소(태도, 논리성, 협동심, 설득력)를 설명한다. – 학생들이 토론을 하면서 이기고 지는 것에 중점을 두지 않고 그 과정에서 어떤 것을 배웠는가에 중점을 두는 것이 더 중요하다고 지도한다. – 전원 교차 조사에서는 학생들이 자신이 준비한 근거를 모두 설명한 후 물어보는 것이 아니라 상대방을 설득시킬 수 있는 짧은 질문을 할 수 있도록 지도한다.	문제해결력 및 의사 결정력, 의사소통 및 협업 능력
			찬성	반대	
		첫판	제1주장		
				전원 교차 조사	
				제2주장	
			전원 교차 조사		
		둘째 판	제1주장		
				전원 교차 조사	
				제2주장	
			전원 교차 조사		
			작전 시간(2분)		
			마지막 주장		
				마지막 주장	
	제안하기 (15′)	◎ 제안 – 벌점 제도의 입장과 칭찬 제도 입장에서 상대방에게 칭찬·조언하기 – 바람직한 학급 보상 제도가 무엇일지 모둠 토의·발표하기		– 처음과 입장이 바뀐 학생 의견을 들어 볼 수 있도록 한다. – 효과적인 공유 활동이 될 수 있도록 사전에 발표 관점을 안내한다. – 모둠 칠판, 보드마카	문제해결력 및 의사 결정력
배움 다지기	생각 나누기(3′)	◎ 이번 수업 시간에 배운 내용을 정리하고 소감 이야기 알게 된 점, 느낀 점 발표하기			

가. 과정 1: 학급 전체 토론하기

학급 전체 토론에서는 전원 교차 질의보다 전원 교차 조사 방법을 선호한다. 학생들의 숫자가 많은 상황에서 전원 교차 질의 방법을 이용하면 많은 학생이 먼저 질문하고 답하려고 다투는 경우가 많다. 전원 교차 조사 방법으로 토론을 진행할 때는 질문과 답변 입장의 역할이 정해져 있기 때문에 매끄럽고 정돈된 분위기에서 토론할 수 있다.

▲ 학급 전체 토론하는 모습   ▲ 토론 후 입장과 제안 내용을 정리하는 모습

나. 과정 2: 제안하기

수업자의 반에서는 벌점 제도가 문제가 되었다. 학생들이 수업 전 미리 준비하지 않았거나 친구들에게 욕설을 하거나 심한 장난을 쳤을 때 반장이 칠판에 이름을 적는다. 칠판에 이름이 적힌 친구는 하교 후 모둠에서 청소를 했다. 이름이 적힌 친구들은 이런저런 문제를 제기했고 이 문제(칭찬 제도 vs 벌점 제도)에 대해 토론을 하게 되었다. 실제 토론하면서 제안한 내용을 반 전체에서 합의하여 벌점 제도를 없애고 칭찬 제도로 보상 제도를 바꾸었다.

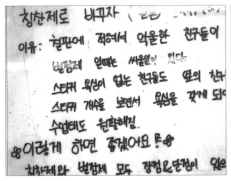

▲ 토론 후 학급 보상 제도에 대해 제안하는 모습

우리가 계승하고 발전시켜야 할 전통문화 알리기

단원	5-1-4. 우리 사회의 과제와 문화의 발전		
배움 주제	우리가 계승하고 발전시켜야 할 전통문화 알리기		
준비물 및 자료, 예습적 과제	교사	활동지(UCC 구상하기)	
	학생	스마트폰, 계승하고 발전시킬 전통문화 알아 오기	
핵심 성취 기준	우리 전통문화의 우수성을 이해하고, 전통문화를 창조적으로 계승하고 발전시켜 세계 문화에 기여할 수 있는 방안을 모색할 수 있다.		
핵심 역량	의사소통 및 협업 능력		
주제 개요 및 수업자 의도	이 주제는 새롭게 등장한 매체들이 우리 사회와 문화에 미친 영향을 알아보고, 이를 바람직하게 활용하여 우리 전통문화를 계승하고 발전시키며 더 나아가 세계 문화에 기여하는 태도를 지니도록 하는 내용으로 구성되어 있다. '4-③ 새로운 매체와 문화 발전' 소단원은 3차시로 구성되어 있다. 1차시에서는 새로운 매체의 등장으로 일어난 변화, 2차시에서는 전통문화와 창조적인 발전 사례를 알아본다. 3차시에서는 새로운 매체를 활용하여 우리 문화를 세계에 알리는 내용으로 구성되어 있다. 수업자는 1~3차시를 통합하여 '계승하고 발전시킬 전통문화 UCC 만들기'라는 작은 프로젝트 수업을 진행하고자 한다.		

평가 관점	수업의 흐름	자료 및 유의점	반성 및 성찰
	◎ 배움 주제 우리가 계승하고 발전시킬 전통문화를 UCC로 만들기 ◎ 배움 순서 - 구상하기 - 촬영하기 - 발표하기		
의사소통 및 협업 능력	◎ 구상(1시간) - 들어갈 내용 확인, 왜 계승해야 하는지, 어떻게 계승할 것인지 모둠 의견 만들기 토의 · 토론하기 - UCC 촬영 역할 나누기 - 콘티 및 대본 작성하기	활동지(UCC 구상하기)	
	◎ 촬영 및 발표 - 콘티 및 대본을 참고하여 UCC 촬영하기 (1시간) - 과제로 촬영 UCC 편집해 오도록 안내하기 - 완성된 UCC 발표하기(1시간) - 공깃돌 평가로 상호 평가하기 ※ 평가 기준: 내용 구성력, 학생들의 표현력	- 학교 안에서 자유롭게 촬영하되, 다른 반 수업에 방해가 되지 않도록 안내하기 - 개인당 공깃돌 2개씩 주기 - 받은 공깃돌로 스티커 보상하기	학생들의 동영상 편집 프로그램 활용 정도에 따라 UCC 완성의 질이 많이 달라진다. 처음에 편집 프로그램 활용 능력을 조사하고 이를 기준으로 모둠을 나누면 좋을 것 같다.

가. 과정 1: 구상하기

'계승하고 발전시킬 전통문화 UCC 만들기' 프로젝트 수업은 3시간으로 구성되어 있다. 첫 번째 시간은 구상하기, 두 번째 시간은 촬영하기, 세 번째 시간은 발표하기다. 먼저 구상하는 수업에서는 학생들이 UCC 역할 배분, 촬영 콘티, 대본 등을 정하는 토의·토론을 한다.

 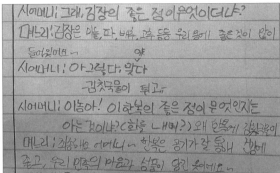

▲ UCC 역할 및 콘티에 대해 토의·토론하는 모습   ▲ 완성된 대본 원고

나. 과정 2: UCC 촬영 및 발표하기

두 번째 수업 시간에 학생들은 전 수업 시간에 완성한 콘티와 대본을 참고하여 UCC를 촬영한다. UCC 촬영은 학교에서 자유롭게 하도록 허용하되, 다른 반 수업을 방해하지 않도록 학생들에게 안내한다. 학생들은 촬영을 하고 편집은 집에서 하도록 과제로 제시한다. 세 번째 수업 시간에는 학생들이 완성한 UCC를 모둠별로 발표하고 감상한다. 학생들은 내용 구성도와 표현력을 기준으로 공깃돌 평가로 상호 평가한다. 완성된 UCC는 유튜브에 올려서 많은 사람이 우리 전통문화에 관심을 가지고 알리는 계기가 되도록 한다.

▲ UCC 촬영하는 모습   ▲ 완성된 UCC 결과물

헌법의 의미와 헌법에 담겨 있는 내용 살펴보기

단원	6-2-1. 우리나라의 민주 정치		
배움 주제	헌법의 의미와 헌법에 담겨 있는 내용 살펴보기		
준비물 및 자료, 예습적 과제	교사	디딤영상(헌법, 헌법 특징)	
	학생	디딤영상 내용 정리하기	
핵심 성취 기준	헌법의 의미와 우리나라 헌법의 핵심 내용(국가 조직의 기본 원리, 국민의 기본적인 권리와 의무)을 안다.		
핵심 역량	비판적 사고력, 의사소통 및 협업 능력		
주제 개요 및 수업자 의도	본 수업에서는 우리나라 최고의 법인 헌법의 뜻과 헌법의 핵심적인 내용을 알아보도록 구성되어 있다. 사실 성취 기준이나 교육 과정 흐름상 헌법의 다양한 내용을 탐색해 보고 내용을 정리하는 것이 중요하다고 생각했지만, 1조 2항 내용이 다른 헌법 조항을 다 포함한다는 수업자의 판단 아래 이 부분만 수업 시간에 재구성하여 다룬다. 우리가 지금까지 겪은 일련의 정부 태도에 대한 반성과 고민을 학생들과 나누어 보고 싶었기 때문이다. 그래서 헌법 중에서도 가장 기본인 '대한민국 주권은 국민에게 있고, 모든 권력은 국민으로부터 나온다'는 조항에 대해 깊게 이해하여 법치주의 근본 원칙과 원리를 생각해 보고자 한다.		

평가 관점	수업의 흐름	자료 및 유의점	반성 및 성찰
	◎ 동기 유발 〈변호인〉에서 송강호의 변호 장면		
	◎ 배움 주제 헌법의 의미와 헌법에 담겨 있는 내용 살펴보기 ◎ 배움 순서 – 창문 열기 토의·토론하기 – 2:2 토론하기		
비판적 사고력, 의사소통 및 협업 능력	◎ 창문 열기 토의·토론 – 헌법 1조 2항 공책에 적기 – 핵심 판서 헌법 의미와 특징 적기 – 창문 열기 토의·토론으로 중요한 이유 생각하기(이 조항이 중요할까? 왜 그렇게 생각하는가?)		– 먼저 공책에 중요한 이유 2개씩 적기, 2분 – 창문 열기 토의·토론 시간 8분 – 자신의 의견을 추가로 설명하여 설득력 높이기
의사소통 및 협업 능력	◎ 2:2 토론 – 논제: 대통령은 헌법을 존중하지 않을 권리가 있다는 논제 – 찬성과 반대 나누어 입론서 쓰기 – 2:2 토론하기 – 판정 내리고 결과에 대한 이유 듣기	두 모둠을 합쳐서 윗줄, 아랫줄 친구들끼리 같은 편. 두 친구는 판정자와 사회자 1명씩 정하도록 하기	토론을 하면서 논제가 어중간하고, 용어를 정리하기가 힘들었다는 의견이 있었다. 존중이라는 단어가 특히 어려웠다고 한다. 따라서 논제를 '대통령은 헌법을 지키지 않을 권리가 있다'로 변경해서 수업을 진행한다.
	◎ 핵심 판서 • 헌법이란? 우리나라에서 가장 기본이 되고 중요한 법 • 헌법의 특징? – 법 중의 법 – 다른 법들은 헌법에 어긋나서는 안 됨		

가. 과정 1: 창문 열기 토의 · 토론하기

먼저 헌법 1조 2항 '대한민국 주권은 국민에게 있고, 모든 권력은 국민으로부터 나온다'를 적는다. 학생들에게 헌법과 헌법의 특징에 대해서 강의식 수업으로 진행하고 핵심 판서를 정리한다. 학생들은 가장 기본이 되는 헌법 1조 2항이 왜 중요한지 창문 열기 토의 · 토론을 한다. 각자 중요한 이유를 생각하고, 자신이나 상대방 의견에 동의하면 엄지를 위로, 동의하지 않으면 엄지를 아래로 표시하여 토의 · 토론 결과를 정리한다.

▲ 창문 열기 토의 · 토론 활동 모습   ▲ 창문 열기 토의 · 토론 결과물

나. 과정 2: 2:2 토론하기

국정농단 사건으로 촛불혁명이 일어난 후여서 학생들이 헌법에 관심이 많았다. 그래서 '대통령은 헌법을 존중하지 않을 권리가 있다'는 논제로 토론을 계획했다. 토론을 하기 전 먼저 논제에서 자신의 주장과 논거를 정리한다. 정리된 입론문을 참고하여 2:2 토론을 진행한다.

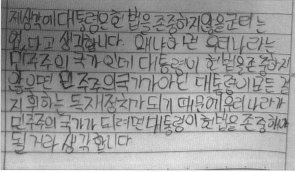

▲ 2:2 토론 활동 모습   ▲ 학생들의 입론문 결과물

국민의 의무가 왜 중요한지 알아보기

단원	6-2-1. 우리나라의 민주 정치		
배움 주제	국민의 의무가 왜 중요한지 알아보기		
준비물 및 자료, 예습적 과제	교사	디딤영상(헌법, 헌법 특징)	
	학생	디딤영상 내용 정리하기	
핵심 성취 기준	국민의 기본적인 의무(교육, 근로, 국방, 납세, 환경 보전, 공공복리에 적합한 재산권 행사의 의무)를 이해하고, 이를 준수해야 하는 까닭을 설명할 수 있다.		
핵심 역량	비판적 사고력, 정보 활용 능력, 의사소통 및 협업 능력		
주제 개요 및 수업자 의도	헌법에서 제시한 국민의 의무를 확인하면서 국민의 의무를 지키는 것이 국민의 권리를 향상시킬 수 있다는 점을 일깨우고자 한다. 더 나아가 의무 때문에 국민들이 손해를 보는 것이 아니라 오히려 혜택을 누리고 있다는 것을 자연스럽게 알아보는 것이 수업의 목적이다. 따라서 수업자는 교과서에 제시된 교육의 의무, 근로의 의무, 국방의 의무, 납세의 의무, 환경 보존을 위하여 노력할 의무에 한 가지 더 더해서 공공복리에 적합한 재산권 행사 의무를 제시하여 총 여섯 가지 국민의 기본적인 의무를 가지고 1:N(여섯 모둠이기 때문에 1:5 토론) 토론으로 수업을 디자인하고자 한다. 아이들은 자신의 모둠에서 선택한 의무의 중요성을 주장하면서 의무의 중요성과 의무로 얻는 혜택에 대해 자연스럽게 알 수 있을 것이다.		

평가 관점	수업의 흐름	자료 및 유의점	반성 및 성찰
	◎ 배움 주제 국민의 의무가 왜 중요한지 알아보기 ◎ 배움 순서 – 모둠 의무 정하기 – 입론문 쓰기 – 1:5 토론하기		
비판적 사고력, 정보 활용 능력	◎ 모둠 의무 정하기 교육의 의무, 근로의 의무, 국방의 의무, 납세의 의무, 환경 보전의 의무, 공공복리에 적합한 재산권 행사의 의무 등 총 여섯 가지 의무 중에서 모둠별로 한 가지 의무 정하기	겹치면 가위, 바위, 보로 정한다.	먼저 여섯 가지 의무를 칠판에 판서한 이후에 어떤 뜻과 의미인지 교과서를 참고하여 파악한다.
의사소통 및 협업 능력	◎ 입론문 쓰기 다른 의무보다 우리 모둠의 의무가 더 소중하고 중요하다고 생각하는 입론문 쓰기 ◎ 1:5 토론 – 모둠 주장 → 나머지 다섯 모둠 전원 교차 조사 → 다른 모둠 주장(여섯 모둠이 전부 다 할 때까지 반복) – 국민의 의무가 중요한 이유 모둠 의견 만들기 토의·토론 하기	– 입론문 작성은 8분, 모둠별로 쓰기 – 주장은 시간 제한 없음(거의 1분 이내에 다 끝남) – 주장한 모둠 제외한 전원 교차 조사 시간은 2분	보통 주장은 1분 이내에 끝나고 교차 조사는 2분이면 적당하다.
	◎ 핵심 판서 • 헌법에서 제시한 국민의 의무 – 교육의 의무 – 근로의 의무 – 국방의 의무 – 납세의 의무 – 환경 보전의 의무 – 공공복리에 적합한 재산권 행사의 의무 • 국민의 의무가 중요한 이유 국민의 권리를 더욱 잘 누리기 위해(필수)		

가. 과정 1: 모둠 의무 정하기 및 입론문 쓰기

헌법에서 보장하는 여섯 가지 의무(교육의 의무, 근로의 의무, 국방의 의무, 납세의 의무, 환경 보전의 의무, 공공 복리에 적합한 재산권 행사의 의무)를 각 모둠에서 하나 선정한다. 그리고 그 의무가 왜 다른 의무보다 가장 중요한지 모둠에서 힘을 합쳐 입론문을 작성한다.

▲ 모둠에서 선정한 의무가 왜 가장 중요한지 입론문 쓰기   ▲ 모둠에서 작성한 입론문 결과물

나. 과정 2: 1:N 토론하기

1:N 토론에서 N은 전체 모둠에서 자신의 모둠을 제외한 숫자다. 수업자의 반은 여섯 모둠으로 구성되어 있다. 그래서 자신의 모둠을 제외한 1:5 토론을 한다. 1:N 토론은 자신의 모둠에서 주장한 후 다른 모둠에서 돌아가면서 반론을 하고, 이에 대한 답변을 하는 방식으로 수업을 진행한다. 1:N 토론을 마치고 의무가 왜 중요한지 모둠 의견 만들기 토의·토론을 한다.

▲ 1:N 토론하는 활동 모습

국가의 일을 나누어 맡아야 하는 까닭 알아보기

단원	6-2-1. 우리나라의 민주 정치		
배움 주제	국가의 일을 나누어 맡아야 하는 까닭 알아보기		
준비물 및 자료, 예습적 과제	교사	디딤영상(삼권분립), 모둠 칠판, 포스트잇, 활동지(삼권분립 구조도)	
	학생	디딤영상 보고 정리하기	
핵심 성취 기준	국회, 행정부, 법원의 구조와 기능을 파악하고, 각 기관의 상호 관계를 삼권분립의 원칙과 관련지어 설명할 수 있다.		
핵심 역량	의사소통 및 협업 능력, 비판적 사고력		
주제 개요 및 수업자 의도	본 수업은 지난 수업 내용을 바탕으로 삼권분립과 그 까닭을 이해할 수 있도록 구성했다. 이미 행정권, 사법권, 입법권과 관련하여 학생들이 이야기를 했다. 수업자는 삼권이 분립되는 부분에 국민이 투표를 통해 입법부와 행정부를 통솔하는 국회의원과 대통령을 뽑는다는 점을 강조한다. 국민의 힘과 기반을 통하여 대통령과 국회의원이 뽑혔음을 인지하고, '국민의 뜻을 반영하고 국민을 무시하면 안 된다'는 것을 강조한다. 삼권분립을 해야 하는 이유를 브레인라이팅 토의·토론으로 알아보고, 이를 반영하여 우리 가족 안에서 입법부, 행정부, 사법부의 역할은 무엇이 있고, 누가 행사하는지 알아보면서 아이들의 삶과 연계시켜 수업을 진행하고자 한다.		

평가 관점	수업의 흐름	자료 및 유의점	반성 및 성찰
	◎ 배움 주제 국가의 일을 나누어 맡아야 하는 까닭 생각하기 ◎ 배움 순서 – 대한민국 삼권분립　– 우리 가족 삼권분립		
의사소통 및 협업 능력	◎ 대한민국 삼권분립 – 삼권분립 핵심 판서하기 – 대통령과 국회의원은 어떻게 선출되는가? – 대통령 국회의원은 왜 국민을 존중해야 하는가? – 나라를 통치하는 권한을 한 곳에 주지 않고 세 곳으로 나눈 이유는?(브레인라이팅 토의·토론) ※ 개인 포스트잇(세 장 작성, 한 장당 의견 1개) ※ 개인 포스트잇을 모둠 칠판에 붙이기	– 활동지(삼권분립 구조도) – 모둠 칠판, 포스트잇 – 브레인라이팅 토의·토론 5분 – 포스트잇을 모둠 칠판에 붙이며 이유 말하기	질문 1~2번은 가볍게 아이들과 이야기, 강의식으로 주고받으며 진행한다. 핵심 발문은 브레인라이팅 토의·토론으로 진행한다.
비판적 사고력	◎ 우리 가족 삼권분립 – 우리 집에서 행정부의 하는 일, 역할 누구? – 우리 집에서 입법부의 하는 일, 역할 누구? – 우리 집에서 사법부의 하는 일, 역할 누구? – 우리 가족의 권력 구조 파악하기		우리 가족 삼권분립 활동을 할 때는 교사가 먼저 예시로 제시한 후 작성하게 한다.
	◎ 핵심 판서 삼권분립 – 헌법에 따라 국가의 모든 힘을 어느 한 사람이나 기관에 집중하지 않음 – 법을 만드는 일(입법부), 법을 집행하는 일(행정부), 법을 판단하는 일(사법부)로 나누어 맡도록 함		

가. 과정 1: 대한민국 삼권분립

교사는 학생들에게 대통령과 국회의원을 선출하는 방법, 대통령과 국회의원이 국민을 왜 존중해야 하는지 강의식 수업으로 알려 주고 핵심 판서로 정리한다. 그리고 삼권분립 구조도를 보고 나라를 통치하는 권한을 한 곳에 주지 않고 세 곳으로 나누는 이유에 대해 브레인라이팅 토의·토론을 한다. 학생들의 의견을 종합하여 핵심 판서로 추가 정리한다.

▲ 브레인라이팅 토의·토론 활동 모습　　　▲ 브레인라이팅 토의·토론 결과물

나. 과정 2: 우리 가족 삼권분립

사실 학생들의 입법권, 사법권, 행정권 개념 이해나 인식이 부족할 수 있다. 이러한 개념들을 학생들의 가정과 접목시킨다면 쉽게 이해할 수 있을 것이라고 생각한다. 그래서 우리 집 입법권, 사법권, 행정권을 갖는 사람과 이유를 알아보고, 가정에서 삼권분립이 잘되어 있는지 학생들과 이야기한다.

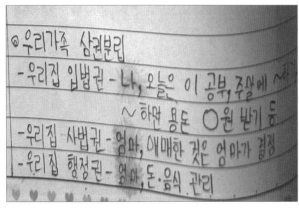
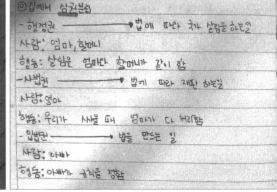

▲ 우리 가족 삼권분립

인권이란 무엇인지 알아보기

단원	6-2-1. 우리나라의 민주 정치		
배움 주제	인권이란 무엇인지 알아보기		
준비물 및 자료, 예습적 과제	교사	디딤영상(인권, 쿠르디 등)	
	학생	디딤영상 보고 정리하기	
핵심 성취 기준	기본적인 인권의 개념을 이해하고, 학교생활 등 일상생활에서 발생하는 인권 침해 사례를 조사하여 해결 방안을 제시할 수 있다.		
핵심 역량	의사소통 및 협업 능력, 비판적 사고력, 문제 해결력 및 의사 결정력, 창의적 사고력		
주제 개요 및 수업자 의도	이 주제는 다채로운 상황 속에서 마주하는 인권을 살펴보면서 인권의 의미와 소중함을 알고, 이를 생활 속에서 지켜 나갈 수 있도록 하는 데 중점을 둔다. 본 수업은 인권이란 무엇인지 그 의미와 소중함을 알아보는 차시다. 따라서 수업자는 장애인(거동이 불편한), 전쟁으로 모든 것을 잃은 아이 사진을 제시하고 CDI 토의 · 토론을 통해 인권의 중요성을 알게 하고자 한다. 는 학생들이 사람답게 살기 위해 필요한 조건을 생각하고 정리한다.		

평가 관점	수업의 흐름	자료 및 유의점	반성 및 성찰
	◎ 디딤영상 확인, WSQ 대화		
	◎ 배움 주제 인권이란 무엇인지 알아보기 ◎ 배움 순서 – 두 사진 비교하기 – 인권이란?		
의사소통 및 협업 능력, 비판적 사고력, 문제 해결력 및 의사 결정력	◎ 두 사진 비교 – 두 사진(휠체어를 탄 장애인 사진, 전쟁으로 생긴 고아 사진)을 보고 알 수 있는 점 브레인스토밍으로 공책에 적기 – 두 사진(휠체어를 탄 장애인 사진, 전쟁으로 생긴 고아 사진)의 공통점, 차이점, 흥미로운 점(사람답게 살기 위해 필요한 조건)을 모둠별로 CDI 토의 · 토론하기 – 정리 발표하기	– PPT 자료(휠체어를 탄 장애인, 전쟁으로 생긴 고아 사진) – 활동지(CDI 토의 · 토론)	– 각 사진을 보고 먼저 알 수 있는 점을 브레인스토밍 토론으로 4분 동안 개인 공책에 정리한다. – 그 후에 두 사진을 비교하는 CDI 토의 · 토론을 한다.
창의적 사고력	◎ 모둠 문장 만들기 토의 · 토론 – 인권이란 _____이다. – 우리가 생각하는 인권의 의미 문장 만들기 토의 · 토론하기 – 정리 발표하기 – 핵심 판서하기		창의적으로 생각할 수 있도록 하기, 창의적인 의견 및 답변이 나오면 스티커 보상을 한다.
	◎ 핵심 판서 인권이란 – 사람답게 살기 위한 권리 – 나이, 성별, 장애 등과 상관없이 누구나 행복하고 사람답게 살아갈 권리		

가. 과정 1: 두 사진 비교 · 분석하기

두 사진(휠체어를 탄 장애인 사진, 전쟁으로 생긴 고아 사진)을 보고 알 수 있는 점을 브레인스토밍으로 정리한다. 학생들은 이것으로 사람이 사람답게 사는 데 필요한 요소를 알 수 있다. 이러한 내용을 참고하여 모둠원과 두 사진을 비교하는 CDI 토의 · 토론(C는 두 사진의 공통점, D는 두 사진의 차이점, I는 두 사진에 있는 인물을 지원하는 방법)을 한다.

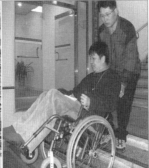

▲ 예시로 보여 준 두 사진   ▲ 두 사진을 보고 알 수 있는 점 브레인스토밍 정리

나. 과정 2: 인권 의미 알아보기

CDI 토의 · 토론으로 학생들은 사람이 사람답게 살려면 다양한 것이 필요함을 알았다. CDI 토의 · 토론을 마친 후 모둠에서 생각하는 인권의 의미가 무엇인지 모둠 문장 만들기 토의 · 토론을 한다. 교사는 학생들의 의견과 교과서 개념을 종합하여 인권의 의미를 핵심 판서로 정리한다.

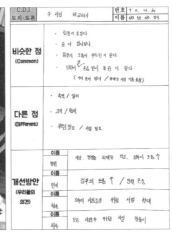

▲ CDI 토의 · 토론 활동 모습   ▲ CDI 토의 · 토론 결과물

인권을 소중히 여겨야 하는 까닭 생각하기

단원	6-2-1. 우리나라의 민주 정치		
배움 주제	인권을 소중히 여겨야 하는 까닭 생각하기(1/2)		
준비물 및 자료, 예습적 과제	교사	인권 침해가 되었다고 생각한 사례 세 가지 생각해 오기(구체적)	
	학생		
핵심 성취 기준	기본적인 인권의 개념을 이해하고, 학교생활 등 일상생활에서 발생하는 인권 침해 사례를 조사하여 해결 방안을 제시할 수 있다.		
핵심 역량	의사소통 및 협업 능력, 문제 해결력 및 의사 결정력		
주제 개요 및 수업자 의도	인권 침해는 거창한 일 같지만 친구가 듣기 싫어하는 별명 등을 함부로 부르는 것에서부터 시작할 수 있다. 또 하루의 절반 이상을 보내는 학교, 교실에서 이러한 일이 발생한다면 상당한 인권 침해의 스트레스를 받는다. 교과서에서는 별명을 부르는 것에서부터 최근 문제가 되고 있는 가상 공간에서 언어폭력, 외모 때문에 받는 놀림 등 다양하게 제시한다. 수업자는 본 수업을 학교폭력예방교육과 연계하여 교실 속, 친구 관계에서 자신의 인권을 보장받지 못했다고 생각한 사례를 브레인스토밍 토의·토론으로 알아본 후, 이 문제를 역할 놀이로 섬세하게 표현하고자 한다. 그리고 인권을 보장받지 못한 역할을 했던 친구를 핫시팅으로 인터뷰하면서 이러한 아이들의 아픔을 느끼고 내면화한다. 인권 상황 등을 보면서 상대방을 존중하고 배려하는 것이 결국 자신의 인권을 존중받을 수 있는 것임을 알게 한다.		

평가 관점	수업의 흐름	자료 및 유의점	반성 및 성찰
	◎ 배움 주제 인권을 소중히 여겨야 하는 까닭 알아보기(1/2) ◎ 배움 순서 – 인권 침해 사례 알아보기 – 역할 놀이		
의사소통 및 협업 능력	◎ 인권 침해 사례 알아보기 – 교실 안에서 인권 침해를 당했다고 생각할 때를 브레인스토밍 토의·토론하기 – 같은 의견이 모둠 4개 이상에서 나오면 핵심 판서로 정리하기	브레인스토밍 토의·토론 5분하기	
의사소통 및 협업 능력, 문제 해결력 및 의사 결정력	◎ 역할 놀이 – 교실 속 인권 침해 사례 중 각 모둠별로 1개씩 선택하기 – 선택한 인권 침해 사례를 역할 놀이로 표현하기 – 인권 침해를 당한 학생을 핫시팅으로 내면 들여다보기	– 가위, 바위, 보로 먼저 선택권 갖기 – 최대한 구체적으로 표현할 수 있게 지도하기	인권 침해를 당한 친구가 진짜 화가 나거나 비참하게 느껴지게 연기하면 보상하기(수위 조절)
	◎ 핵심 판서 교실 속 인권 침해 사례 ①　　　②　　　③	브레인스토밍 토의·토론으로 나온 결과를 핵심 판서로 정리하기	

: 수업의 실제

가. 과정 1: 인권 침해 사례 알아보기

인권 침해 사례는 성추행, 성폭행 등 우리 사회에 크게 보도된 것만이 전부가 아니다. 학생들은 학교에서 하루의 절반을 생활한다. 학교 안에서 듣기 싫은 별명을 부르는 것부터 인권 침해의 시작이라고 생각할 수 있다. 교실 안에서 학생들이 인권 침해라고 느끼는 다양한 사례를 브레인스토밍 토의·토론으로 알아본다. 그리고 토의·토론 결과를 활동지에 정리·발표하고 이 내용을 종합한다. 각 모둠에서는 역할 놀이로 표현할 인권 침해 사례를 하나씩 선정한다.

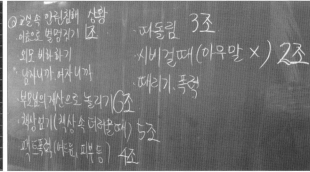

▲ 인권 침해 사례 브레인스토밍 토의·토론 결과물　　▲ 모둠에서 선정한 교실 속 인권 침해 사례

나. 과정 2: 역할 놀이하기

모둠에서 선정한 교실에서 생기는 인권 침해 사례에 대해서 역할 놀이를 준비하고 시연한다. 이때 학생들이 장난으로 표현하지 않도록 강조한다. 역할 놀이를 하면서 가해 학생, 피해 학생 등 다양한 인물들의 느낀 점을 핫시팅으로 들어 본 후 친구들이 느낀 아픔을 내면화하도록 한다.

▲ 역할 놀이 준비

▲ 역할 놀이 시연

단원	6-2-1. 우리나라의 민주 정치		
배움 주제	인권을 소중히 여겨야 하는 까닭 생각하기(2/2)		
준비물 및 자료, 예습적 과제	교사	8절지, 매직	
	학생		
핵심 성취 기준	기본적인 인권의 개념을 이해하고, 학교생활 등 일상생활에서 발생하는 인권 침해 사례를 조사하여 해결 방안을 제시할 수 있다.		
핵심 역량	의사소통 및 협업 능력, 비판적 사고력		
주제 개요 및 수업자 의도	전 수업에서 교실 속 인권 침해 사례를 알아보고, 역할 놀이를 통해 얼마나 아프고 힘든지 내면화했다. 본 수업에서는 학급긍정훈육법의 Daily Routine이라는 방법을 적용하여 여섯 가지 인권 침해 사례가 발생하면 어떤 순서로 행동해야 할지 모둠별로 작성해 본다. 작성 후 전체 발표를 하면서 과정에 대해 추가나 수정을 하고, 모두 잘 지키겠다는 사인을 한다.		

평가 관점	수업의 흐름	자료 및 유의점	반성 및 성찰
	◎ 동기 유발 전 수업 학습 상기하기		
	◎ 배움 주제 인권을 소중히 여겨야 하는 까닭 알아보기(2/2) ◎ 배움 순서 - 루틴 만들기 - 발표 및 합의하기		
의사소통 및 협업 능력	◎ 해결 루틴 만들기 - 인권 침해 사례가 발생하면 어떻게 행동할지 토의·토론하기 - 토의·토론 결과를 정리하여 루틴 만들기	- 8절지, 매직 - 전 차시에 모둠에서 선택했던 인권 침해 사례로 해결 루틴 만들기	
의사소통 및 협업 능력, 비판적 사고력	◎ 발표 및 합의 - 모둠별로 완성한 루틴을 전체 발표하기 - 모둠 발표하면서 발표를 듣는 학생들이 루틴 과정을 수정·추가하기 - 지키겠다는 약속으로 해결 루틴에 사인하기		합의가 되지 않았을 때는 합의하지 않는 친구의 개선 방향 의견을 묻고, 다음 시간에 다시 합의한다.
	◎ 핵심 판서 교실 속 인권 침해 해결 루틴		

모둠 1 결과물	모둠 2 결과물	모둠 3 결과물
모둠 4 결과물	모둠 5 결과물	모둠 6 결과물

가. 과정 1: 해결 루틴 만들기

　전 수업 시간에 모둠별로 선정했던 인권 침해 사례 해결 루틴에 대해 토의·토론을 하고 정리한다. 해결 루틴은 인권 침해 사례가 발생했을 때 행동하는 매뉴얼이다. 교사는 학생들이 해결 루틴을 만들 때 알고리즘을 간단하게 설명한다. 알고리즘 개념을 설명하면 학생들은 쉽게 해결 루틴을 만들 수 있다.

▲ 해결 루틴을 만드는 모습　　　　　▲ 해결 루틴 만들고 친구들의 합의를 구하는 모습

나. 과정 2: 발표 및 합의하기

　학급에서 발생할 수 있는 문제에 대한 해결 루틴을 완성했지만 우리 반 학생들이 잘 지키지 않는다면 지금까지 했던 모든 과정이 무의미할 수 있다. 따라서 학급에서 해결 루틴에 대한 합의와 공유가 필요하다. 학생들은 해결 루틴 과정을 추가하거나 수정 의견을 제출하고 이를 합의한다. 이렇게 완성한 해결 루틴은 반 학생 모두 사인을 하고 지키겠다고 약속한다.

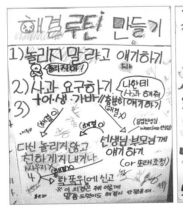 

▲ 해결 루틴 만들기 결과물

과학 기술의 발달이 우리 생활에 미친 영향 알아보기

단원	6-2-4. 변화하는 세계 속의 우리		
배움 주제	과학 기술의 발달이 우리 생활에 미친 영향 알아보기		
준비물 및 자료, 예습적 과제	교사	허니컴보드, 보드마카	
	학생		
핵심 성취 기준	과학과 기술 발달이 가져온 사회 문제(유전자 조작, 인간 복제 등)를 파악하고, 이를 통해 과학과 기술이 일상생활에 미치는 영향과 문제점을 이해한다.		
핵심 역량	비판적 사고력, 의사소통 및 협업 능력, 정보 활용 능력		
주제 개요 및 수업자 의도	이 주제는 과학 기술의 발달과 정보 사회 변화가 우리 생활에 발생시킨 문제를 살펴보고, 해결 방법을 생각해 보도록 구성되어 있다. 본 수업은 과학 기술의 발달이 우리 생활에 미친 영향을 알아보는 것이 목적이다. 수업자는 브레인라이팅 토의 · 토론으로 과학 기술이 미치는 긍정적인 영향과 부정적인 영향을 알아본다. 다른 모둠과 비교하여 공통된 의견을 분류해서 핵심 판서로 정리한다. 그리고 수업 마무리에서 다음 수업에 과학 기술의 발달로 생긴 문제점을 토론할 준비를 해 올 수 있도록 부정적으로 분류된 문제 중 학급에서 다룰 문제를 한 가지 선택한다.		

평가 관점	수업의 흐름	자료 및 유의점	반성 및 성찰
	◎ 동기 유발 스마트폰이 나에게 주는 영향은?		
	◎ 배움 주제 과학 기술의 발달이 우리 생활에 미친 영향에 대해 알아보기 ◎ 배움 순서 – 우리 삶의 변화 알기 – 과학 기술 발달로 생긴 사회 문제 알기		
비판적 사고력, 의사소통 및 협업 능력, 정보 활용 능력	◎ 우리 삶의 변화 알기 – 과학 기술 발달과 관련된 질문 만들기 – 만든 질문으로 짝 토론하기 – 짝 토론 후 허니컴보드에 짝당 3~4개씩 과학 기술 발달로 발생한 긍정과 부정 각 2개씩 적기 – 칠판에 붙이고 비슷한 내용끼리 분류하기	– 질문은 3개 만들기(3분으로) – 허니컴보드, 보드마카	학생들은 의견을 '생활의 편리'처럼 추상적으로 적을 때가 많다. 구체적으로 적도록 안내한다.
의사소통 및 협업 능력	◎ 우리 반에서 뽑은 사회 문제 – 칠판에 정리된 내용 핵심 판서로 정리하기 – 과학 기술의 발달로 우리 삶의 부정적인 점에 대해 가장 시급한 문제가 무엇인지 생각하기 – 학급에서 다루었으면 하는 가장 시급한 문제 선정하기	가장 시급한 문제에 합의를 하지 못했을 때는 다수결 원칙으로 정할 수 있도록 하기	

가. 과정 1: 과학 기술 발달로 우리 삶의 변화 알기

허니컴보드는 포스트잇보다 가독성이 좋다. 그래서 학급 전체 학생이 보고 분류하는 과정으로 수업을 진행할 때는 허니컴보드를 이용한다. 학생들은 과학 기술 발달로 발생한 우리 삶의 긍정적이고 부정적인 변화를 각각 2개씩 작성하고, 비슷한 의견끼리 분류한다.

▲ 과학 기술로 발생한 삶의 변화를 적는 모습

▲ 비슷한 의견끼리 분류하는 모습

나. 과정 2: 우리 반에서 뽑은 사회 문제 선정하기

허니컴보드에 작성한 의견을 비슷한 내용으로 분류하면 몇 가지 공통된 의견으로 정리할 수 있다. 이를 교사는 핵심 판서로 정리한다. 그리고 다음 시간에 과학 기술의 발달이 가져온 사회 문제를 토론할 예정이기 때문에 수업 말미에 우리 반에서 다루었으면 하는 문제 한 가지를 선정한다. 그리고 학생들에게 다음 시간 수업을 위해 선정한 문제를 조사하도록 안내한다.

▲ 분류 · 정리된 과학 기술로 발생한 삶의 변화

▲ 학급 문제로 선정된 3D 프린터 위험 무기 생산

과학 기술의 발달이 가져온 사회 문제 1:N 토론하기

단원	6-2-4. 변화하는 세계 속의 우리		
배움 주제	과학 기술의 발달이 가져온 사회 문제 1:N 토론하기		
준비물 및 자료, 예습적 과제	교사	포스트잇	
	학생		
핵심 성취 기준	과학과 기술 발달이 가져온 사회 문제(유전자 조작, 인간 복제 등)를 파악하고, 이를 통해 과학과 기술이 일상생활에 미치는 영향과 문제점을 이해한다.		
핵심 역량	비판적 사고력, 의사소통 및 협업 능력, 정보 활용 능력		
주제 개요 및 수업자 의도	본 수업에서는 과학 기술의 발달로 발생한 사회 문제를 이해하고, 그에 대한 해결 방안에 대해 알아보도록 구성되어 있다. 수업자는 전 수업에서 학생들이 선정한 과학 기술의 발달로 발생한 사회 문제 중 학급에서 이야기하고 싶은 문제를 브레인라이팅 토의ㆍ토론을 하여 알아본 후 다양한 해결 방법을 정리한다. 정리한 다양한 해결 방법 중 비슷한 생각을 가진 학생들을 하나의 그룹으로 묶는다. 그리고 그룹들은 1:N 토론을 통해 자신의 그룹과 다른 그룹의 해결 방법을 검증하고, 최선의 방법에 대해 이야기한다.		

평가 관점	수업의 흐름	자료 및 유의점	반성 및 성찰
	◎ 전시 학습 상기 전 시간에 우리 반이 선택했던 과학 기술 발달이 가져온 사회 문제는?		
	◎ 배움 주제 과학 기술의 발달이 가져온 사회 문제에 대해 1:N 토론하기 ◎ 배움 순서 – 브레인라이팅 토의ㆍ토론하기 – 1:N 토론하기		
비판적 사고력	◎ 브레인라이팅 토의ㆍ토론 – 전 차시에 선정한 '3D 프린터로 무기 생산 문제'에 대해 짝 토론하기 – 해결 방법을 포스트잇에 세 장씩 쓰기 – 포스트잇을 칠판에 붙이고 분류하기	분류된 내용을 교사가 정리해서 학생들에게 설명하기	먼저 개인 의견을 포스트잇에 1~2개 적고 나서 짝 토론한다.
의사소통 및 협업 능력, 정보 활용 능력	◎ 1:N 토론 – 다양한 해결 방법 중 최선의 해결 방법이라고 생각한 곳에 앉기 – 같은 생각을 가진 친구들끼리 그룹 만들기 – 그룹별로 토의하여 해결 방법이 최선이라고 생각하는 입론문 작성하기 – 입론문 발표(1분) → 2분간 교차 조사(입론문 주장 그룹은 답변만, 다른 그룹은 질문하기) → 다른 그룹 입론문 발표하기 → 반복하기	다른 그룹에서 입론문을 발표할 때 반론을 적으며 들을 수 있도록 안내하기	

: 수업의 실제

가. 과정 1: 브레인라이팅 토의 · 토론하기

학생들은 전 수업에서 선정한 '3D 프린터로 무기 생산 문제'에 대한 해결 방법을 각자 포스트 잇에 적었다. 포스트잇을 칠판에 붙이고, 비슷한 의견끼리 분류한다. 교사는 학생들이 분류한 의견을 종합하여 핵심 판서로 정리한다.

▲ 문제 해결 방법을 포스트잇에 적는 모습   ▲ 해결 방법을 분류하는 모습

나. 과정 2: 1:N 토론하기

분류된 해결 방법 중 개인별로 가장 좋은 방법이라고 생각하는 것을 하나씩 선정한다. 생각이 같은 사람들끼리 모여 그룹을 만든다. 그룹은 하나의 새로운 모둠이 된다. 그리고 모둠 의견 만들기 토의 · 토론으로 모둠별 선정한 해결 방법이 '3D 프린터로 무기 생산 문제'에 대한 가장 좋은 방법이라는 입론문을 작성한다. 작성한 입론문을 활용하여 1:N 토론을 한다.

▲ 분류된 해결 방법 '관련 법안 만들기'   ▲ 1:N 토론하는 모습

세계화 의미 알아보기

단원	6-2-4. 변화하는 세계 속의 우리		
배움 주제	세계화 의미 알아보기		
준비물 및 자료, 예습적 과제	교사	활동지(생활 속 세계화), 포스트잇	
	학생		
핵심 성취 기준	정치적 · 경제적 · 문화적 측면에서 나타나는 세계화의 다양한 양상을 우리 삶의 변화와 관련지어 이해한다.		
핵심 역량	의사소통 및 협업 능력		
주제 개요 및 수업자 의도	본 수업은 세계화의 정의와 세계화에 따른 변화를 정치적 · 경제적 · 문화적 측면으로 나누어 다룬다. 특히 세계화를 단순히 현상적 측면으로 제시하는 것이 아니라 세계화라는 현상이 가진 긍정적인 모습과 부정적인 모습을 학생들이 스스로 탐구할 수 있도록 했다. 본 수업은 생활 속에서 찾을 수 있는 세계화의 모습을 통해 세계화의 뜻을 알아보는 내용으로 구성되어 있다. 따라서 수업자는 학교에서 돌아다니며 물건을 찾고 생산 나라를 조사한다. 앞 활동과 교과서 173~175쪽을 보고, 알거나 느끼는 점을 포스트잇에 정리한다. 이것을 칠판에 붙인 후 분류하는 브레인라이팅 토의 · 토론을 통해 배움 주제를 해결하는 수업을 디자인한다.		

평가 관점	수업의 흐름	자료 및 유의점	반성 및 성찰
	◎ 동기 유발 좋아하는 음식? 자장면, 스파게티, 피자?		
	◎ 배움 주제 세계화 의미 알아보기 ◎ 배움 순서 – 생활 속 세계 찾기 – 세계화 의미 알아보기		
	◎ 생활 속 세계 찾기 – 학교 주변에서 물건을 찾고 원산지 조사하기 – 조사한 내용 활동지에 정리하기	– 활동지(생활 속 세계화) – 15분	– 다른 물건이면 +1점 주기 – 활동 전 다른 반 수업을 방해하지 않도록 안내하기
의사소통 및 협업 능력	◎ 세계화 의미 알아보기 – 교과서 173~175쪽 읽어 보기 – 생활 속 세계 찾기 활동과 교과서를 읽고 알게 된 점, 느낀 점을 포스트잇에 모둠별로 적기 – 작성한 포스트잇을 칠판에 붙이고 분류하기 – '세계화'란 모둠 문장 만들기 토의 · 토론하기 – 핵심 판서 정리하기 ◎ 핵심 판서 지구촌 여러 나라 사람이 서로 가깝게 연결되어 긴밀한 영향을 주고받는 것	포스트잇	핵심 판서는 교과서 내용 적기

: **수업의 실제**

가. 과정 1: 생활 속 세계 찾기

학교를 돌아다니면서 다양한 제품의 원산지를 정리한다. 개인별로 하는 것이 아니라 모둠별로 활동지에 정리한다. 이것은 모둠원끼리 서로 협력하고 개인별 책임감을 높인다.

▲ 제품의 원산지를 확인하는 모습   ▲ 물건의 원산지 정리

나. 과정 2: 세계화 의미 알아보기

생활 속 세계 찾기 과정 1 활동과 교과서 173~175쪽을 읽고 나서 알게 된 점, 느낀 점을 모둠별로 포스트잇에 적는다. 적은 포스트잇을 칠판에 붙이고 비슷한 의견끼리 분류한다. 학생들은 분류된 의견을 참고하여 세계화란 무엇인지 모둠 문장 만들기 토의·토론을 한다. 교사는 학생들의 토의·토론 결과를 종합하여 세계화 의미를 핵심 판서로 정리한다.

▲ 모둠별로 활동 후 알게 된 점, 느낀 점 적기   ▲ 활동 후 느낀 점 브레인라이팅 토의·토론으로 정리

정치적 · 경제적 · 문화적 측면에서 세계화의 장단점을 살펴보고 물레방아 패널 토론하기

단원	6-2-4. 변화하는 세계 속의 우리			
배움 주제	정치적 · 경제적 · 문화적 측면에서 세계화의 장단점을 살펴보고 물레방아 패널 토론하기			
준비물 및 자료, 예습적 과제	교사	활동지(PMI 토의 · 토론)		
	학생			
핵심 성취 기준	정치적 · 경제적 · 문화적 측면에서 나타나는 세계화의 다양한 양상을 우리 삶의 변화와 관련지어 이해한다.			
핵심 역량	문제 해결력, 의사소통 및 협업 능력			
주제 개요 및 수업자 의도	본 수업은 생활 속에 깊숙이 들어온 세계화의 모습을 살펴본다. 그리고 이러한 세계화를 정치적 · 경제적 · 문화적 측면으로 나누어 알아보는 내용으로 구성되어 있다. 수업자는 교과서 176~179쪽을 참고하여 세계화에 대해 PMI 토의 · 토론으로 장단점을 알아본다. 학생들은 PMI 토의 · 토론 내용을 활용하여 찬반 입장을 모두 겪는 물레방아 패널 토론을 한다. 이것은 학생들에게 세계화에 대한 균형 잡힌 관점과 비판적 사고력을 높인다.			

평가 관점	수업의 흐름	자료 및 유의점	반성 및 성찰
	◎ 전시 학습 상기 세계화 의미 확인하기		
	◎ 배움 주제 정치적 · 경제적 · 문화적 측면에서 세계화의 장단점을 살펴보고, 물레방아 패널 토론하기 ◎ 배움 순서 – PMI 토의 · 토론 – 물레방아 패널 토론		
문제 해결력, 의사소통 및 협업 능력	◎ PMI 토의 · 토론 – 교과서 176~179쪽을 참고하여 세계화의 장단점 적기 – 내가 생각하는 세계화의 방향 적기	활동지(PMI 토의 · 토론)	
의사소통 및 협업 능력	◎ 물레방아 패널 토론 – 물레방아 토론하기, 앞 짝꿍은 안쪽 원, 뒤 짝꿍은 바깥쪽 원에서 토론하기 – 처음에 안쪽 원은 찬성, 바깥쪽 원은 반대, 한 타임 지날 때마다 입장 바꾸기 – 4번 반복하기 – 자신의 입장을 정리한 후 입장 대표자 뽑기 – 패널 토론하기	– 물레방아 토론 1회당 2분 – 4회 자리 이동, 찬반 2번씩 경험할 수 있도록 하기	패널 토론을 할 때는 자유롭게 패널 토론자를 바꿀 수 있지만, 포스트잇을 활용해서 참여하게 하면 좋을 것 같다.

가. 과정 1: PMI 토의 · 토론하기

교과서 176~179쪽을 참고하여 세계화의 장단점을 PMI 토의 · 토론하고 활동지에 정리한다. 그리고 I에는 내가 생각하는 바람직한 세계화의 방향을 정리한다.

▲ PMI 토의 · 토론 활동 모습   ▲ PMI 토의 · 토론 결과물

나. 과정 2: 물레방아 패널 토론하기

물레방아 패널 토론은 물레방아 토론과 패널 토론을 합친 개념이다. 사실 이러한 수업 방법의 개념은 많이 만들 수 있다. 하지만 이러한 수업 방법 모두 점점 사고를 심화시켜야 한다는 공통점이 있다. 물레방아 토론으로 학생들은 세계화에 대한 찬성과 반대 측 입장을 모두 경험하며 토론에 참여한다. 그리고 어느 정도 균형적 관점을 갖고 자신의 생각을 정립한다. 입장별 대표 토론자가 토론을 하고, 이것을 다른 학생들이 보고는 다시 질문하는 과정을 거치면서 학생들은 '세계화를 해야 한다'는 논제를 심화 이해한다.

▲ 물레방아 토론 활동 모습   ▲ 패널 토론 활동 모습

교사는 학생을 가르치는 사람이 아니라 배움을 디자인하는 사람이다

이 책을 읽은 독자는 토의·토론 수업이 무엇인지, 어떻게 수업에 적용해야 하는지 알 수 있을 것이다. 교사는 학급을 운영하면서 챙겨야 할 것이 너무나 많다. 그중에서도 가장 1순위는 수업이다.

교사는 학생들과 마찬가지로 학교에서 대부분의 시간을 보낸다. 학교에서 대부분의 시간은 수업으로 채워진다. 학생들과 수업을 잘하면 그날은 하루 종일 기분이 좋고, 학생들이 수업을 듣는 둥 마는 둥 하면 하루 종일 기분이 좋지 않다. 좋은 교사이고 싶고, 학생들에게 좋은 수업을 하고 싶은 마음 때문이다.

실천이 중요하다. 실패를 두려워하지 말자. 일단 실천하자. 그리고 기록하자.

아이들이 있기에 교사가 있다. 교사는 아이들 위에 군림하는 존재가 아니라 옆에서 동행하는 사람이다. 교사로서 사명감까지는 잘 모르겠다. 다만 소중한 아이들을 위해 좋은 수업을 하는 것은 교사로서 당연히 해야 할 일이다.

수업은 교육 과정 및 성취 기준을 고려한 교육 과정 문해력, 학생 참여형 수업 방법, 평가, 기본 생활 습관 및 태도, 경청과 배려의 학급 분위기 등 다양한 요소를 하나로 접목할 때 피어나는 꽃이라고 생각한다. 교사가 전문직이라는 것은 보통 사람들보다 이처럼 어려운 수업을 잘한다고 인정받기 때문일 것이다. 우리 아이들을 위해 교사로서 자존감과 자신감을 갖고 좋은 수업을 연구하고 실천해야 하는 이유다.

어려운 주제이지만 이렇게 책을 출간할 수 있도록 도와주신 〈행복한미래〉 홍종남 대표님, 그리고 책 내용의 밑바탕인 토의·토론과 사회과에서 전문성을 쌓을 수 있도록 도와주신 박현희 선생님, 도대영 선생님, 에듀콜라와 빈스쿨, 팟호남가 식구들, 월계초등학교 김성욱 선생님과 김준성 선생님, 구미전 수석선생님, 기록의 중요성을 일깨워주신 나승빈 선생님, 항상 수업을 고민하고 이야기할 수 있도록 도와주신 최영순 교장 선생님, 그리고 광주교육대학교 광주부설초등학교 선생님들, 영원한 멘토 오정초등학교 박민우 선생님, 금부초등학교 변동준 선생님, 아끼는 후배 이은총 선생님과 이현교 선생님을 비롯한 도움을 주신 모든 분께 감사 인사를 전한다.

가정에 덜 충실한 남편을 만나 고생함에도 항상 믿음과 사랑을 보내며 책을 쓸 수 있도록 성장하게 도와준 신창초등학교 이미화 선생님, 우리 사랑스러운 두 딸 하은이와 채은이, 부모님과 동생 광훈이 등 가족에게는 특히 더 고맙다 말하고 싶다.

현장에 있는 교사들이 토의·토론 수업을 준비하고 실천하는 데 책이 작은 도움이 되었으면 좋겠다. 학부모 또한 이 책으로 아이들과 즐겁게 대화하며, 아이들을 이해하는 작은 통로가 될 수 있기를 바란다.

강의를 하거나 필자가 하는 수업을 이야기할 기회가 있을 때 항상 하는 말이 있다. 필자는 항상 이 말을 가슴속에 새겨서 실천하려고 노력한다.

"수업은 정답을 가르치는 것이 아니라 좋은 답을 찾는 과정이며,
교사는 학생을 가르치는 사람이 아니라 배움을 디자인하는 사람이다."

2018년 8월
김경훈